VOCATIONAL EDUCATION

全国机械行业职业教育优质规划教材（高职高专）

经全国机械职业教育教学指导委员会审定

汽车技术服务与营销专业

汽车使用性能评价与选购

全国机械职业教育汽车类专业教学指导委员会（高职）组编

主　编　潘　浩　张　强
副主编　蔡辰光　宋润生
参　编　彭　鹏　韩承伟

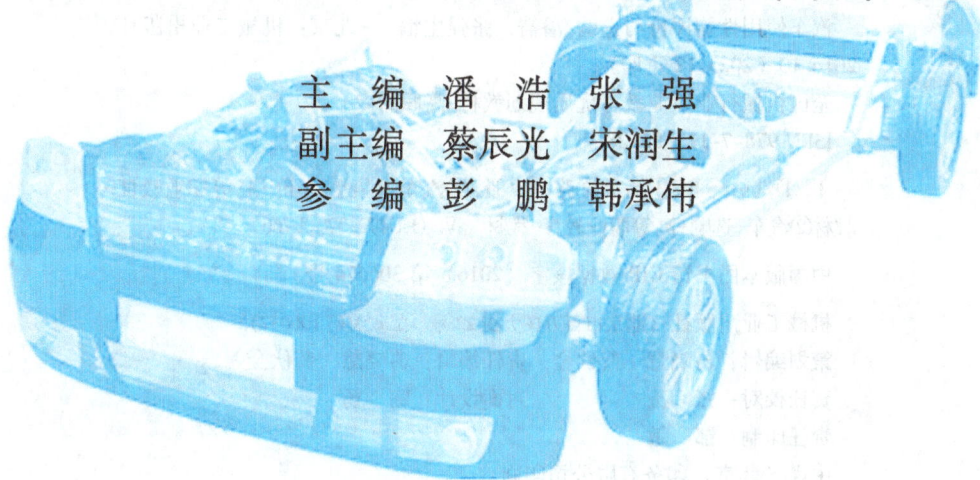

机械工业出版社

本书主要面向高职高专汽车类专业编写，从汽车销售的角度对汽车使用性能评价内容及评价方法进行系统介绍，注重理论联系实际。本书的主要内容包括汽车基础知识及使用性能评价概述、汽车动力性评价、汽车燃油经济性评价、汽车安全性评价、汽车操控性评价、汽车舒适性评价、汽车通过性评价、汽车环保性评价以及汽车选购。在介绍每一项汽车的性能指标时，注重理论分析与实践评价的紧密结合，以具体的车型评价案例为载体呈现评价的内容与技巧，同时还介绍一些与此项性能指标相关的新技术应用，追踪汽车发展前沿，拓展学习者的知识面。本书的每章都设有明确的学习目标和训练习题，以便学生明确学习目标和检验学习效果。

本书既可作为高职高专以及五年制高职的汽车技术服务与营销、汽车检测与维修技术等汽车相关专业的教学用书，也可以作为从事汽车后市场业务的从业人员的阅读参考用书。

本书配有电子课件、试卷及答案和二维码视频资源等，凡使用本书作为教材的教师可登录机械工业出版社教育服务网 www.cmpedu.com 下载。咨询电话：010-88379375。

图书在版编目（CIP）数据

汽车使用性能评价与选购/潘浩，张强主编 .—北京：机械工业出版社，2016.10（2023.12 重印）

全国机械行业职业教育优质规划教材.高职高专

ISBN 978-7-111-55728-9

Ⅰ.①汽… Ⅱ.①潘…②张… Ⅲ.①汽车–性能–评价–高等职业教育–教材②汽车–选购–高等职业教育–教材 Ⅳ.①U472.32②F766

中国版本图书馆 CIP 数据核字（2016）第 306674 号

机械工业出版社（北京市百万庄大街 22 号　邮政编码 100037）
策划编辑：葛晓慧　蓝伙金　责任编辑：葛晓慧　蓝伙金
责任校对：张　薇　　　　　封面设计：鞠　杨
责任印制：郜　敏
中煤（北京）印务有限公司印刷
2023 年 12 月第 1 版第 11 次印刷
184mm×260mm · 11.75 印张 · 279 千字
标准书号：ISBN 978-7-111-55728-9
定价：36.00 元

电话服务　　　　　　　　　网络服务
客服电话：010-88361066　　机 工 官 网：www.cmpbook.com
　　　　　010-88379833　　机 工 官 博：weibo.com/cmp1952
　　　　　010-68326294　　金 书 网：www.golden-book.com
封底无防伪标均为盗版　　　机工教育服务网：www.cmpedu.com

汽车技术服务与营销专业教材研发小组

项目指导 冯　渊　无锡职业技术学院

组　　长 贺　萍　深圳职业技术学院

副 组 长 田春霞　大连职业技术学院

　　　　　宋润生　深圳职业技术学院

成　　员（按姓氏首字拼音排序）

　　　　　高谋荣　深圳职业技术学院

　　　　　姬笑非　长春汽车工业高等专科学校

　　　　　罗　静　深圳职业技术学院

　　　　　潘　浩　深圳职业技术学院

　　　　　彭　鹏　深圳职业技术学院

　　　　　宋作军　淄博职业学院

　　　　　唐作厚　广西机电职业技术学院

　　　　　张克明　海南经贸职业技术学院

　　　　　张一兵　中国道路运输协会

　　　　　周　燕　南京交通职业技术学院

联 系 人 机械工业出版社　蓝伙金　葛晓慧

丛 书 序

经过十几年的快速发展，中国已经成为世界最大的汽车生产国和主要的汽车消费国。中国汽车消费市场从最初的形成和发展走向了逐渐成熟，并开始呈现市场结构优化、技术手段升级、营销模式创新和新兴服务领域快速涌现的新型态势。新的营销理念、新的营销模式、新的服务领域都在冲击和震颤着中国的汽车销售和售后服务领域，表现出了一方面是汽车销售及售后服务业对人才的大量需求，另一方面又是能够适应现代汽车销售市场和服务市场的人才的匮乏。为了适应新的形势，近年来，国内的大专院校，尤其是职业技术类院校的汽车营销类专业在迅速扩充规模的同时积极探索新的人才培养模式，调整课程结构，改进教学方法，以实现培养适应新形势下现代汽车营销类人才的需要。

由全国机械职业教育汽车类教学指导委员会（高职）组织编写、机械工业出版社编辑出版的这套汽车技术服务与营销专业教材，正是面对汽车营销及售后服务市场的新形势而推出的。教材从市场需要的实际出发，坚持以职业素养的培养为基础，以能力提升为目标，以就业为导向，把提高学生的职业素养和职业能力放在突出位置，集中体现培养学生"汽车技术运用""整车及配件营销""二手车鉴定评估""汽车保险理赔"和"汽车信贷与租赁业务"能力等，并特别面向新兴的汽车电子商务领域推出了《汽车电子商务》教材，使之满足培养具有分析和解决汽车营销和汽车后市场服务领域实际问题能力的复合型高等应用型人才之需要。

因此，本系列教材按照汽车营销类岗位的职业特点和职业技能要求，务求探索和创新：

1. 拓宽汽车技术领域的视野，在满足必要的汽车技术知识铺垫后，强调横向知识的宽泛，突出汽车技术、构造、配置上的差异所带来的车辆性能、车辆特点和使用状况的差异性对比，并追踪汽车新技术的运用，适应学生作为汽车销售顾问的技术性要求。

2. 追踪和吸收前沿的营销理论和营销方法，运用适量的背景资料透视国内外汽车营销行业的发展变化，了解汽车市场的运行状况和走势。

3. 汇集汽车营销领域的经典案例和国内汽车企业的典型案例，通过贴近现实、贴近中国消费者汽车生活的汽车营销实例，近距离了解和掌握汽车营销的相关技术和方法。

4. 注重业务过程的实务性训练，引入汽车营销企业的现实做法，业务流程、业务规范均来自企业实际，与企业的业务实际零距离对接。

5. 强化职业技能和技法的训练，每章除了复习性的思考练习之外，还安排了用于实际操作训练的实践练习项目，训练学生的实际动手能力。

6. 面向学生汽车营销综合应用能力培养的需要，新编了《汽车使用性能评价与选购》教材。

7. 面向新兴的汽车网络营销业务需求，增加了《汽车电子商务》教材。

汽车营销业仍是一个新兴的业务领域，也是一个专业技术极强的业务领域。作为高职高专院校，其目标是培养具有一定的理论基础和较强的动手能力的一线应用型技术人才。本系列教材紧扣高职高专教育的目标定位，力求实现"有新意"——内容新、结构新、格式新；"有特色"——背景资料、典型案例、相关链接；"有亮点"——企业实务、实践项目。

本系列教材在全国机械职业教育汽车类专业教学指导委员会（高职）的组织引导下，由多所职业院校教师共同参与完成，是汽车营销职业教育领域集体劳动的成果和智慧结晶，其间得到了机械工业出版社领导和编辑的支持和指导，在此，谨表示衷心感谢。

汽车技术服务与营销教材研发小组组长　贺萍

前　言

我国汽车产销量自2013年以来已经超过2000万辆，已经成为全世界第一大汽车消费市场，与此同时，我国汽车市场可供大众消费者选购的品牌和车型也在呈爆发式增长。面对众多的车型，消费者如何科学评价其性能从而选购适合自己的车辆正成为一门新兴的科学。本书针对汽车市场的最新消费需求，从商务角度探索汽车性能评价与选购的知识与方法，从而为高职汽车营销与服务类专业的汽车性能评价与选购类课程教学服务，同时也可作为广大汽车爱好者和汽车消费者的参考书籍。本书为全国机械行业职业教育优质规划教材。

本书是在多年的教学实践和已编写的教学讲义的基础上编纂而成的，教材的编写充分体现了高职教育的特色，注重理论知识与实践应用的紧密结合。每章内容在介绍完系统的理论知识后，专门设置一节车型评价的案例分析作为应用实践，理实一体化的呈现方式使学生更好地掌握车辆性能评价的方法和应用。

同时，本书针对高职学生的学习特点，对知识点编配了视频资源及大量的图片，激发学生的学习兴趣，使理论知识变得直观易懂。在每章内容前都明确本章的学习目标，使学生在学习中有的放矢，提高学习效率；在每章内容后编写了本章小结与习题，使学生在学习后能清晰地梳理每章的知识结构，并通过习题检验学习效果和巩固学习成果。

本书由深圳职业技术学院教师以及相关企业专家共同编写，由深圳职业技术学院潘浩、张强担任主编，深圳职业技术学院蔡辰光、宋润生担任副主编。具体分工如下：潘浩编写了模块一、模块七；张强编写了模块二、模块三和模块五；蔡辰光编写了模块四、模块六；宋润生编写模块八、模块九。深圳职业技术学院彭鹏、韩承伟也参加了部分书稿的编写工作。全书由潘浩统稿。

本书编写过程中参考了大量文献以及相关网站信息，吸收了汽车行业各界学者较新的理论成果以及企业的相关案例，在此向各位专家、学者、合作企业表示衷心的感谢。本书的出版也得到了机械工业出版社的大力支持与帮助，在此一并致谢。

由于本书涉及的知识面和信息量较大，加之编者学识有限，书中难免存在疏漏之处，敬请读者批评指正。

编者

二维码清单

名称	二维码	名称	二维码
动力性的概念及影响因素分析		动力性评价指标及评价方法	
提升动力性的主要技术介绍		提升汽车安全性的技术	
提升汽车环保性的主要技术		提升汽车经济性的方法和技术	
提升汽车舒适性的主要配置		汽车基本参数介绍	
汽车安全性的理解及影响因素分析		汽车安全性的评价内容	
汽车操控性能评价		汽车环保性的概念及影响因素分析	
汽车环保性的评价指标及评价方法		汽车经济性的理解及影响因素分析	
汽车经济性的评价指标及评价方法		汽车舒适性的概念及影响因素分析	
汽车舒适性的评价内容和评价指标		汽车通过性概念及其影响因素分析	
汽车通过性评价内容、指标及方法			

目　　录

汽车基础知识及使用性能评价概述

知识目标：

- 了解汽车的定义和汽车的基本构成。
- 了解国内汽车分类标准和类型。
- 理解汽车各类参数的含义。
- 掌握汽车使用性能评价的内容及指标体系。

重点与难点：

- 汽车各类参数含义的理解。
- 汽车使用性能评价的内容及主要指标。

第一节　汽车基础知识概述

一、汽车的定义

GB/T 3730.1—2001《汽车和挂车类型的术语和定义》中对汽车的定义是：由动力驱动，具有 4 个或 4 个以上车轮的非轨道承载的车辆。该术语还包括与电力线相连的车辆和整车整备质量超过 400kg 的三轮车辆。

二、汽车基本构成

汽车总体构造是由发动机、底盘、车身和电气（电子）设备四大部分组成的，分别如图 1-1 ~ 图 1-4 所示。

图 1-1　发动机

图 1-2　底盘

图1-3 轿车车身

图1-4 车内部分电气设备

1. 发动机

发动机是汽车的"心脏"，为汽车提供动力，其性能关系着汽车的动力性、经济性及环保性等。简单来说，发动机就是一个能量转换机构，它是将汽油（柴油）或天然气的热能，通过密封气缸内燃烧气体的膨胀推动活塞做功，转变为机械能，这是发动机最基本的原理。汽油发动机通常由两大机构五大系统组成，两大机构分别是曲柄连杆机构和配气机构，五大系统分别是燃料供给系统、冷却系统、润滑系统、点火系统和起动系统。柴油发动机缺少点火系统。发动机伴随着汽车走过了100多年的历史，无论是在设计、制造、工艺，还是在性能、控制方面都有很大的提高，但其基本原理仍然没有改变。现在的汽车发动机不仅注重汽车动力方面的体现，更加注重能源消耗、尾气排放等与环境保护相关的方面，从而使人们在悠闲地享受汽车文化的同时，也能保护环境、节约能源。

2. 底盘

汽车底盘由传动系、行驶系、转向系和制动系四部分组成。底盘的作用是支承、安装汽车发动机及其各部件、总成，形成汽车的整体造型，并接受发动机的动力，使汽车产生运动，保证其正常行驶。传动系一般由离合器、变速器、万向传动装置、主减速器组成。传动系具有减速、变速、倒车、中断动力、轮间差速和轴间差速等功能，与发动机配合工作，能保证汽车在各种工况条件下的正常行驶，并具有良好的动力性和经济性。行驶系由汽车的车架、车桥、车轮和悬架等组成。行驶系的功用是接受传动系的动力，通过驱动轮与路面的作用产生牵引力，使汽车正常行驶，并对全车起支承作用。制动系是汽车上用以使外界（主要是路面）在汽车某些部分（主要是车轮）施加一定的力，从而对其进行一定程度的强制制动的一系列专门装置。制动系的作用是使行驶中的汽车按照驾驶人的要求进行强制减速甚至停车，使已停驶的汽车在各种道路条件下（包括在坡道上）稳定驻车，使下坡行驶的汽车速度保持稳定。制动系一般包括行车制动系统和驻车制动系统。

3. 车身

车身是形成驾驶人和乘客乘坐空间的装置，也是存放行李及其他物品的工具。汽车车身的作用主要是保护驾驶人以及构成良好的空气力学环境。汽车车身结构从形式上主要分为非承载式和承载式两种。非承载式车身的汽车有刚性车架，又称底盘大梁架。车身本体悬置于车架上，用弹性元件连接。车架的振动通过弹性元件传到车身上，大部分振动被减弱或消除，发生碰撞时车架能吸收大部分冲击力，在不良路面上行驶时对车身起到保护作用，因此

车厢变形小，平稳性和安全性好，而且车厢内噪声低。但这种非承载式车身比较笨重，质量大，汽车质心高，高速行驶稳定性较差。承载式车身的汽车没有刚性车架，只是加强了车头、侧围、车尾、底板等部位，发动机、前后悬架、传动系统等的一部分总成部件装配在车身上设计要求的位置，车身负载通过悬架装置传给车轮。承载式车身除了其固有的乘载功能外，还要直接承受各种负荷力的作用，不论在安全性还是在稳定性方面都有很大的提高，具有质量小、高度低、装配容易等优点，大部分轿车采用这种车身结构。

4. 电气设备

电气与电子设备是汽车的重要组成部分，它由电源、发动机点火系（汽油机）和起动系、照明和信号装置、空调仪表和报警系统以及辅助电器等组成。其性能的好坏直接影响到汽车的动力性、经济性、可靠性、安全性、排气净化及舒适性。例如，为使汽车发动机获得最高的经济性，点火系统需在最适当的时间点火；为使发动机可靠起动，需采用电动起动机；汽车的工作可靠、行驶安全，则有赖于各种指示仪表、信号和照明装置等电器的正常工作。

三、汽车的分类

汽车的种类很多，为了区别不同用途和类型的汽车，应按照不同的标准对汽车进行分类。常见的分类方法是按照汽车车型以及动力源两种分类方法。

1. 按车型分类

从 2005 年开始，中国按照国际惯例，依据国家对汽车和挂车类型的术语和定义，以及机动车辆和挂车分类的标准，对原汽车车型统计分类进行变更。现行标准 GB/T 3730.1—2001 中把汽车分为乘用车和商用车两大类。

（1）乘用车　乘用车是指车辆座位少于 9 座（含驾驶人位），以载客为主要目的的车辆。乘用车又分为基本乘用车（轿车）、SUV、MPV 以及除以上三类以外的交叉型乘用车。

1）基本乘用车（Basic Car）。基本乘用车的概念基本等同于旧标准中的轿车，但在统计范围上又不完全同于轿车，这种区别主要表现在将旧标准轿车中的部分非轿车品种，如北京吉普、别克 GL8 等排除在基本乘用车外，而原属于轻型客车中的"准轿车"列入了基本乘用车。实际上基本乘用车主要是指各种三厢、两厢的轿车。国内对轿车又按照排量进行了划分：排量 1L 以下的为微型轿车，如雪佛兰乐驰（图 1-5）；排量为 1.0 ~ 1.6L 的为普通级轿车，如大众 Polo（图 1-6）；排量为 1.6 ~ 2.5L 的为中级轿车，如雪铁龙 C5（图 1-7）；排量为 2.5 ~ 4.0L 的为中高级轿车，如丰田皇冠（图 1-8）；排量为 4L 以上的为高级轿车，如奔驰 S600（图 1-9）。

图 1-5　雪佛兰乐驰　　　　　　　　　　　图 1-6　大众 Polo

图 1-7　雪铁龙 C5

图 1-8　丰田皇冠

图 1-9　奔驰 S600

2）运动型多用途车（Sport Utility Vehicle，SUV）。运动型多用途车起源于美国，这类车既可载人，又可载货，行驶范围广泛，驱动方式应为四轮驱动。近几年我国轻型越野车和在皮卡基础上改装的运动型多用途车发展较快，但在驱动方式上不一定是四轮驱动。行业内在分析市场时一般将这几类产品放到一起，统一归为运动型多用途车，因此我国的此类产品范围要广于国外。为了便于分析比较，运动型多用途车按照驱动方式不同分为四驱运动型和二驱运动型。目前，国内的 SUV 市场在不断地扩大，各大汽车厂家纷纷推出自己品牌的SUV 车型，如长城哈弗（图 1-10）、本田 CR－V（图 1-11）等。

图 1-10　长城哈弗

图 1-11　本田 CR－V

3）多功能车（multi－Purpose Vehicle，MPV）。多功能车是集轿车、旅行车和厢式货车的功能于一身，车内每个座椅都可以调整，有多种组合方式，前排座椅可以 180°旋转的车型。这种车型乘坐空间大，一般能乘坐 7 人，比较适合于商务用途或者人数较多的家庭出行使用，如上海通用别克 GL8（图 1-12）、本田奥德赛（图 1-13）等。

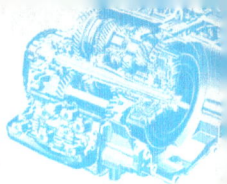

图1-12　别克GL8

图1-13　本田奥德赛

4）交叉型乘用车（Cross Passenger Car）。交叉型乘用车是指不能列入上述三类的其他乘用车。这部分车型主要指的是旧分类中的微型客车，今后新推出的不属于上述三类的车型也列入交叉型乘用车。

知识拓展：

　　轻型货车（PICK UP）

　　即为小吨位的载货汽车（图1-14）。这类汽车在汽车分类中不是标准术语，泛指那些发动机前置，额定装载质量在1t以下，具有轿车、载货汽车以及越野汽车多种属性的小型汽车。这种汽车标志性的特点是前面是轿车的头部，后面是货车的尾部。

图1-14　长城风骏

　　（2）商用车　商用车是指在设计和技术特性上用于运送人员及其随身行李和货物的汽车，并且可以牵引挂车。商用车可以分为客车（图1-15）、货车（图1-16）、半挂牵引车（图1-17）、客车非完整车辆和货车非完整车辆（图1-18）。

　　1）客车。客车是指在设计和技术特征上用于载运乘客及其随身行李的商用车辆，包括驾驶人座位在内其座位数超过9座。对于客车，还可以按照其车身长度、用途和燃料类型进行细分类。由于车身长度按照米数来细分，因此统计信息更加详细；也可以按照旧分类中的大、中、轻型客车的划分标准进行归类。

　　2）货车。货车是一种主要为载运货物而设计和装备的商用车辆，它能牵引挂车。与客车类似，现行标准中的货车含义也小于旧标准中的载货汽车，对应关系为旧标准中载货汽车＝现行标准中的（货车＋半挂牵引车＋货车非完整车辆）。货车还可以按照总质量、用途和燃料类型来细分。

　　3）半挂牵引车。半挂牵引车是指装备有特殊装置，用于牵引半挂车的商用车辆。半挂牵引车分类依据的质量是处于行驶状态中的半挂牵引车的质量，加上半挂车传递到牵引车上的最大垂直静载荷，以及牵引车自身最大设计装载质量（如果有的话）的和。

　　4）客车非完整车辆和货车非完整车辆。客车非完整车辆和货车非完整车辆分别指客车底盘和货车底盘。客车非完整车辆可按照长度进行细分，货车非完整车辆可按照总质量进行细分。

6

图 1-15　客车

图 1-16　货车

图 1-17　半挂牵引车

图 1-18　货车非完整车辆

2. 按动力源分类

按汽车使用的动力装置类型不同，可将汽车分为内燃机汽车、电动汽车、太阳能汽车等。

（1）内燃机汽车　内燃机汽车指用内燃机作为动力装置的汽车，它是当前应用最为广泛的车辆。内燃机汽车根据使用的燃料不同，又可分为汽油机汽车、柴油机汽车、气体燃料发动机汽车、液化气体燃料发动机汽车及旋转活塞发动机汽车等形式。气体燃料发动机汽车和液化燃料发动机汽车的使用可解决能源和环境问题，常用燃料有压缩天然气（CNG）、醇类等。图1-19～图1-22 所示分别为内燃机汽车的汽油轿车、柴油轿车、天然气轿车和甲醇轿车。

图 1-19　汽油轿车（PASSAT）

图 1-20　柴油轿车（宝来 TDI）

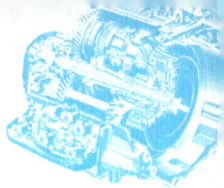

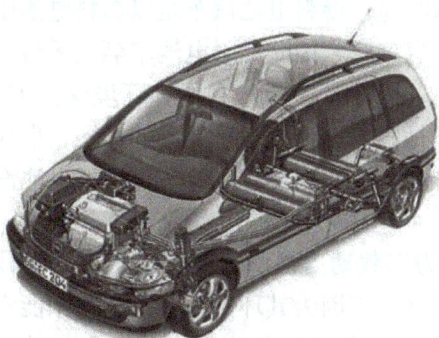

图 1-21 天然气轿车

图 1-22 甲醇轿车（海迅）

（2）电动汽车 电动汽车（Eletric Vehicle，EV）是指以车载电源为动力，用电动机驱动车轮行驶，符合道路交通、安全法规各项要求的车辆。由于其对环境影响相对传统汽车较小，应用前景被广泛看好，但当前技术尚不成熟。电动汽车的种类有纯电动汽车（BEV）、混合动力汽车（PHEV）、燃料电池汽车（FCEV）。

1）纯电动汽车（Battery only Electric Vehicle，BEV）。纯电动汽车是由电动机驱动的汽车。纯电动汽车相对燃油汽车而言，主要差别在于四大部件，即驱动电动机、调速控制器、动力电池、车载充电器。纯电动汽车时速快慢和起动速度取决于驱动电动机的功率和性能，其续行里程之长短取决于车载动力电池容量的大小，车载动力电池的重量取决于选用何种动力电池，如铅酸、锌碳、锂电池等，它们体积，比重、比功率、比能量、循环寿命都各异。纯电动汽车目前技术水平以及使用条件都有待完善，因而该类车型市场的销量非常有限，仅在公共交通领域以及专用车领域有所应用，如比亚迪 e6（图 1-23）。

2）混合动力汽车（Plug‐in Hybrid Electric Vehicle，PHEV）混合动力汽车是指同时装备两种动力源——热动力源（由传统的汽油机或者柴油机产生）与电动力源（电池与电动机）的汽车。在混合动力汽车上使用电动机，使得动力系统可以按照整车的实际运行工况要求灵活调控，而发动机保持在综合性能最佳的区域内工作，从而降低油耗与排放。国内市场上，混合动力车辆的主流都是汽油混合动力，柴油混合动力车型相对较少。目前国内汽车市场上的混合动力车辆已非常多，市场容量在逐渐扩大，车型如丰田普锐斯（图 1-24）。

图 1-23 比亚迪 e6 纯电动汽车

图 1-24 丰田普锐斯混合动力汽车

3）燃料电池汽车（Fuel Cell Electric Vehicle，FCEV）。燃料电池汽车是以燃料电池作为动力源的汽车。燃料电池的化学反应过程不会产生有害产物，因此燃料电池车辆是无污染汽车。燃料电池的能量转换效率比内燃机要高 2～3 倍，因此从能源的利用和环境保护方面，燃料电池汽车是一种理想的车辆。近几年来，燃料电池技术已经取得了重大的进展，世界著名汽车制造厂，如戴姆勒－克莱斯勒、福特、丰田和通用汽车公司已经将各种燃料电池汽车投向市场，车型如图 1-25 所示。

（3）太阳能汽车　太阳能汽车是一种以太阳能为车载动力源的汽车，如图 1-26 所示。相比传统热机驱动的汽车，太阳能汽车是真正的零排放。正因为其环保的特点，太阳能汽车被诸多国家所提倡，太阳能汽车产业的发展也日益蓬勃。但太阳能汽车现阶段由于动力不足，价格较高，难以大规模推广应用。

图 1-25　奔驰燃料电池汽车

图 1-26　"平板式"太阳能汽车

第二节　汽车的主要参数

汽车的主要参数包括外形尺寸参数、质量参数、性能参数等。这些参数综合反映汽车外部轮廓状况、车辆的质量和负载能力以及车辆其他方面的性能表现等。对这些参数的理解，有助于汽车消费者更好地了解汽车性能和使用车辆。

一、汽车的外形尺寸参数

汽车的外形尺寸参数主要是指汽车的外廓尺寸、轴距、轮距、前悬及后悬。

1. 外廓尺寸

汽车的长、宽、高称为汽车的外廓尺寸。车长是垂直于车辆纵向对称平面并分别抵靠在汽车前、后最突出部位的两平行面间的距离。车宽是平行于车辆纵向对称平面并分别抵靠车辆两侧最外处刚性固定突出部位（不包括视镜、方位灯、侧面标志灯和转向指示灯等）的两平行面之间的距离。车高是车辆最高点与车辆支撑平面之间的距离。

汽车的外廓尺寸要根据汽车的功能、吨位、容量、外形、专用设备、结构布置、使用条件等因素来确定。外廓尺寸的选用原则是：在满足使用要求的前提下，力求减小汽车的外廓尺寸。减小汽车的外廓尺寸，可以使汽车的整车整备质量和制造成本降低，而动力性、经济

性和机动性得到提高。汽车的外廓尺寸必须适应公路、桥梁、涵洞和铁路运输的标准，保证其安全行驶。各国对公路运输车辆的外廓尺寸均有法规限制。我国的 GB 1589—2004《道路车辆外廓尺寸、轴荷及质量限值》中对公路运输汽车的外廓尺寸进行了限制：汽车的总宽（不包括后视镜）不大于 2.5m，左、右后视镜等突出量不大于 250mm；汽车总高（空载、顶窗关闭状态）不大于 4m，顶窗、换气装置开启时不得超出车高 300mm；货车、整体式客车总长不大于 12m，单铰接式客车总长不大于 18m。

2. 轴距

汽车在直线行驶位置时，同侧相邻两轴的车轮落地中心点到车辆纵向对称平面的两条垂线之间的距离称为轴距。

轴距设计得越短，车辆长度越短，质量越小，最小转弯直径和纵向通过半径也越小，机动性则越好。但轴距过短，车辆的后悬变长，行驶时纵摆较大，使车辆在制动、加速以及坡道行驶时质量转移过大，车辆的操纵性和稳定性变差。对于乘用车而言，轴距的大小也能反映乘坐空间的大小，轴距大的轿车，乘坐空间较大，乘坐的舒适性较好。

3. 轮距

轮距指同一车轴左、右轮胎中心间的距离。如后轴为双胎，则为同一轴的一端两轮胎中心到另一端两轮胎中心间的距离。轮距包括前、后轮距。

汽车轮距的尺寸对车辆的宽度、质量、横向通过半径、横向稳定性和机动性影响较大。轮距越大，悬架的角刚度越大，汽车的横向稳定性越好，车厢内横向空间也越大。但增大轮距的同时会增加汽车的宽度和质量。轮距过宽会使车辆的机动性变坏，易导致车轮向车身侧面甩泥。

4. 前悬和后悬

汽车前悬是指汽车在直线行驶位置时，其前端刚性固定件的最前点至两前轮轴线的垂直距离。前悬尺寸主要影响汽车的通过性、轴载质量、碰撞安全性、驾驶人视野、前钢板弹簧长度、上车和下车的方便性及汽车造型等。前悬尺寸增加，汽车的接近角减小，车辆的通过性降低，视野变坏。但长前悬有利于在撞车时对驾驶人起保护作用。在保证设计要求和各总成布置的前提下，应尽可能缩短前悬尺寸。

汽车后悬是指汽车后端刚性固定件的最后点至后轮轴线的垂直距离。后悬尺寸主要影响汽车的通过性、汽车追尾时的安全性、车厢长度、轴距和轴荷分配等。后悬尺寸增加，汽车的前轴载质量减小，后轴载质量增大，离去角减小，车辆的通过性降低。缩短后悬，汽车的车厢长度减小。

重庆力帆轿车的外形轮廓尺寸如图 1-27 所示。

二、汽车的质量参数

汽车的质量参数包括整备质量、总质量、装载质量和轴载质量。

1. 整备质量

汽车的整备质量就是汽车经整备后在完备状态下的自身质量，指汽车在加满燃料、润滑油、工作油液及发动机冷却液并带有全部装备（随车工具及备胎等）但未装货和载人时的总质量，即为车辆空载时的质量。

整车整备质量影响汽车的制造成本和燃油经济性。通常整车整备质量每减少 10%，燃

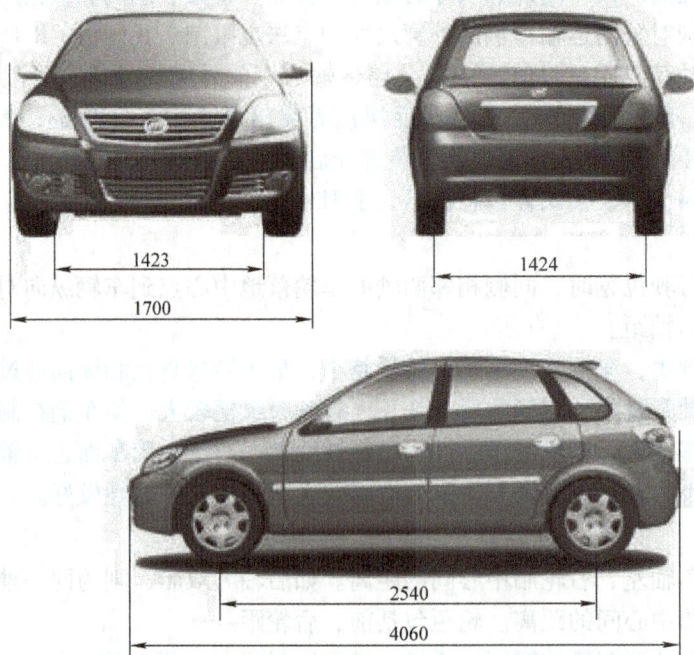

图 1-27　力帆汽车外形轮廓尺寸

油消耗可降低 6% ~ 8% 。通过优化结构、采用高强度钢结构件及铝合金、非金属复合材料等措施，尽可能减少整车整备质量，提高质量利用系数。

2. 总质量

汽车的总质量是指汽车装备齐全，并按规定装满乘客（包括驾驶人）、货物时的重量，即满载质量。它是保证汽车运输安全和运输效率的重要指标。对于汽车的总质量，车辆制造厂和行政主管部门有明确的规定。车辆制造厂根据特定的使用条件，在考虑材料的强度、轮胎承载能力等因素后核定出汽车的最大总质量。而行政主管部门主要根据汽车的使用条件来规定总质量，其数值通常比前者略低。

3. 装载质量

汽车的装载质量是指汽车在良好的硬路面上行驶时的最大限额（客车用座位数表示，货车用吨位数表示）。汽车的装载质量一般在说明书中有明确规定。在使用时一定不要超载；否则将会造成车辆机件负荷过重，引起损坏，寿命减少，转向沉重，制动失效，以致发生交通事故。当汽车在非良好硬路面上行驶时，装载质量应适当减少。

4. 轴载质量

汽车的轴载质量是汽车总质量分配给各轴的质量，它与转向灵活、驱动性、轮胎承重等有关。

理想的轴载质量分配是满载时每个车轮的负荷大致相等。但实际上，还要考虑汽车的动力性、操纵性、通过性、制动性等使用性能。为提高汽车的驱动力，增加附着质量，常常提高驱动轴的负荷；为保证汽车在泥泞道路上的通过能力，常常降低前轴的负荷，从而减小前轮的滚动阻力，使后驱动轮有足够的驱动力；为保证汽车有良好的操纵稳定性，要求转向轴

的负荷不应过小；为避免转向沉重，前轮的负荷不能过大，特别是质心高、轴距短的汽车。

表 1-1 对 9 款同级别车型的质量参数进行了比较。

表 1-1 9 款同级别车型的质量参数比较

车型	新宝来 1.6	速腾 1.6	卡罗拉 1.6	轩逸 1.6	朗逸 1.6	明锐 1.6	福克斯 1.6	新凯越 1.6	悦动 1.6
满载质量/kg	1845	1890	1760	1660	1660	1693	1715	1635	1629
空载质量/kg	1305	1379	1280	1210	1285	1318	1340	1260	1279
承载质量/kg	540	511	480	450	375	375	375	375	350

三、汽车的性能参数

汽车的性能参数包括汽车的发动机参数、动力性参数、经济性参数、制动性参数与通过性参数等。

1. 发动机参数

（1）压缩比 指气缸总容积与燃烧室容积的比值，它表示活塞从下止点移到上止点时气缸内气体被压缩的程度。汽油发动机是点燃式，压缩比低；柴油发动机是压燃式，压缩比高。轿车的汽油发动机压缩比是 8～11，柴油发动机的压缩比是 18～23。压缩比与发动机性能有很大关系，通常的低压压缩比指的是压缩比在 10 以下，高压压缩比是指压缩比在 10 以上。相对来说压缩比越高，发动机的动力就越大。

（2）转矩 指使物体发生转动的力矩。发动机的转矩就是指发动机从曲轴端输出的力矩，在功率固定的条件下它与发动机转速成反比关系，转速越快转矩越小，反之越大。它反映了汽车在一定范围内的负载能力。一般来讲，转矩越大的车，表现得更有"力量"，其加速性能越好。一辆转矩性能优良的车应该在较低转速达到最大转矩，并能持续比较宽泛的转速。

（3）功率 指物体在单位时间内所做的功。功率越大，汽车转速越高，汽车的最高速度也越高，常用最大功率来描述汽车的动力性。最大功率一般用米制马力（PS）或千瓦（kW）来表示，1PS 等于 0.735kW。发动机的输出功率同转速关系很大，随着转速的增加，发动机的功率也相应提高，但是到了一定的转速以后，功率反而呈下降趋势。

（4）气缸的排列形式 一般六缸以下的发动机的气缸多采用直列方式排列，少数六缸发动机也有直列方式排列的。直列发动机的气缸体成一字排开，缸体、缸盖和曲轴结构简单，制造成本低，低速转矩特性好，燃料消耗少，尺寸紧凑，应用比较广泛，缺点是功率较低。直列六缸发动机的动平衡较好，振动相对较小。大多 6～12 缸发动机采用 V 形排列，即气缸分四列错开角度布置，结构紧凑，发动机长度和高度尺寸小，布置起来非常方便。V8 发动机结构非常复杂，制造成本很高，所以使用的较少，V12 发动机过大过重，只有极个别的高级轿车采用。

（5）气门数 国产发动机大多采用每缸 2 气门，即 1 个进气门，1 个排气门；国外轿车

发动机普遍采用每缸4气门结构，即2个进气门，2个排气门，提高了进、排气的效率；国外有的公司开始采用每缸5气门结构，即3个进气门，2个排气门，其主要作用是加大进气量，使燃烧更加彻底。气门数量并不是越多越好，5气门确实可以提高进气效率，但是结构极其复杂，加工困难，采用较少，国内生产的新捷达王就采用5气门发动机。

（6）排量 又称工作容积，指活塞从上止点到下止点所扫过的气体容积，也称为单缸排量，它取决于缸径和活塞行程。发动机排量是各缸工作容积的总和，一般用升（L）来表示。发动机排量是最重要的结构参数之一，它比缸径和缸数更能代表发动机的大小，发动机的许多指标都同排量密切相关。

2. 动力性参数

汽车的动力性主要由三方面的指标来评定：汽车的最高车速、汽车的加速时间和汽车的最大爬坡度。

汽车的最高车速是指在水平良好路面（混凝土或沥青）上汽车能达到的最高行驶车速。它与汽车的类型、用途、道路条件、自身安全条件和发动机功率的大小等有关。

汽车加速时间指汽车加速到一定车速所用的时间，表示汽车加速能力的大小，对汽车的平均行驶车速有着很大的影响。常用原地起步加速时间与超车加速时间来表明汽车的加速能力。

汽车的上坡能力用满载（或某一载重质量）时汽车在良好路面上的最大爬坡度表示。显然，汽车的最大爬坡度是指Ⅰ档最大爬坡度。

3. 经济性参数

为降低汽车运输成本，要求汽车以最少的燃料消耗，完成尽量多的运输量。汽车以最少的燃料消耗量完成单位运输工作量的能力，称为燃料经济性，单位为L/100km。

4. 制动性参数

汽车行驶时能在短距离内停车且维持行驶方向稳定性和在下长坡时能维持一定车速的能力，称为汽车的制动性。汽车的制动性通过制动效能和制动稳定性来评价。

制动效能是指在良好路面上，汽车以一定初速度制动到停车的制动距离或制动时汽车的减速度。

制动稳定性是指汽车在制动过程中维持直线行驶或按预定弯道行驶的能力。

5. 通过性参数

汽车的通过性是指汽车能以足够高的平均车速通过各种坏路、无路地带（如松软地面、凹凸地面等）及陡坡、台阶、灌木丛、壕沟等各种障碍的能力。

汽车的通过性主要通过最小离地间隙、纵向通过角、接近角、离去角、最小转弯半径等进行评价。

最小离地间隙指汽车满载、静止时支撑平面与汽车最低点间的距离。它反映汽车无碰撞通过有障碍物或凹凸不平的地面的能力。

纵向通过角是指汽车满载、静止时，分别通过前、后车轮外缘作垂直于汽车纵向对称平面的切平面，当两切平面交于车体下部较低部位时所夹的最小锐角。它表示汽车能够无碰撞通过小丘、拱桥等障碍物的轮廓尺寸。

接近角就是空载车辆前轮轮胎前外缘与车辆最前下端构成的平面与道路平面之间的最大夹角。接近角越大，上坡或遇到坑洼路面的通过性越好，不容易发生触头失效。

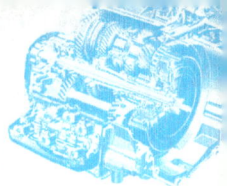

离去角指空载车辆的后轮轮胎后外缘与车辆后下端构成的平面与道路平面之间的最大夹角。离去角越大，车辆下坡或遇到隆丘、台阶、坑洼路面时的通过性越好。

纵向通过角、接近角、离去角如图 1-28 所示。

最小转弯半径是指当转向盘转至极限位置时由转向中心至前外轮接地中心的距离。它反映了汽车能够通过狭窄弯曲地带或绕过不可越障碍物的能力，如图 1-29 所示。

图 1-28　车辆的主要通过性参数

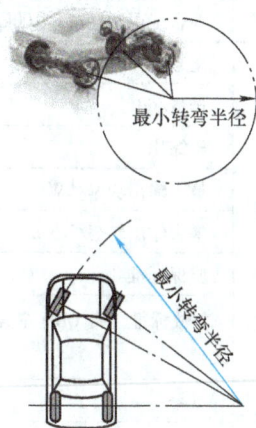

图 1-29　车辆的转弯半径

上述主要介绍了汽车的各种参数，包括外形尺寸参数、质量参数及汽车其他主要性能参数。每款车型的参数表上都对这些参数进行了详细的介绍，供汽车消费者购买和使用时参考。例如表 1-2 全面反映了海马骑士车型的各方面参数。

表 1-2　海马骑士车型主要参数

技术参数		舒适型	豪华型	领航型
整车参数				
尺寸参数	$\dfrac{长}{mm} \times \dfrac{宽}{mm} \times \dfrac{高}{mm}$	4421×1830×1740（带行李架）		
	轴距/mm	2619		
	轮距（前/后）/mm	1532/1522		
	最小离地间隙/mm	185		
	行李箱容积/L	453		
	油箱容积/L	61		
质量参数	整车整备质量/kg	1435		

（续）

技术参数		舒适型	豪华型	领航型
性能参数				
动力性	最高车速/(km/h)		165	
	0～100km/h 加速时间/s		14.9	
操控性	最小转弯半径/m		5.4	
经济性	综合工况油耗/(L/100km)		8.8	
发动机	型号		484Q 直列四缸双 VVT 可变气门正时系统	
	排量/mL		1995	
	压缩比		10:1	
	最大输出功率/kW		110/6000r/min	
	最大输出转矩/N·m		180/4500r/min	
	质保标准		5 年 10 万 km	
	排放标准（带 OBD 车载诊断系统）		国四	
变速器	型号		HM523	
	类型		5MT	
轮胎规格		P215/70 R16	235/70 R16	235/70 R16
驱动形式			两驱	
动力系统				
直列四缸、16 气门、双顶置凸轮轴、电控多点顺序喷射汽油发动机		○	○	○
进排气双 VVT 可变气门正时系统		○	○	○
电子节气门		○	○	○
电子加速踏板		○	○	○
发动机装饰盖		○	○	○

第三节　汽车使用性能评价概述

一、汽车使用性能评价的意义

在一定使用条件下，汽车以最高效率工作的能力，称为汽车使用性能。它是决定汽车利用效率和方便性的结构特性表征。通常用来评定汽车使用性能的指标主要有动力性、燃油经济性、制动性、操控稳定性、平顺性以及通过性等。

　　研究汽车的使用性能评价指标和合理选择指标体系，对汽车的方案选优。改进现有汽车的性能、新车型的分析鉴定、各种车型的对比评定以及制订汽车的试验规范等都有重要意义。

　　通过对汽车使用性能各方面内容的综合评价，汽车消费者可充分了解各车型的各方面的性表现能，作为购买决策的重要参考。

　　由于汽车种类的繁多，需要满足的使用要求各不相同，在涉及汽车时往往应有针对性地满足一两项主要性能而把其他性能放在相对次要的位置。例如，家用经济型轿车需要强调燃油经济性，把动力性放在较次要的位置；而跑车则强调动力性，把燃油经济性放在次要地位。因此，通过对汽车综合性能的评价，消费者可以根据自身的需求特点结合汽车的性能特点，做出比较适合自己的购买决策。

二、汽车使用性能评价的内容及指标体系

　　现代汽车的发展，除了追求传统的汽车动力性、安全性、经济性等方面的性能外，也特别地关注和强调汽车的环保性及智能化。因此，对汽车使用性能评价的内容可以归纳为如下一些主要的方面。

1. 动力性

　　汽车的动力性用汽车在良好路面上直线行驶时所能达到的平均行驶速度来表示。汽车动力性主要用三个方面的指标来评定：最高车速；汽车的加速时间；汽车所能爬上的最大坡度。

　　最高车速——是指汽车在平坦良好的路面上行驶时所能达到的最高速度。数值越大，动力性就越好。

　　汽车的加速时间——表示汽车的加速能力也形象的称为反应速度能力，它对汽车的平均行驶车速有很大的影响，特别是轿车，对加速时间更为重要。常用原地起步加速时间以及超车加速时间来表示。

　　汽车的爬坡能力——用满载时的汽车所能爬上的最大坡度来表示。

2. 经济性

　　汽车的燃油经济性常用一定工况下汽车行驶百公里的燃油消耗量或一定燃油量能使汽车行驶的里程来衡量。在我国及欧洲，汽车燃油经济性指标的单位为 L/100km，而在美国，则用 MPG 或 mi/gall 表示，即每加仑燃油能行驶的千米数。燃油经济性与很多因素有关，如行驶速度，当汽车在接近于低速的中等车速行驶时燃油消耗量最低，高速时随车速增加而迅速增加。另外，汽车的维护与调整也会影响其油耗量。

3. 安全性

　　汽车的安全性由主动安全性与被动安全性两大部分组成。所谓主动安全性，可理解为防患于未然，重点是使车轮悬架、制动和转向的性能达到最好的程度，尽量提高汽车行驶的稳定性和舒服性，减少行车时所产生的偏差。主动安全性在汽车的制动系统中得到了充分体现。制动系统如果配备了防抱死制动系统（ABS）、电子制动力分配系统（EBD）等先进的电子系统，便可以根据车的重量和路况变化来控制制动过程，使前、后轮的制动液压力接近理想化，从而大幅度提高了制动性能，特别是增强了紧急制动时的稳定性和安全性，防止甩尾现象的发生。所谓被动安全性指的就是一旦事故发生时，汽车保护内部乘员及外部人员的

安全程度。特别要指出的是，目前一般人大都忽略了现代汽车对外部人员（行人、骑自行车的人等）的保护措施，认为汽车的安全性能里里外外都是为车内乘员考虑的，这同样也是很不全面的。一旦发生汽车撞人事故，车内车外都是同等无价的生命。因此，被动安全性必须要考虑两方面的问题：一个是汽车外部安全性，另一个就是汽车内部安全性。在外部安全性方面，应减少凸出物体，物体外形采用圆弧形，增大点接触面等方式，尽量在发生事故时减少对外部人员的伤害。

4. 操控性

汽车的操控性是指驾驶人在不感到紧张、疲劳的情况下，汽车能按照驾驶人通过转向系统给定的方向行驶，而当遇到外界干扰时，汽车所能抵抗干扰而保持稳定行驶的能力。汽车操控稳定性通常用汽车的稳定转向特性来评价。转向特性有不足转向、过度转向以及中性转向三种状况。有不足转向特性的汽车，在固定转向盘转角的情况下绕圆周加速行驶时，转弯半径会增大；有过度转向特性的汽车在这种条件下转弯半径则会逐渐减小；有中性转向特性的汽车则转弯半径不变。易操控的汽车应当有适当的不足转向特性，以防止汽车出现突然甩尾现象。

5. 舒适性

舒适性指乘客的乘坐舒适程度，主要是包括车辆行驶的振动程度，当然还包括车身尺寸决定的乘坐宽敞度以及车内的一些主要电子装备和内饰带来的舒适度等方面。

6. 通过性

通过性是指车辆通过一定路况的能力。通过能力强的车辆，可以轻松翻越坡度较大的坡道，可以放心地驶入一定深度的河流，也可以高速行驶在崎岖不平的山路上，在城市中也不用为停车上下路肩而担心。

7. 环保性

汽车的环保性主要指汽车对环境的影响能力，对汽车环保性的评价主要包括对汽车的排放进行评价与对汽车的噪声进行评价。

如前所指，汽车作为一个大的系统，可分成轿车、货车、客车和越野车等不同的汽车类型，而货车又可细分为重型货车、中型货车、轻型货车和微型货车。客车中也包括大型客车、中型客车、轻型客车和微型客车。通常把轿车分成高级、中高级、中级、普通级、紧凑型和微型轿车等。

衡量上述各种系统性能好坏的标准是性能评价指标体系。由于系统是多因素组成的，所以不能用单一的指标衡量，应该有一个相互联系的指标体系。有了这个指标体系，不管系统多么复杂，都可以对其进行综合分析和评价。

但是，各种不同性质的系统决定了适应于本身系统的性能评价指标体系。例如对货车来说，可能对其性能评价时更侧重容载量、操作便利性以及安全性等；对越野车系统来说，对其性能评价时可能更多考量其通过性、机动性以及越障性能；对于微型轿车，在性能评价时可能更多地把经济性、安全性排在前面，而对高端轿车，则可能把舒适性排在前面。因此，对汽车进行性能评价时，应灵活利用其评价指标体系进行科学合理的评价，这样才能更加具有公平性和可参考性。

后续的各章节将按照汽车使用性能评价的几个主要方面进行详细的讲解，包括动力性、经济性、安全性、操控性、舒适性、通过性以及环保性。

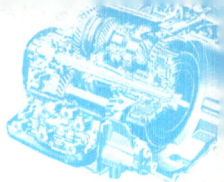

本 章 小 结

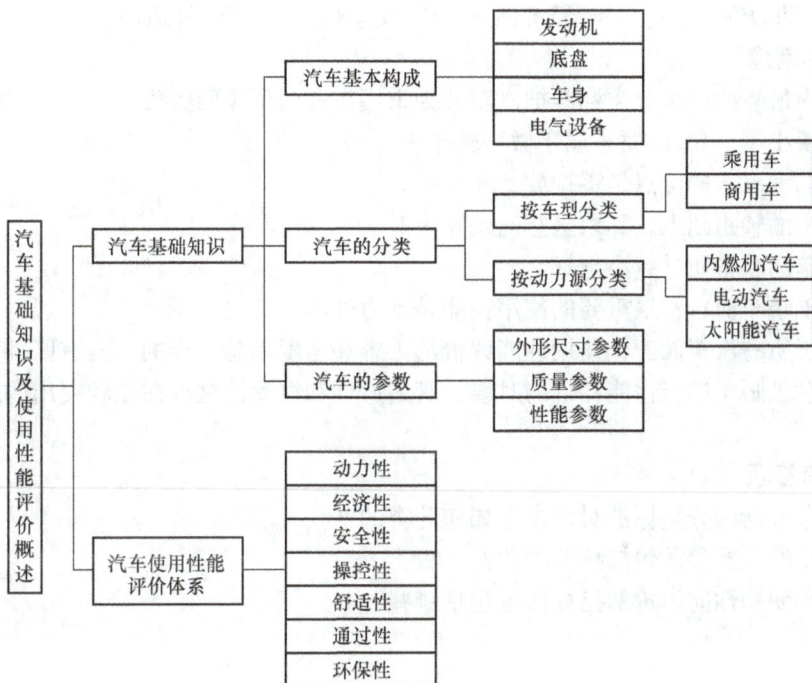

习 题

一、单项选择题

1. 下列车型中不属于乘用车的是（   ）。

    A. SUV　　　　　　　　B. MPV　　　　　　　　C. 轿车　　　　　　　　D. 货车

2. 下列车型中属于 MPV 车型的是（   ）。

    A. GL8　　　　　　　　B. 比亚迪 e6　　　　　　C. 本田 CR-V　　　D. 长城哈弗

3. 在国内，对轿车的分类常用的标准是（   ）。

    A. 排量　　　　　　　　B. 价格　　　　　　　　C. 轴距　　　　　　　　D. 车长

4. 下列哪个不属于汽车的外形轮廓尺寸（   ）。

    A. 车长　　　　　　　　B. 车宽　　　　　　　　C. 轴距　　　　　　　　D. 最小转弯半径

5. 下列哪个不是轮距短的优点（   ）。

    A. 机动性好　　　　　　B. 最小转弯越小　　　C. 乘坐空间大　　　D. 纵向通过半径小

6. 汽车经整备后在完备状态下的自身质量，即指汽车在加满燃料、润滑油、工作油液及发动机冷却液并带有全部装备时的总质量是指（   ）。

    A. 整备质量　　　　　　B. 装载质量　　　　　　C. 总质量　　　　　　　D. 轴载质量

7. 下列哪个不是反映汽车通过性的参数（　　　）。

　A. 最小离地间隙　　　　B. 接近角　　　　C. 离去角　　　　D. 车宽

8. 对于经济型轿车而言，下面哪个性能指标不是最重要考虑的指标（　　　）。

　A. 动力性　　　　B. 经济性　　　　C. 安全性　　　　D. 舒适性

二、判断题

1. 国内最新的汽车分类标准把汽车分为乘用车和商用车两大类。　　　　　（　　　）

2. 排量小于 1.0L 的轿车属于微型轿车。　　　　　　　　　　　　　　（　　　）

3. 纯电动汽车的优点是零排放、无污染。　　　　　　　　　　　　　　（　　　）

4. 轿车的轴距越大，其乘坐空间就越大。　　　　　　　　　　　　　　（　　　）

5. 轿车的整备质量越小越好。　　　　　　　　　　　　　　　　　　　（　　　）

6. 对于轿车而言，最重要的使用性能是动力性。　　　　　　　　　　　（　　　）

7. 对于所有汽车而言，使用性能评价的内容和角度都是一样的，没有区别。（　　　）

8. 在对越野车进行性能评价的时候，其通过性和机动性被放在比较突出的位置。

　　　　　　　　　　　　　　　　　　　　　　　　　　　　　　　（　　　）

三、简答题

1. 汽车最新的分类标准对汽车是如何分类的？

2. 汽车的主要参数包括哪些参数？

3. 汽车使用性能评价的指标体系包括哪些？

模块 二

汽车动力性评价

知识目标：

- 了解影响汽车动力性的新技术及其原理，以及应用车型；汽车动力性理论分析；汽车动力性试验。
- 理解影响汽车动力性的汽车结构因素以及汽车外部运行条件。
- 掌握汽车动力性的含义、汽车动力性评价方法及评价指标，以及提升汽车动力性的方法。

能力目标：

- 能够应用汽车动力性评价指标与方法对汽车动力性予以客观评价。

重点与难点：

- 汽车动力性评价方法及评价指标；各项评价指标和方法的含义、原理以及在真实车型上的应用。
- 影响汽车动力性的各种因素；各种影响因素的含义及对汽车动力性的影响效果。

第一节　汽车动力性的评价方法及评价指标

一、汽车动力性概念

汽车的动力性是指汽车在良好路面上直线行驶时，由汽车受到的纵向外力决定的所能达到的平均行驶速度。汽车是一种高效率的运输工具，运输效率之高低很大程度上取决于汽车的动力性。所以，动力性是汽车各种性能中最基本、最重要的性能。

二、评价方法及评价指标

从获得尽可能高的平均行驶速度出发，汽车的动力性主要有以下 3 个评价指标。

1. 汽车的最高车速

最高车速是指在水平良好的路面（混凝土或沥青）上，汽车能达到的最高行驶速度。市场上销售的普通轿车依据排量不同，其最高车速也不相同。一般 1.6L 排量左右的经

济型轿车最高车速为 170～180km/h，同排量的轿车最高车速高于这个数值则动力性较好，低于这个数值则动力性较差；一般 2.4L 排量左右的中型轿车最高车速为 190～200km/h；一般 3.0L 排量左右的中高级轿车最高车速为 220～230km/h。

2. 汽车的加速时间

汽车的加速时间表示汽车的加速能力，它对平均行驶车速有很大影响。常用原地起步加速时间与超车加速时间来表明汽车的加速能力。原地起步加速时间指汽车由Ⅰ档或Ⅱ档起步，并以最大的加速度（包括选择恰当的换档时机）逐步换至最高档后，到某一预定的距离或车速所需的时间。超车加速时间，指用最高档或次高档由某一较低车速全力加速至某一高速所需的时间。由于超车时两车并行，容易发生安全事故，所以超车加速能力强，并且行程短，行驶就安全。一般用 0～400m 或 0～100km/h 所需的时间来表明汽车的原地起步加速能力。对超车加速能力还没有统一的规定，采用较多的是用最高档或次高档由某一中等车速全力加速行驶至某一高速所需的时间。动力性评价中对轿车的加速时间尤为重视。

市场上销售的普通轿车多数也会提供加速时间的数据，其也是依据排量不同而有一定差别。一般 1.6L 排量左右的经济型轿车的 0～100km/h 加速时间在 11s 左右，同排量的轿车加速时间高于这个数值则动力性较好，低于这个数值则动力性较差一些；一般 2.4L 排量左右的中型轿车的 0～100km/h 加速时间在 10s 左右，同排量的轿车加速时间高于这个数值则动力性较好，低于这个数值则动力性较差一些；一般 3.0L 排量左右的中高级轿车的 0～100km/h 加速时间在 9s 左右，同排量的轿车加速时间高于这个数值则动力性较好，低于这个数值则动力性较差一些。

3. 汽车的最大爬坡度

汽车满载时在良好路面上的最大爬坡度，表示汽车的上坡能力。显然，汽车的最大爬坡度指Ⅰ档最大爬坡度。轿车最高车速大，加速时间短，经常在较好的道路上行驶，一般不强调它的爬坡能力，而且它的Ⅰ档加速能力大，故爬坡能力也强。货车在各种地区的各种道路上行驶，所以必须具有足够的爬坡能力。实际上，最大爬坡度代表了汽车的极限爬坡能力，它应比实际行驶中遇到的道路最大爬坡度超出很多。这是因为应考虑到在坡道上停车后，顺利起步、加速、克服松软坡道路面的大阻力等要求的缘故。一般货车最大爬坡度为 30%，即 16.7°左右，越野汽车要在坏路或无路条件下行驶，因而爬坡能力是一个很重要的指标，它的最大爬坡度可达 60%，即 31°左右。

第二节　影响汽车动力性的因素分析

确定汽车的动力性，就是确定汽车沿行驶方向的运动状态。因此，需要掌握沿汽车行驶方向作用于汽车上的各种外力，即驱动力与行驶阻力。根据这些力的平衡关系，建立汽车行驶方程式，就可以估算汽车的最高车速、加速时间和最大爬坡度，并以此作为依据对汽车的动力性进行评价。

一、汽车动力性理论分析

1. 汽车的驱动力与行驶阻力分析

根据力的平衡关系，建立汽车行驶方程式，就可以估算汽车的各项动力性指标。

汽车的行驶方程式为

$$F_t = \sum F$$

式中　　F_t——汽车驱动力；

　　　　$\sum F$——行驶阻力之和。

（1）汽车的驱动力　在汽车行驶中，发动机发出的有效转矩 T_e，经变速器、传动轴、主减速器后，由半轴传给驱动车轮。如果变速器传动比为 i_g，主减速器传动比为 i_o，传动系的机械效率为 η_T，则传到驱动轮上的转矩为 T_t，即驱动力矩为

$$T_t = T_e i_g i_o \eta_T$$

如图 2-1 所示，此时作用于驱动轮上的转矩 T_t 产生对地面的圆周力 F_0，则地面对驱动轮的反作用力 F_t 为汽车驱动力。如果驱动车轮的滚动半径为 r，就有 $F_t = T_t/r$，因而汽车驱动力为

$$F_t = T_e i_g i_o \eta_T / r \tag{2-1}$$

1）发动机的外特性。发动机的功率、转矩及燃油消耗率与发动机曲轴转速的变化关系，即为发动机的速度特性。如果转矩 T_e 单位用 N·m 表示，功率 P_e 单位用 kW 表示，转速 n_e 单位用 r/min 表示，它们之间的关系为

$$P_e = T_e n_e / 9549 \tag{2-2}$$

图 2-1　汽车的驱动力

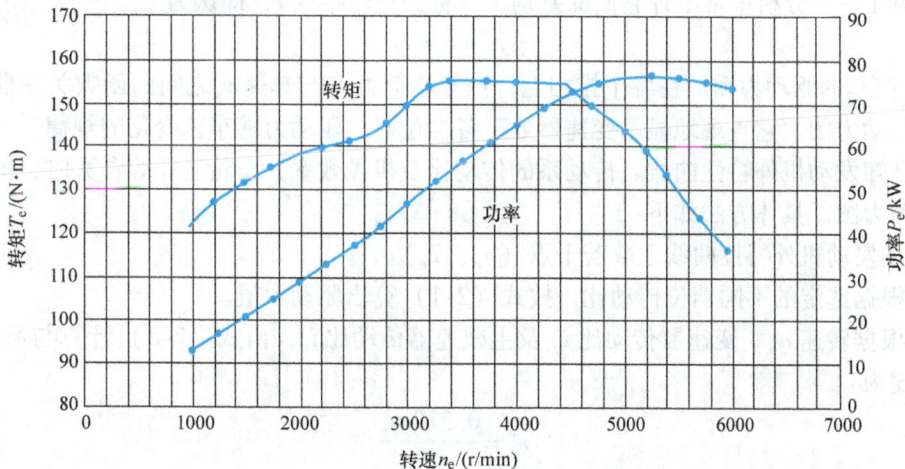

当发动机节气门全开，或高压油泵处于最大供油量位置时，此特性称为发动机的外特性，对应的关系曲线称为外特性曲线；如果节气门部分开启，则称为发动机部分负荷特性曲线。发动机制造厂提供的发动机外特性曲线，一般是在试验台架上不带空气滤清器、水泵、风扇、消声器、发电机等附属设备条件下测试得到的。如果带上上述附属设备，测得的发动机外特性的最大功率约小 15%；转速为 $0.5n_{max}$ 时，功率小 2%~6%；转速再低时，两者相差更小。此外，由于在试验台架上所测的发动机工况相对稳定，而在实际使用中发动机的工况通常是不稳定的，但由于两者差别不显著，所以在进行动力估算时，仍可用稳态工况时发动机的试验数据。图 2-2 所示即为一组发动机外特性曲线示例。

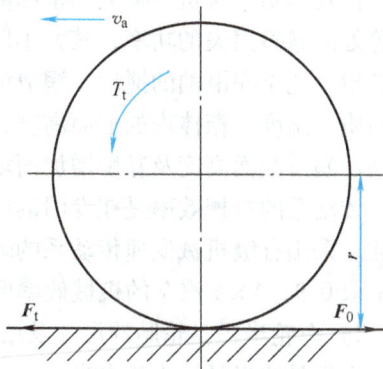

图 2-2　发动机外特性曲线示例

2）传动系的机械效率。发动机发出的功率 P_e，经传动系传到驱动车轮的过程中，要克服传动系各部件的摩擦而有一定的损失。若损失的功率为 P_T，则传到驱动轮的功率为 $(P_e - P_T)$，传动系的机械效率 η_T 为

$$\eta_T = \frac{P_e - P_T}{P_e} = 1 - \frac{P_T}{P_e} \tag{2-3}$$

传动系的功率损失由传动系中各部件——变速器、万向节、主减速器等的功率损失所组成。其中变速器和主减速器的功率损失所占比重最大，其余部件功率损失较小。

损耗的功率含机械损失功率和液力损失功率。机械损失功率是指齿轮传动副、轴承、油封等处的摩擦损失的功率，其大小取决于啮合齿轮的对数、传递的转矩等因素。液力损失功率是指消耗于润滑油的搅动、润滑油与旋转零件之间的表面摩擦功率。其大小取决于润滑油的品质、温度、箱体内的油面高度，以及齿轮等旋转零件的转速。液力损失随传动零件转速提高、润滑油面高度及黏度增加而增大。

传动系的机械效率是在专门的试验装置上测试得到的。在动力性计算时，机械效率取为常数。采用有级机械变速传动系的轿车，其机械效率取 0.9 ~ 0.92，单级主传动货车的机械效率取 0.9，4×4 汽车的机械效率取 0.85。

3）车轮半径。轮胎的尺寸及结构直接影响汽车的动力性。车轮按规定气压充好气后，处于无载时的半径称为自由半径。

在汽车重力作用下，轮胎发生径向变形。车轮中心与轮胎接地面的距离称为静力半径 r_s。静力半径小于其自由半径，它取决于载荷、轮胎的径向刚度，以及支承面的刚度。车轮中心至轮胎与道路接触面切向反作用力之间的距离称为动力半径。

车轮上除作用有径向载荷外，还有转矩。此时轮胎不仅产生径向变形，同时还产生切向变形。其切向变形取决于轮胎的切向刚度、轮胎承受的转矩及转动时的离心惯性力等。

以车轮转动圈数 n 与车轮实际滚动距离 S 之间关系换算得出的车轮半径，称为车轮的运动半径（滚动半径）r_r，即

$$r_r = \frac{S}{2\pi n} \tag{2-4}$$

显然，对汽车做动力学分析时，应该用静力半径 r_s；而做运动学分析时，应该用滚动半径 r_r。但在一般分析中常不计它们的差别，统称为车轮半径 r，即认为

$$r_s = r_r = r$$

4）汽车的驱动力图。在各个排档上，汽车驱动力 F_t 与车速 v_a 之间的函数关系曲线，称为汽车驱动力图。它直观地显示变速器处于各档位时，驱动力随车速变化的规律。

当已知发动机外特性曲线、传动系的传动比及机械效率、车轮半径等参数时，即可作出汽车驱动力图。具体方法如下：

① 从发动机外特性曲线上取若干点 (n_e, T_e)。

② 根据选定的不同档位传动比，按式（2-1）算出驱动力值。

③ 根据转速 n_e、变速器传动比 i_g 及主减速器传动比 i_o，由式（2-5）计算与所求 F_t 对应的速度为

$$v_a = \frac{0.377 r n_e}{i_g i_o} \tag{2-5}$$

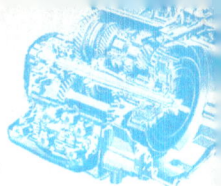

④ 建立 F_t – v_a 坐标，选好比例尺，对每个档位将计算出的值（F_t，v_a）分别描点并连成曲线，即得驱动力图。

图 2-3 所示即为某四档变速器汽车的驱动力图。从驱动力图中可以看出，驱动力与其行驶速度的关系及不同档位驱动力的变化。驱动力图可以作为工具用来分析汽车的动力性。

（2）汽车的行驶阻力　汽车在水平道路上等速行驶时必须克服来自地面的滚动阻力 F_f 和来自空气的空气阻力 F_w；当汽车上坡行驶时，还必须克服重力沿坡道的分力，即坡度阻力 F_i；另外汽车加速行驶时还需要克服加速阻力 F_j。因此汽车行驶的总阻力为

图 2-3　汽车驱动力图

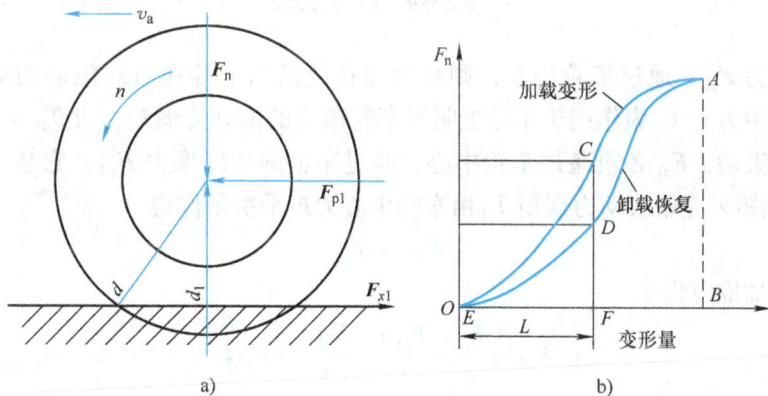

$$\sum F = F_f + F_w + F_i + F_j \tag{2-6}$$

上述各种阻力中，滚动阻力和空气阻力是在任何行驶条件下均存在的。坡度阻力和加速阻力仅在一定行驶条件下存在。水平道路上等速行驶时就没有坡度阻力和加速阻力。

1）滚动阻力。汽车行驶时，车轮与地面在接触区域的径向、切向和侧向均产生相互作用力，轮胎与地面亦存在相应的变形。无论是轮胎还是地面，其变形过程必然伴随着一定的能量损失。这些能量损失是使车轮转动时产生滚动阻力的根本原因。

① 弹性车轮在径向加载后卸载过程中形成的弹性迟滞损失。当汽车车轮在水平路面上，且不受侧向力作用时，车轮与地面间将产生径向和切向的相互作用力。图 2-4 所示为轮胎在硬支承路面上受径向载荷时的变形过程及对应的曲线。

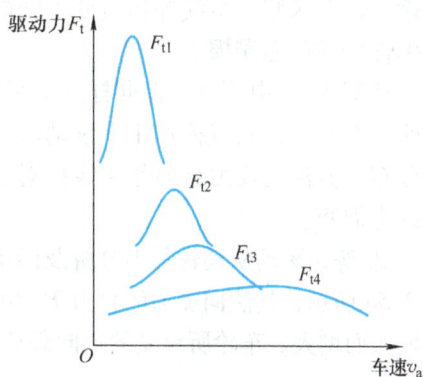

图 2-4　轮胎径向变形曲线
a）轮胎受力　b）变形曲线

从图 2-4 中可见，弹性车轮在硬支承路面上，对其进行加载和卸载的过程中径向载荷 F_n 与由其引起的轮胎径向变形量 AB 之间的对应关系。加载变形曲线 OCA 与卸载变形曲线 ADE 并不重合，可知加载与卸载不是可逆过程，存在着能量损失。面积 $OCABO$ 为加载过程中对轮胎所做的功；面积 $ADEBA$ 为卸载过程中，轮胎恢复变形时释放的功。两面积之差 $OCADEO$ 即为加载与卸载过程中的能量损失。这一部分能量消耗在轮胎各组成部分相互间的

摩擦，以及橡胶、帘线等物质分子间的摩擦，最后转化为热能而消失在大气中。这种损失称为弹性物质的迟滞损失。

从图2-4b中可见，在同样变形量的情况下，处于加载过程的载荷较大，即$F_C > F_D$。这说明当车轮在径向载荷作用下滚动时，由于弹性迟滞现象，使地面对车轮的法向反力为不对称分布，其法向反力合力作用线相对于车轮中心线前移了一段距离，因而形成了阻碍车轮滚动的力偶矩。

② 等速滚动从动轮受力分析及滚动阻力系数。在水平路面等速直线滚动的汽车从动轮如图2-5a所示，其法向反力的合力F_{z1}相对车轮垂直中心线前移了一段距离a。a值随弹性损失的增大而增大。车轮所承受的径向载荷F_n与法向反力F_{z1}大小相等，方向相反，即$F_{z1} = F_n$。

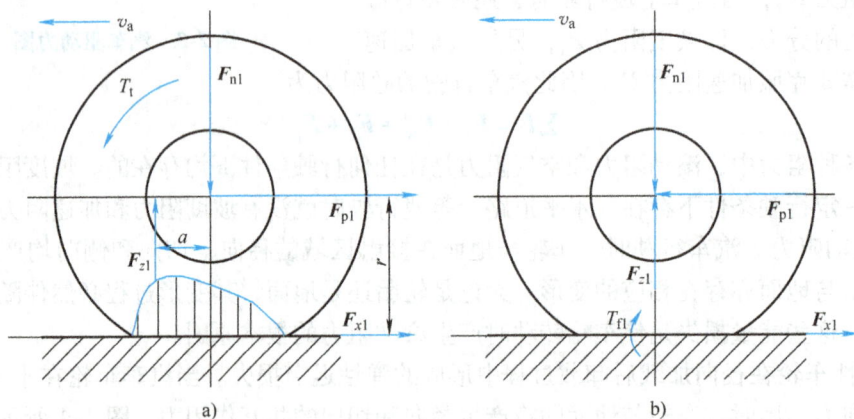

图2-5 从动轮在硬路面上滚动时的受力情况

a）受力分析 b）滚动阻力

若法向反力F_{z1}，通过车轮中心，则从动轮在硬路面上等速直线滚动的受力情况如图2-5b所示。图中力矩T_{f1}为作用于车轮上阻碍车轮滚动的滚动力偶矩，且$T_{f1} = T_{z1}a$。要使从动轮等速直线滚动，F_{z1}必须通过车轮中心，通过车轴施加以推力F_{p1}，它与地面切向反力F_{z1}构成一力偶矩来克服滚动力偶矩T_{f1}由车轮中心力矩平衡条件得

$$F_{p1}r = T_{f1} \tag{2-7}$$

故所应施加推力为

$$F_{p1} = \frac{T_{f1}}{r} = \frac{F_{z1}a}{r} = \frac{F_{n1}a}{r} = F_{n1}f \tag{2-8}$$

式中　f——滚动阻力系数。

由式（2-8）可知，滚动阻力系数是单位汽车重力所需的推力。换言之，滚动阻力等于滚动阻力系数与车轮负荷的乘积。故车轮滚动阻力F_{f1}为

$$F_{f1} = \frac{T_{f1}}{r} = fF_{n1} \tag{2-9}$$

这样，在分析汽车的行驶阻力时，可不必具体计算阻碍车轮滚动的力偶矩，而只计算滚动阻力（实际作用在车轮上的是滚动阻力偶矩）。

③ 等速滚动的驱动轮受力分析。图2-6所示为驱动轮在硬路面上等速直线滚动时的受

力图。图中 F_{x2} 为道路对驱动轮的切向反力，F_{p2} 为车架通过悬架施加给轮轴的反推力，法向反作用力 F_{z2} 也由于轮胎弹性迟滞损失，使其作用线前移一段距离 a，即在驱动轮上同样作用有滚动力偶矩 T_{f2}。由对车轮中心的力矩平衡条件得

$$F_{x2} r = T_t - T_{f2} \tag{2-10}$$

$$F_{x2} = \frac{T_t}{r} - \frac{T_{f2}}{r} = F_t - F_{f2} \tag{2-11}$$

图2-6　驱动轮在硬路面上

由式（2-11）可见，真正作用在驱动轮上驱动汽车行驶的力为地面对车轮的切向反作用力 F_{x2} 其数值等于驱动力 F_t 减去驱动轮滚动阻力 F_{f2}。

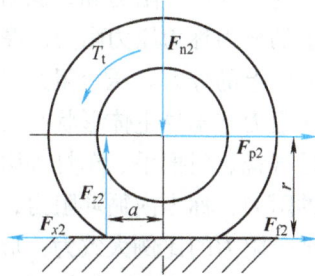

④ 滚动阻力系数的影响因素。滚动阻力系数与路面种类及其状态、车速及轮胎等有关，其数值通过试验确定。

a. 路面种类及其状态对滚动阻力系数的影响。表2-1列出了车速为 50km/h 时，汽车在各种路面上行驶时的车轮滚动阻力系数值。

表2-1　滚动阻力系数值

路面类型	滚动阻力系数	路面类型	滚动阻力系数
良好的沥青或混凝土路面	0.010 ~ 0.018	压紧土路（雨后的）	0.050 ~ 0.150
一般的沥青或混凝土路面	0.018 ~ 0.020	泥泞土路（雨季或解冻期）	0.100 ~ 0.250
碎石路面	0.020 ~ 0.025	干砂	0.100 ~ 0.300
良好卵石路面	0.025 ~ 0.030	湿砂	0.060 ~ 0.150
坑洼的卵石路面	0.035 ~ 0.050	结冰路面	0.015 ~ 0.030
压紧土路（干燥的）	0.025 ~ 0.035	压紧的雪道	0.030 ~ 0.050

b. 轮胎的结构和材质对滚动阻力系数的影响。子午线轮胎与普通斜交轮胎相比，具有较低的滚动阻力系数。减小帘布层可使胎体减薄，从而可相应降低滚动阻力系数。因此，采用高强力粘胶帘布、合成纤维帘布或钢丝帘布等，均可在保证轮胎强度的条件下减少帘布层数。

c. 汽车行驶速度对滚动阻力系数的影响。当车速在 100km/h 以下时，滚动阻力系数变化不大；当车速在 100km/h 以上时，滚动阻力系数随车速提高而增大较快；当车速高到一定数值后，轮胎发生驻波现象，轮胎周缘不是圆形，出现明显的波浪状，滚动阻力系数迅速增大，轮胎的温度也迅速升高，使轮胎帘布层脱落，几分钟内就会出现爆裂现象。

d. 轮胎气压对滚动阻力系数的影响。轮胎气压对滚动阻力系数的影响很大。在硬路面上行驶的汽车，轮胎气压低时，变形较大，滚动时的迟滞损失增大，滚动阻力系数相应增大。随着轮胎气压增高，硬路面上的滚动阻力系数逐渐减小。

在软路面上行驶的汽车，轮胎气压低，变形大，与地面接触面积增大，单位面积压力下降，地面变形小，滚动阻力系数相应减小。

2）空气阻力。汽车直线行驶时受到的空气作用力在行驶方向上的分力，称为空气阻

力。它分为压力阻力和摩擦阻力两部分。作用在汽车外形表面上的法向压力的合力在行驶方向上的分力称为压力阻力。摩擦阻力是由于空气的黏性在车身表面产生的切向力的合力在行驶方向上的分力。压力阻力又分为四部分：形状阻力；干扰阻力；内循环阻力；诱导阻力。形状阻力与车身主体形状有关，流线型越好，形状阻力越小；干扰阻力是车身表面凸起物，如后视镜、门把手、车灯等引起的阻力；发动机冷却系、车内通风等空气流经车体内部时构成的，称为内循环阻力；诱导阻力是空气升力在水平方向上的投影。对于一般轿车，这几部分阻力的比例大致为：形状阻力占58%，干扰阻力占14%，内循环阻力占12%，诱导阻力占7%，摩擦阻力占9%。空气阻力中，形状阻力占的比重最大，所以改善车身流线形状，是减小空气阻力的关键。

空气阻力正比于空气阻力系数 C_D。试验结果表明，用完全圆形的车头，代替风窗玻璃倾斜45°的阶梯形车头，对减小汽车空气阻力并无明显改善，但比较陡的风窗玻璃或垂直的风窗玻璃，使空气阻力系数 C_D 值显著增加。车尾装上适当尺寸的扰流板、保险杠下部或驾驶室顶部安装适当的导流板，都会减小空气阻力系数。同时，为减小干扰阻力，首要的是减少车身外凸起物的数量，且凸起物的形状也最好接近流线型。

3）坡度阻力。如图2-7所示，当汽车上坡行驶时，其重力沿坡道斜面的分力 F_i 表现为对汽车行驶的一种阻力，称为坡度阻力。坡度阻力 F_i 按式（2-12）计算

$$F_i = G\sin\alpha \tag{2-12}$$

式中　α——道路坡度角（°）。

坡道用坡度 i 表示，即用坡高 h 与底长 S 之比表示为

$$i = \frac{h}{S} \times 100\% = \tan\alpha$$

当坡道角 $\alpha < 10° \sim 15°$ 时，$\sin\alpha \approx \tan\alpha = i$，则

$$F_i = G\sin\alpha \approx G\tan\alpha = Gi \tag{2-13}$$

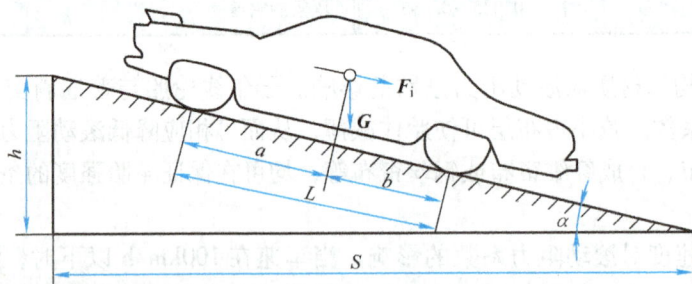

图2-7　汽车的上坡阻力

由于坡度阻力 F_i 与滚动阻力 F_f 均为与道路有关的汽车行驶阻力，故常把这两种阻力之和称为道路阻力 F_ψ，即

$$F_\psi = F_f + F_i = fG\cos\alpha + G\sin\alpha \tag{2-14}$$

令 $\psi = f\cos\alpha + \sin\alpha$，$\psi$ 称为道路阻力系数。

当坡度角 α 较小时，$\cos\alpha \approx 1$，$\sin\alpha \approx i$，则

$$F_\psi = F_f + F_i \approx Gf + Gi = G(f + i) = G\psi \tag{2-15}$$

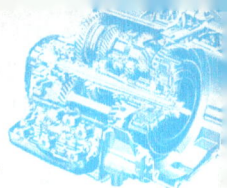

4）加速阻力。汽车加速行驶时，需克服其质量的惯性，这就是加速阻力 F_j。汽车质量分为平移质量和旋转质量（飞轮、车轮等）两部分。加速时平移质量要产生惯性力，旋转质量要产生惯性力偶矩，为了便于计算，一般把旋转质量的惯性力偶矩转化为平移质量的惯性力，并以系数 δ 作为换算系数，则汽车加速时的加速阻力 F_j 为

$$F_j = \delta m \frac{dv}{dt} \tag{2-16}$$

式中 δ——汽车旋转质量换算系数（$\delta > 1$），主要与飞轮、车轮的转动惯量，以及传动系的传动比有关；

m——汽车质量（kg）；

$\dfrac{dv}{dt}$——汽车行驶加速度（m/s²）。

2. 汽车的行驶方程式与汽车行驶条件

（1）汽车行驶方程式 根据前面分析的汽车各行驶阻力，可以得到汽车的行驶方程式为

$$F_t = F_f + F_w + F_i + F_j$$

（2）汽车的行驶条件 由汽车的行驶方程式可见，驱动力必须大于滚动阻力、坡度阻力和空气阻力之和，才能加速行驶。若驱动力小于这三个阻力之和，则汽车无法开动，正在行驶中的汽车将减速直至停车。因此，汽车行驶的第一个条件为

$$F_t \geqslant F_f + F_w + F_i \tag{2-17}$$

此条件为汽车行驶的驱动条件，但它并不是汽车行驶的充分条件。实际上，驱动力是受附着力限制的。增加发动机转矩及增大传动比，可以增大驱动力，但驱动力达到路面可能给出的最大切向力，即附着力为 F_ϕ 时，驱动轮会出现滑转现象，汽车不能前进。

附着力是路面对驱动轮切向反力的极限值，在硬路面上，它与驱动轮法向反力成正比，即

$$F_{x2max} = F_\phi = F_{z2}\phi \tag{2-18}$$

驱动轮地面法向反力与汽车的总体布置、行驶状况及道路的坡度有关。

式（2-18）中，ϕ 为附着系数，它与路面的种类和状况、车轮运动状况、胎压及花纹有关。此外，行驶车速对附着系数也有影响。

在一般动力性分析中只取附着系数的平均值，见表2-2。

表 2-2　轮胎与路面间的附着系数

路　面	普通轮胎	高压轮胎
干燥的沥青或混凝土路面	0.70 ~ 0.80	0.50 ~ 0.70
潮湿的混凝土路面	0.5	0.4
潮湿的沥青路面	0.45 ~ 0.6	0.35
碎石路面（干）	0.60 ~ 0.70	0.50 ~ 0.60
碎石路面（潮湿）	0.40 ~ 0.50	0.30 ~ 0.40

硬路面的接触强度大，地面的坚硬及微小的凸起物和轮胎表面的机械啮合作用等使轮胎与地面之间产生较大的附着力，故附着系数较大。潮湿的路面和微观凸凹，被污秽、灰尘所

填的路面，附着系数下降。轮胎气压对附着系数有较大的影响，在干燥的硬路面上，降低轮胎的气压，轮胎与路面微观不平处的啮合面积增大，使附着系数加大。在潮湿的硬路面上，适当提高轮胎气压，可以提高对路面的单位压力，有利于挤出接触处的水分，附着系数提高。此外，在硬路面上行驶的汽车，胎面花纹做成浅而细的形状，可以增强胎面与路面上微观凸起间的啮合作用，有利于提高附着系数。在软路面上行驶的汽车，胎面花纹做成粗而深的花纹，可增大嵌入轮胎花纹内的土壤的剪切断面，达到提高附着系数的目的。轮胎花纹做成具有良好排水功能的形状，可提高汽车在潮湿路面上的附着系数。

在硬路面上，车速增加时，轮胎来不及与路面微小凸起部分很好啮合，附着系数下降。雨天在硬路面上行驶的汽车，车速提高时，轮胎与路面间的水不易被挤出，使附着系数显著下降。在松软路面上行驶的汽车，由于汽车车速的提高，车轮的作用力很容易破坏土壤的结构，造成附着系数也下降。

应当明确，附着力并不是汽车受到的一个力，它只是路面给车轮切向力的极限值。当地面切向力达到此值时，驱动轮将产生滑转，汽车不能行驶。因此，汽车行驶应满足的第二个条件——附着条件（对于后轮驱动的汽车）为

$$F_{x2} = F_t - F_{f2} \leqslant F_\phi = F_{z2}\phi$$
$$F_t \leqslant F_{z2}(f + \phi) \tag{2-19}$$

而 $f < \phi$，所以式（2-19）可近似为

$$F_t \leqslant F_{z2}\phi \ \text{或} \ F_t \leqslant F_{z\phi}\phi \tag{2-20}$$

式中 $F_{z\phi}$——作用于所有驱动轮上的地面法向反力。

联立式（2-17）和式（2-20），得汽车行驶的驱动与附着条件为

$$F_f + F_w + F_i \leqslant F_t \leqslant F_{z\phi}\phi \tag{2-21}$$

这就是汽车行驶的必要与充分条件。

3. 汽车驱动力 - 行驶阻力平衡图与动力特性图

（1）驱动力 - 行驶阻力平衡图　汽车的行驶方程式表明了汽车行驶时，驱动力和各行驶阻力之间的平衡关系。当发动机转速特性、变速器传动比、主减速器传动比、机械效率、车轮半径、空气阻力系数、汽车迎风面积及汽车总质量等初步确定后，便可利用此式分析汽车在良好路面（沥青、混凝土路面）上的行驶能力，即确定节流阀全开时，汽车能达到的最高车速、加速能力和爬坡能力。

为了清晰而形象地表明汽车行驶时的受力情况及其平衡关系，一般是用图解法来进行分析。汽车的驱动力 - 行驶阻力平衡图就是最基本的一种，将汽车行驶中经常遇到的滚动阻力和空气阻力叠加后画在驱动力图上，并作出该叠加量随车速的变化关系曲线。图 2-8 所示即为具有五档变速器汽车的驱动力 - 行驶阻力平衡图。

（2）利用驱动力 - 行驶阻力平衡图图解汽车动力性指标　利用汽车驱动力 - 行驶阻力平衡图，我们可以图解分析汽车的各项动力性指标。

1）最高车速。汽车的最高车速是指汽车在无风条件下，在水平良好的路面上，节流阀全开，变速器置于最高档所能达到的车速。根据汽车行驶方程

$$F_t = F_f + F_w + F_i + F_j$$

此时，$F_i = 0$，$F_j = 0$，$F_t = F_f + F_w$，即驱动力 - 行驶阻力平衡图上 F_t 曲线（此时为最高档驱动力曲线 F_{t5}）与 $F_f + F_w$ 曲线的交点对应的车速，就是最高车速（图 2-8 中为 175 km/h）。

从图2-8中还可以看出，当车速低于最高车速时，驱动力大于行驶阻力，这样，汽车就可以利用剩下来的驱动力加速或爬坡，或牵引挂车。当需要在低于最高车速的某一车速（如160km/h）等速行驶时，驾驶人可以关小节流阀开度，此时发动机只用部分负荷特性工作，相应地得到粗虚线所示的驱动力曲线，以使汽车达到新的平衡。

2）汽车的加速能力。汽车的加速能力可用它在水平良好路面上行驶时，能产生的加速度来评价。由于加速度的数值不断变化，一般常用加速时间来表明汽车的加速能力，如用直接档行驶时由最低稳定速度加速到一定距离或80%最高车速所需时间（新车一般用 0 ~ 100km/h 所需的时间）。

图 2-8 具有五档变速器汽车的
驱动力 - 行驶阻力平衡图

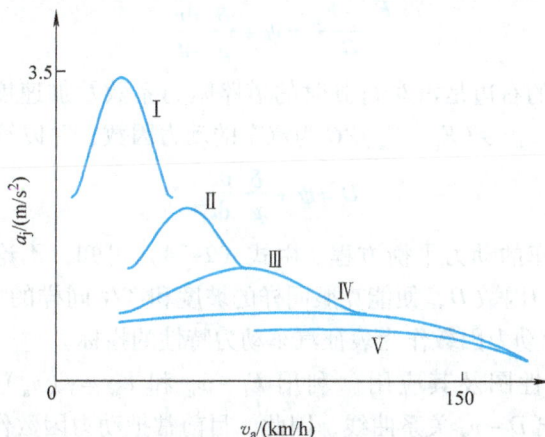

机动车辆纵向加速度的最高性能受两个因素的限制：发动机的功率和驱动轮的路面附着极限。两个因素中，哪个是决定因素取决于车辆的行驶速度。一般而言，在低速行驶时轮胎的路面附着条件可能是限制的因素，而在高速行驶时则受发动机输出功率的限制。

由汽车行驶方程得

$$\frac{\mathrm{d}v}{\mathrm{d}t} = \frac{g\left[F_t - (F_f + F_w)\right]}{\delta G}$$

显然利用图2-8，可计算得各档的加速度曲线如图2-9所示。有的汽车 I 档的 δ 值甚大，II 档的加速度可能比 I 档的还要大。

根据加速度曲线图，可以进一步求得由某一车速加速至另一较高车速所需的时间。

由于 $a_j = \mathrm{d}v/\mathrm{d}t$，如果画出加速度倒数随速度变化的曲线，可用图解积分法求出曲线下的面积，即为加速过程中的加速时间。

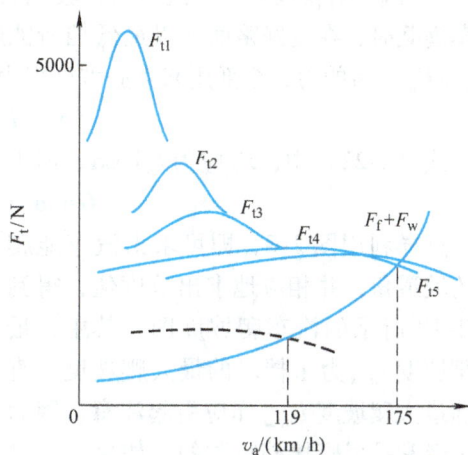

图 2-9 汽车的行驶加速度曲线

3）汽车的爬坡能力。汽车的爬坡能力是用最大爬坡度来评定的。最大爬坡度 i_{max} 是指汽车满载时，在良好路面上以最低档所能爬行的最大坡度。此时，汽车在良好路面上克服 $(F_f + F_w)$ 后的力，全部用来克服坡度阻力，故 $dv/dt = 0$，即 $F_j = 0$。因此

$$F_i = F_t - (F_f + F_w) \tag{2-22}$$

式（2-22）中，F_f 应为 $Gf\cos\alpha$，但 F_f 的数值本来就较小，且 $\cos\alpha \approx 1$，故可认为

$$G\sin\alpha = F_t - (F_f + F_w)$$

这样利用图 2-8，即可求出汽车能爬上的坡道角，并相应地求出坡度值，得到图 2-10 所示的汽车爬坡度图。其中，最大爬坡度 i_{max} 为 I 档时的最大爬坡度，直接档最大爬坡度 i_{0max} 亦应引起注意，因为汽车经常是以直接档行驶的，如果 i_{0max} 过小，将不得不在行驶过程中遇到较小的坡度时经常换档，这样就影响了汽车行驶的平均速度。

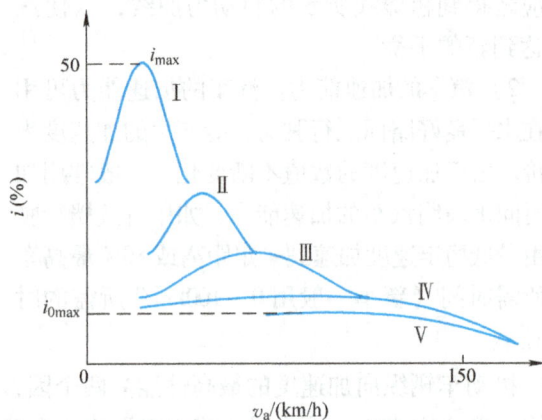

图 2-10　汽车爬坡度图

（3）动力因数　利用汽车驱动力－行驶阻力平衡图可以确定汽车的动力性，但不能用来直接评价不同种类汽车的动力性。因为种类不同的汽车，其质量或外形有所不同，因此各行驶阻力也不同，也就是说即使驱动力相近的汽车，其动力性也不一定相近。所以可以预想到表征动力性的指标应该是一种既考虑驱动力，又包含汽车自重和空气阻力在内的综合性参数。将汽车行驶方程式进行一定的变换，便可找出评定汽车动力性的参数为

$$F_t = F_f + F_w + F_i + F_j$$

$$F_t - F_w = G\psi + \frac{\delta G}{g}\frac{dv}{dt}$$

$$\frac{F_t - F_w}{G} = \psi + \frac{\delta}{g}\frac{dv}{dt} \tag{2-23}$$

式（2-23）中等式的右边是汽车行驶时的道路阻力系数及加速度与 δ 的乘积，左边是汽车本身所具有的参数。若令 $(F_t - F_w)/G$ 为汽车的动力因数，并以符号 D 表示，则

$$D = \psi + \frac{\delta}{g}\frac{dv}{dt} \tag{2-24}$$

式（2-24）称为汽车的动力平衡方程。由式（2-24）可知，不论汽车自重等参数有何不同，只要有相等的动力因数 D，便能克服同样的坡度和产生同样的加速度（设两汽车的 δ 值相同）。因此，有时把动力因数作为表征汽车动力特性的指标。

（4）汽车的动力特性图及其应用　利用 $F_t - v_a$ 和 $F_w = f(v_a)$ 的函数关系，根据式（2-24）计算出 D 并作出 $D - v_a$ 关系曲线，因此，目前常把动力因数作为表征汽车动力特性的指标，该曲线称为动力特性图，如图 2-11 所示。再将汽车滚动阻力系数 f 随车速 v_a 变化关系曲线以同样的比例尺画在动力特性图上，就可以方便地分析汽车动力特性了。

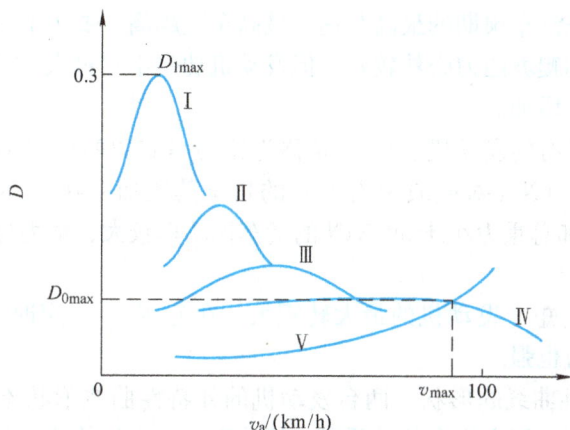

图2-11　动力特性图

1）最高车速。在汽车达到最高车速时，$a_j = 0$，$i = 0$，故汽车的动力平衡方程式（2-24）变为 $D = f$，即图2-11中高速档动力因数曲线与滚动阻力系数曲线交点处对应的车速为最高车速。

2）各档爬坡能力。在各档爬最大坡度时，加速度 $a_j = 0$，动力平衡方程式为

$$D = \psi = f + i$$

因此，D 曲线与 f 曲线之间的距离，就是汽车各档的爬坡能力。粗略估算时，$(D_{Imax} - f)$ 就是汽车的最大爬坡度。实际上，I档所能爬的坡度一般较大，故 $i_{max} = (D_{Imax} - f)$ 的误差较大，此时

$$D_{Imax} = f\cos\alpha_{max} + \sin\alpha_{max}$$

解此三角函数方程，可求得 $\tan\alpha_{max}$，从而换算成坡度。

3）加速能力。评定汽车的加速能力时，设 $i = 0$，则动力平衡方程为

$$D = f + \frac{\delta}{g}\frac{dv}{dt}$$

$$\frac{dv}{dt} = g\frac{D - f}{\delta}$$

因此，在汽车动力特性图上，D 曲线与曲线之间距离的 g/δ 倍就是汽车各档的加速度。当求直接档加速度时，若粗略判断，可取 $\delta \approx 1$，$g \approx 10 \text{m/s}^2$，则加速度值就是 D 曲线与 f 线之间距离的10倍。

由上述可见，用动力特性图求解汽车的动力性指标十分方便，在汽车的技术文件中常用动力特性来表征汽车的动力性。

动力特性图上的几个重要参数如下：

① 汽车在水平良好路面上的最高车速 v_{max}。

② I档最大动力因数 D_{Imax}。它可粗略地代表最大爬坡能力。

③ 直接档的最大动力因数 D_{0max}。它说明了汽车以直接档行驶时的爬坡与加速能力，该值对汽车行驶的平均速度有很大影响。

二、影响动力性的汽车结构因素

1. 发动机参数的影响

（1）发动机最大功率的影响　发动机功率越大，汽车的动力性越好。设计中发动机最

大功率的选择必须保证汽车预期的最高车速。最高车速越高，要求的发动机功率越大，其后备功率也越大，加速和爬坡能力必然较好。但发动机功率不宜过大，否则在常用条件下，发动机负荷率过低，油耗增加。

单位汽车重量所具有的发动机功率 P/G 称为比功率或功率利用系数。比功率和汽车的类型有关。总重力为49kN（对应质量为5t）的货车其比功率在较小范围内变化，一般在75kW/kN 以上。轿车和总重力小于39.2kN的货车比功率较大，动力性很好；重型自卸汽车速度低，比功率较小。

（2）发动机最大转矩　发动机的最大转矩大，在 i_0 及 i_g 一定时，最大动力因数较大，汽车的加速和上坡能力也强。

（3）发动机外特性曲线的形状　两台发动机的外特性曲线形状不同，但其最大功率和相对应的转速可能相等。假定汽车的总质量、流线型、传动比均为已知，为了便于比较，并假定总阻力功率曲线与两台发动机功率曲线交于最大功率点，后备功率较大的外特性曲线所代表的汽车具有较大的加速能力和上坡能力，因而动力性较好，同时使汽车具有较低的临界车速，换档次数可以减少，因而有利于提高汽车的平均行驶速度。

2. 主减速器传动比的影响

传动系总传动比是传动系各部件传动比的乘积。普通汽车上没有分动器和副变速器，如果变速器的最高档是直接档，减速器传动比 i_0 对汽车动力性的影响，可利用汽车在直接档行驶时的功率平衡图来分析。主减速器的传动比 i_0 不同，汽车功率平衡图上发动机功率曲线的位置不同，与水平路面行驶阻力功率曲线的交点所确定的最高车速不同。当阻力功率曲线正好与发动机功率曲线交在其最大功率点上时，所得的最高车速最大，$v_{max} = v_p$，v_p 为发动机最大功率时的车速。因此，选择主减速器的传动比 i_0 时，应使其对应的汽车的最高车速等于发动机最大功率时的车速，这时最高车速最大。

主减速器的传动比 i_0 不同，汽车的后备功率也不同。i_0 增大，发动机功率曲线左移，汽车的后备功率增大，动力性加强，但燃油动力性较差。i_0 减小，发动机功率曲线右移，汽车的后备功率较小，但发动机功率利用率高，燃油动力性较好。

3. 传动系档数的影响

无副变速器和分动器时，传动系档数即为变速器前进档的档数。变速器档数增加时，发动机在接近最大功率工况下工作的机会增加，发动机的平均功率利用率高，后备功率增大，有利于汽车加速和爬坡，提高了汽车中速行驶时的动力性。

档数的多少还影响到档与档之间传动比的比值。比值过大时会造成换档困难。一般认为比值不宜超过 1.7～1.8。因此变速器头档传动比越大，档数也应越多。

各种汽车变速器档数有大致的规律。货车变速器档数随整车装备质量的增加而增多。总质量为 3.5t 以下的轻型货车绝大多数采用四档变速器；总质量为 3.5～10t 的货车80%用五档变速器；总质量为 14 t 以上的汽车85%带有副变速器，采用8、10、12 个或更多档。总质量在 3.5t 以下的越野车多采用四档变速器和两档分动器；3.5t 以上的越野车采用五档或六档变速器和两档分动器。而对于轿车，现在越来越多地采用五档以上的变速器，有些还采用了无级变速器。

4. 汽车外形的影响

汽车的外形影响汽车的空气阻力系数，对汽车动力性也有影响。因为空气阻力和车速的

平方成正比，克服空气阻力所消耗的功率和车速的立方成正比，因此汽车的外形是否是流线型对汽车的最高车速影响很大。流线型外形对高速汽车的动力性、经济性影响十分显著，但对汽车的爬坡能力和低速时的加速性能影响不大。

5. 汽车质量的影响

汽车在使用中，其总质量随载运货物和乘客的多少而变化。尤其是载货汽车拖带挂车时，总质量的变化更大。汽车质量对其动力性有很大影响。

汽车总质量增加时，动力因数 D 将随之下降，而道路阻力和加速阻力随之增大，故汽车的动力性将随汽车总质量的增加而变差，汽车的最高行驶速度和上坡能力也下降。

汽车的自身质量对汽车动力性影响也大，对于具有相同额定载重量的不同车型，其自身质量较轻的总质量也较轻，因而动力性也较好。因此，对于额定载重质量一定的汽车，在保证刚度与强度足够的前提下，应尽量减轻自身质量，从而可以提高汽车的动力性。

6. 轮胎尺寸与形式的影响

汽车的驱动力与滚动阻力以及附着力都受轮胎的尺寸与形式的影响，故轮胎的选用与汽车动力性的关系十分密切。

汽车的驱动力与驱动轮的半径成反比，汽车的行驶速度与驱动轮半径成正比。但一般车轮半径是根据汽车类型选定的。轮胎花纹对附着性能有显著影响。因此，合理选用轮胎花纹与形式对汽车的动力性有重要意义。

三、影响动力性的汽车外部运行条件

对汽车动力性影响的外部运行条件主要有气候条件、高原山区、道路条件。

在我国南方，由于气温高，车辆发动机冷却系散热不良，容易产生过热和降低发动机功率。试验表明，汽车长时间在高气温环境下工作后，发动机功率只能发挥 30% ~45%。

在高原地区，由于海拔较高，空气稀薄（气压和空气密度下降），车辆发动机充气量与气缸内压缩终点压力降低，因而使发动机功率下降。

汽车在使用过程中，道路条件不断地变化。有时行驶在坏路（雨季翻浆土路、冬季冰雪路和覆盖砂土路）和无路（松软土路、草地和灌木林等地带）的条件下，由于路面的附着系数减小和车轮滚动阻力增加，因而使汽车动力性大大下降。

四、汽车动力性试验

汽车动力性试验包括动力性评价指标（最高车速、加速时间、最大爬坡度）、驱动力、行驶力及附着力的测量。动力性试验可在道路上和实验室内进行。道路试验主要是测定最高车速、加速时间、最大爬坡度等评价指标。在实验室内可测量汽车的驱动力和各种阻力。

1. 道路试验

道路试验应在混凝土或沥青路面的直线路段上进行。路面要求平整、干燥、清洁，坡度不大于 0.1%。试验时，大气温度应在 10 ~30℃，风速不大于 3m/s。以下介绍道路试验测试项目。

（1）最高车速 汽车在试验道路上行驶，达到最高车速后，测定汽车通过 1km 路段所需要的时间，计算出 v_{max} 值。通过的时间可用光电测时仪或秒表来测定。

（2）加速时间 测定原地起步加速时间：汽车用Ⅰ档起步，节流阀开至最大，按最佳

换档时机，以最大的加速强度逐步换至高档，测定全力加速至 100km/h 的加速过程所需时间。也有用原地起步加速行驶 400m 所需的时间来表明汽车的加速性能。

测定超车加速时间：汽车在最高档工作，节流阀开至最大，测定由 30km/h 加速至 $0.8v_{max}$ 所需的时间。

加速过程可采用车速测量仪，并配合磁带记录仪及 $X-Y$ 记录仪，直接绘制出速度/时间和速度/行程曲线。不与地面接触的车速测量仪是利用光电原理和跟踪滤波技术，将车辆的行驶速度转换为电信号频率来测量汽车车速的，其安装方便，测量精度高，适用于高车速测量，最高测量速度可达 250km/h，但在低车速时测量误差大。加速过程也可以采用数字式电子装置五轮仪来测定，但用五轮仪进行试验时，由于道路不平而使第五轮产生跳动和侧滑，会影响测量精度。

（3）最大爬坡度　测量汽车的最大爬坡度时，应具备一系列不同坡度的坡道，坡道长度应大于汽车长度的 2.3 倍。试验时，汽车接上最低档，以最低速度驶至坡前，然后迅速将节流阀开至最大，驶上坡道。汽车所能爬上的最陡坡道的坡度，就是汽车的最大爬坡度。如果坡度过大或过小，可以采用增减负荷或变换排档的方法，折算出最大爬坡度。

（4）汽车滚动阻力与空气阻力　汽车的滚动阻力与空气阻力可以用滑行试验来测定。滑行试验是汽车加速至某一预定速度，然后摘档脱开发动机，汽车滑行，直至停车。试验时，记录滑行过程中的速度与时间的关系曲线，通过计算可以得到减速度与车速的关系曲线，从而获得汽车滚动阻力与空气阻力。

轮胎的滚动阻力也常用装有测力传感器的轮胎试验拖车来测量。对于地面与轮胎间的附着系数，可用装有制动器或能驱动轮胎的试验拖车进行实地测量。

2. 室内试验

室内的动力性试验主要是驱动力的测量，以及传动系机械效率、轮胎滚动阻力系数及汽车空气阻力系数的测定等。实验室常用的试验设备有汽车测功机、变速器机械效率试验台、轮胎试验台。空气阻力系数的测定则在风洞实验室中测定。

第三节　提升汽车动力性的新技术及车型

一、提升汽车动力性的方法

提升汽车动力性的方法主要依据汽车的结构影响因素来进行选择，具体可以从以下方面考虑。

1. 发动机参数

（1）发动机最大功率　依据汽车的发动机最大功率考虑提升。同级别的汽车，发动机功率越大，最高车速越高，动力性越好。

（2）发动机最大转矩　依据汽车的发动机最大转矩考虑提升。同级别的汽车，发动机转矩越大，汽车的加速和上坡能力越强，动力性越好。

2. 主减速器传动比

依据汽车的主减速器传动比考虑提升。同级别的汽车，设计的主减速器的传动比 i_o。对

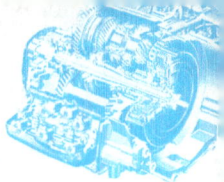

应汽车的最高车速相当于发动机最大功率时的车速时，其对应的最高车速最大，动力性就最好。

3. 传动系档位数

依据汽车传动系的档位数考虑提升。同级别的汽车，变速器档数增加时，发动机在接近最大功率工况下工作的机会增加，发动机的平均功率利用率高，后备功率增大，有利于汽车加速和上坡，提高了汽车中速行驶时的动力性。

4. 汽车外形

依据汽车的外形考虑提升。同级别的汽车，外形是否是流线型对汽车的最高车速影响很大。流线型外形对高速汽车的动力性、经济性影响十分显著，可以提高汽车的动力性。

5. 汽车质量

依据汽车的质量考虑提升。同级别的汽车，汽车总质量增加时，道路阻力和加速阻力随之增大，汽车的动力性随之变差，汽车的最高行驶速度和上坡能力也下降。因此，对于额定载重质量一定的汽车，在保证刚度与强度足够的前提下，应尽量减轻自身质量，可以提高汽车的动力性。

6. 轮胎尺寸与形式

依据汽车的轮胎尺寸与形式考虑提升。同级别的汽车，汽车的驱动力与驱动轮的半径成反比，汽车的行驶速度与驱动轮半径成正比，同时，轮胎花纹对汽车的驱动力有显著影响，因而合理选用轮胎花纹与形式对汽车的动力性提升有重要意义。

二、提升动力性的新技术及应用车型介绍

1. 缸内直喷技术

（1）缸内直喷技术简介　缸内直喷式汽油机（Gasoline Direct Injection，GDI）是指汽油直接喷射到气缸内燃烧，具有高精度控制燃烧过程的发动机。当燃油直接喷入气缸内时，可以自由控制燃烧室内的燃油分布，并利用直立式进气道与弯曲顶面活塞形成空气流动，使气缸内混合气分层分布，由此获得在传统发动机中不可能达到的空燃比40:1，实现超稀薄混合气稳定燃烧。直喷技术产生了2个新的概念：均匀燃烧和分层燃烧。均匀燃烧是指在全负荷时，燃油喷射与进气同步，燃油得到完全雾化，使混合气均匀地充满燃烧室，进行充分的燃烧，使发动机动力得到淋漓尽致的发挥。在均匀燃烧时有着和传统喷射发动机相同的空气与燃油混合比，即空燃比是14.7:1，此时的λ值是1。均匀燃烧情况下，在获得高动力输出和转矩值的同时付出了较低的燃油消耗。分层燃烧是指可燃混合物只分布在火花塞周围，换句话说，空燃比是14.7:1的混合气集中在火花塞周围，在燃烧室的其他部分则是纯净的空气。混合气层的大小范围精确地反映了瞬时发动机动力的需求。在分层燃烧时，直到压缩行程时才喷射燃油，油雾直接进入燃烧室中的空气，而喷油就发生在点火前瞬间。分层燃烧时发动机处于中、低速，λ值为4，达到了节省燃油的目的。同时，在燃烧时空气层隔绝了热，减少了热量向气缸壁的传递，从而减少了热量损失，提升了发动机热效率。图2-12所示为缸内直喷技术示意图。

（2）缸内直喷技术的应用　缸内直喷技术实现了高负荷以及低负荷下的燃油削耗降低，同时动力还有很大提升。目前，多家汽车公司已经开发了缸内直喷技术，如博世公司开发了

火花塞
空气
进气门
喷油器
高压喷油器
排气门
燃烧室
活塞
雾化的油滴非常小，小至人头发直径的1/5

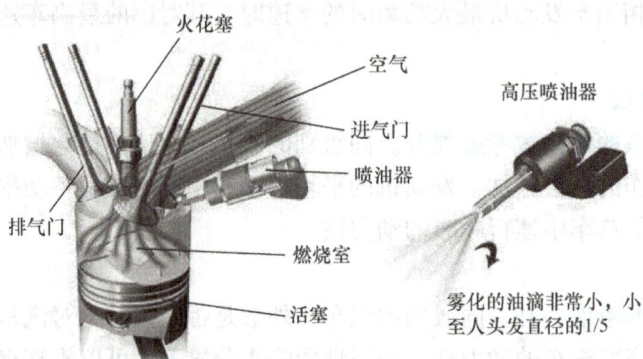

图2-12　缸内直喷技术示意图

Motronic MED7 汽油直喷系统，奥迪公司开发了 FSI 系统，奔驰汽车公司开发了 CGI 系统，菲亚特汽车公司则开发了 JTS 系统，虽然名字不同，但它们都代表了缸内直喷技术。

应用缸内直喷技术的车型有奥迪系列车型。奥迪第一款作为量产车匹配直喷发动机的车型是 2002 年 3 月在日内瓦车展展出的 A2 1.6FSI。接下来是奥迪 A4，其匹配了 110kW、2.0L FSI 发动机，有别于 96kW 的 A4，使用了单柱塞高压油泵，4 气门替代了 5 气门，显然是为了在燃烧室安装汽油喷嘴节省地方。A4 2.0 FSI 的最大转矩 200N·m 出现在 3250～4250r/min，0～100km/h 的加速时间是 9.6s，最高时速达 218km/h，百公里综合油耗仅为 7.1L。此外，缸内直喷技术也应用在 2001 年 7 月的勒芒 24h 耐力赛上获胜的奥迪 R8 上，它匹配着双增压的 V8 FSI 直喷发动机。出色的表现使它领先一圈，良好的燃油经济性使它延长了加油的间隔，有力证明了直喷发动机不仅有出色的动力表现，燃油还可省 8%。不仅是这些，奥迪 R8 车手还认为发动机动力反应敏捷且非常到位。

应用缸内直喷技术的车型还有奔驰系列车型。在 2002 年底，奔驰汽车公司上市了配有 1.8L CGI 汽油缸内直喷发动机的 C 级轿车，即 C200 CGI。其峰值功率是 125kW，转矩比上一代增加了 15%，当发动机转速只有 1500r/min 时即可输出转矩的 75%，在 3000r/min 时输出最高转矩 250N·m，并持续到 4500r/min。与相同排量 C 级车相比，节油超过 19%，综合油耗是 7.8L/100km。该车排放达到欧Ⅳ；0～100km/h 的加速时间是 9.0s，最高时速达 222km/h。与 C200 CGI 有着相同排量的 C180 KOMPRESSOR 峰值功率是 105kW，最高转矩为 220N·m/2500r/min，0～100km/h 的加速时间是 9.7s，最高时速达 222km/h，综合油耗是 8.2L/100km。在奔驰 C200 CGI 发动机上，燃油以 42°角喷入气缸，燃油压力随发动机的工作特性从 $(50～120)×10^5$Pa，而传统四缸汽油喷射发动机的喷射压力是 $3.8×10^5$Pa；高压油泵由进气凸轮轴驱动，轨道中的油压由发动机 ECU 调节，并直接连接到喷嘴；压力信号取自压力传感器；部分负荷时，在低转速下压力是 $(4～5)×10^5$Pa，满足稀薄燃烧。

2. 内燃机增压技术

内燃机增压就是利用增压器将空气或可燃混合气进行预压缩，再送入气缸的过程。增压后，每循环进入气缸的新鲜充气量密度增大，使实际充气量增加，从而达到提高发动机功率和改善经济性的目的。

（1）增压方式

1）机械增压系统。装置在发动机上并由传动带与发动机曲轴相连接，从发动机输出轴获得动力来驱动增压器的转子旋转，从而将空气增压吹到进气歧管里。机械增压系统的优点是转子的速度与发动机转速是相对应的，所以没有滞后或超前，动力输出更为流畅；其缺点是由于它要消耗部分发动机动力，会导致增压效率不高。

2）废气涡轮增压系统。废气涡轮增压系统简称涡轮增压，它利用发动机排出的废气达到增压目的。增压器与发动机无任何机械联系，压气机由内燃机废气驱动的涡轮来带动。一般增压压力可达 180～200kPa 或 300kPa 左右，需要增设空气中间冷却器来给高温压缩空气进行冷却。涡轮增压的优点是增压效率高于机械增压；其缺点是发动机动力输出略滞后于节气门的开启，加大节气门后一般需要等片刻，稍后发动机会有惊人的动力爆发。

3）复合增压系统。即废气涡轮增压和机械增压并用，大功率柴油机上用得较多。复合增压系统发动机输出功率大、燃油消耗率低、噪声小，但结构过于复杂。

4）气波增压系统。利用高压废气的脉冲气波迫使空气压缩。这种系统低速增压性能好、加速性好、工况范围大；但尺寸大、笨重和噪声大。

（2）涡轮增压系统　目前在家用轿车上使用最多的是涡轮增压系统。涡轮增压器实际上就是一个空气压缩机。它是利用发动机排出的废气作为动力来推动涡轮室内的涡轮（位于排气道内），从而带动同轴的叶轮（位于进气道内），叶轮压缩由空气滤清器管道送来的新鲜空气，再送入气缸。当发动机转速加快，废气排出速度与涡轮转速也同步加快，空气压缩程度就得以加大，发动机的进气量就相应地增加，就可以增加发动机的输出功率。涡轮增压器及其工作原理图如图 2-13 所示。

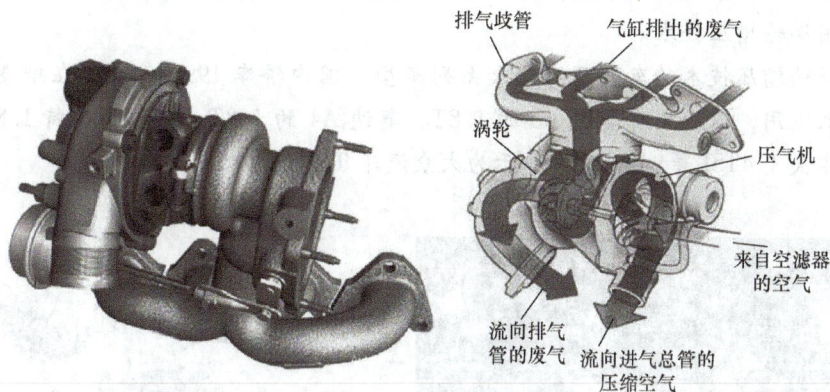

图 2-13　涡轮增压器及其工作原理

涡轮增压的最大优点是它可在不增加发动机排量的基础上，大幅度提高发动机的功率和转矩。一台发动机装上涡轮增压器后，其输出的最大功率与未装增压器相比，可增加 30%甚至更多。涡轮增压器的构造一般包括：

① 涡轮室进气口与排气歧管相连，排气口接在排气管上。

② 增压器进气口与空气滤清器管道相连，排气口接在进气歧管上。

③ 涡轮和叶轮分别装在涡轮室和增压器内，二者同轴刚性连接。

【知识拓展1】　涡轮增压器的维护

由于涡轮增压器经常在高速、高温下工作，增压器废气涡轮端的温度在600℃左右，增压器转子以832~1040r/min的高速旋转，因此为了保证增压器的正常工作，使用中应注意以下两点。

（1）不要着车就走　尤其在冬季，起动发动机后，最好使其怠速运转一段时间，以便在增压器转子高速运转之前让润滑油充分润滑轴承。千万注意刚起动后不能猛踩加速踏板，以防损坏增压器油封。

（2）不要立即熄火　发动机长时间高速运转后，如跑完高速后要进入服务区休息，不能立即熄火。原因是发动机工作时，有一部分机油供给涡轮增压器转子轴承，用于润滑和冷却，正在运行的发动机突然停机后，润滑油压力迅速下降为零，增压器涡轮部分的高温传到中间，轴承支承壳内的热量不能迅速带走，而同时增压器转子仍在惯性作用下高速旋转，发动机在热机状态下如果突然停机，会引起涡轮增压器内滞留的润滑油过热而损坏轴承以及轴。因此，最好是怠速运转3~5min后再熄火，使涡轮增压器降低温度。

（3）涡轮增压技术的应用　应用涡轮增压技术的车型有宝马系列车型。最早采用了涡轮增压的宝马量产车是1973年的2002 Turbo，它是如今M3的前身，并且是宝马汽车公司乃至欧洲市场的第一台量产涡轮增压车型。它搭载2.0T直列四缸涡轮增压发动机，最大功率达125kW（170PS）/5800r/min、峰值转矩达240N·m，0~100km/h加速仅需6.9s。2007年，BMW推出了一台代号为N54的双涡轮增压直列六缸发动机，至2014年，随着新1系、新3系的陆续推出，BMW基本实现了对旗下车型的全面T化，所有系列均有车型采用涡轮增压技术。

应用涡轮增压技术的车型还有大众系列车型。国内轿车1998年开始在排量1.8L的奥迪200上运用，以后又有奥迪A6的1.8T、奥迪A4的1.8T，直至帕萨特1.8T、宝来1.8T、高尔夫1.4TSI等。图2-14所示为大众汽车TSI发动机及主要部件。

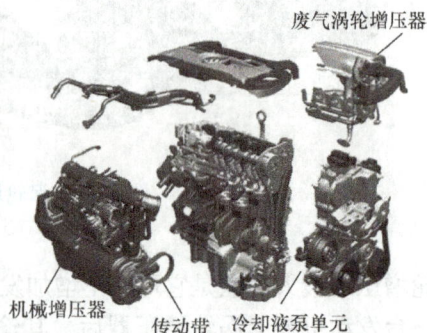

图2-14　大众汽车TSI发动机及主要部件

【知识拓展2】大众汽车 TSI 发动机技术

大众汽车旗下的多款车型上采用了 TSI（Twincharger Fuel Stratified Injection）发动机技术。TSI 发动机是在 FSI 技术的基础之上，安装了一个涡轮增压器和一个机械增压器，采用了涡轮增压和缸内直喷这两种技术。TSI 涡轮增压直喷汽油发动机是大众汽车紧凑概念发动机系列产品的延续，凭借涡轮增压和缸内直喷这两种技术来实现发动机动力的提升，同时又凭借新一代空气动力学优化，使进气气流的分布状态有助于降低能量损耗，从而使涡轮增压器能够更早更快起动、动态响应更加灵敏。其最明显的优势特征在于 TSI 发动机在低转速时即可产生高转矩，并在一个很宽的转速范围内保持最大转矩输出，动力输出持续饱满。在城市中走走停停，发动机最主要的工况集中在中小负荷，这使大排量发动机的节气门开度经常处于很小的位置，造成巨大的泵气损失。而在同样情况下，TSI 发动机的涡轮增压器并不参与工作，就相当于一款低排量的自然吸气发动机，显现出节省燃油的优势；在高负荷时，TSI 发动机则通过涡轮增压增加进气量，从而产生更高的动力，达到与大排量发动机相同甚至更优的动力性能。此外，发动机排量减小可以有效降低发动机的体积和重量，对于整车布置和降低油耗都会带来直接的益处。TSI 涡轮增压直喷汽油发动机不仅为车辆提供出众的动力性能，还为使用者带来更佳的燃油经济性。与传统汽油发动机相比，它体积更小、质量更轻，却拥有更好的动力输出及更为清洁的排放。

TSI 发动机还运用了一些其他的高科技技术，如采用双平衡轴技术降低振动和噪声；轴瓦和瓦盖应用了强化技术并形成空间垂直的固定方式，显著增强了发动机的刚性；使用静音链条，不仅降低了运行噪声，提高了精度，且终身免维护，免去了用户维护和更换的麻烦。

TSI 发动机目前主要有三款型号，分别是 1.4TSI、1.8TSI 及 2.0TSI 涡轮增压直喷汽油发动机。

应用涡轮增压技术的还有其他一些车型。通用公司有多款车型采用涡轮增压技术，如 2011 款的别克英朗 XT、别克昂克拉 1.4T、科鲁兹 1.6T、2012 款别克新君威 1.6T 以及凯迪拉克的多款车型。国内的很多自主品牌车型也采用了涡轮增压技术，如 2011 年 9 月上市的比亚迪 G6 - 1.5TI 以及 2014 款的 S6 1.5TI、荣威 550 - 1.8T 等。

3. 柴油机共轨直喷技术

（1）柴油机共轨直喷技术的特点　由于柴油的可压缩性和高压油管中柴油的压力波动，使实际的喷油状态与喷油泵所规定的柱塞供油规律有较大的差异。油管内的压力波动有时还会在主喷射之后，使高压油管内的压力再次上升，达到喷油器针阀开启的压力，将已经关闭的针阀又重新打开，产生二次喷油现象。由于二次喷油不可能完全燃烧，于是增加了烟度和碳氢化合物（HC）的排放量，油耗增加。此外，每次喷射循环后高压油管内的残压都会发生变化，随之引起不稳定的喷射，尤其在低转速区域容易产生上述现象，严重时不仅喷油不均匀，而且会发生间歇性不喷射现象。为解决柴油机这个燃油压力变化的缺陷，现代柴油机采用了一种称为"共轨"的技术。

采用共轨直喷技术的柴油机喷射系统，最高压力可达到 200～220MPa。该系统不再采用通用的脉动原理，而是采用压力时间计量原理。ECU 产生的电脉冲按顺序触发喷油器电磁阀，确定发动机每次喷油的起始和关闭时刻。电控共轨喷射还可采用多次喷射的方式来灵活控制喷油的速率。共轨直喷系统是通过高压公用油道和各缸喷射电磁阀控制相结合的方式实现喷油控制的。这种喷油系统可保证喷油压力不随发动机转速变化，可降低颗粒物的排放。共轨直喷系统分为中压共轨和高压共轨两大类。美国、日本、德国、意大利等国已大批量生产共轨式电喷系统，它将代表未来柴油机燃油喷射系统的主流。共轨直喷柴油机及高压共轨喷射系统示意如图 2-15 所示。

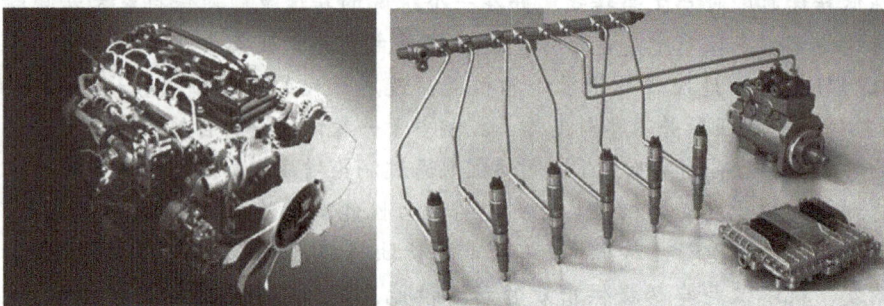

图 2-15　共轨直喷柴油机及高压共轨喷射系统

（2）柴油机共轨直喷技术的应用　应用柴油机共轨直喷技术的车型有大众系列车型。1976 年，大众汽车公司生产了世界上第一款柴油轿车高尔夫，掀开了柴油轿车的发展序幕。从 1.5L 自然吸气涡流式柴油发动机开始，大众汽车公司陆续开发了 1.9L TDI（涡轮增压直喷）柴油发动机、1.2L TDI 柴油发动机以及 5.0L V10 TDI 柴油发动机。2007 年 11 月，德国大众汽车公司推出了其最新的 SUV 车型 TIGUAN，在柴油版 TIGUAN 上首次采用了柴油共轨发动机；到 2013 年底，大众汽车公司已在 Q7、高尔夫、甲壳虫、甲壳虫敞篷版、帕萨特、捷达等多款车型上采用了柴油机共轨直喷技术。

【知识拓展3】　1.6L 主流车型的动力性参数及对比

本部分内容提供了排量在 1.6L，价格在 11～13 万元之间常见车型的动力性参数，主要有伊兰特、凯越、赛拉图、颐达、标致307、三厢Polo、爱丽舍、福美来。这几款车的驱动方式都为前置前驱，在这里全部选择手动档车型来进行动力性的比较。对这些车的动力性比较主要集中在动力性指标及相关的动力性参数上，包括功率、转矩、0～100km/h加速时间、比功率和最高车速。

1. 功率和转矩

功率的大小影响车辆可以达到的最高时速的高低水平；转矩大小影响车辆的加速以及爬坡性能的好坏。八款车的功率和转矩见表 2-3。

表2-3 八款车的功率和转矩

	伊兰特	凯越	赛拉图	颐达	标致307	三厢Polo	爱丽舍	福美来
功率/kW	82	78	77	80	78	74	78	71
转矩/N·m	143	142	143	153	142	145	142	140

1.6L的标致307和爱丽舍采用的是相同的发动机，所以这两款车的功率和转矩相同；转矩最大的是颐达；功率最大的是伊兰特；而福美来的功率和转矩都是最低的。从功率和转矩的综合情况来看，从大到小依次为颐达，伊兰特，凯越、标致307、爱丽舍，赛拉图，三厢Polo，福美来。在功率和转矩上，福美来与其他车相比处于绝对的劣势。

2. 0～100km/h 加速时间

0～100km/h加速时间越短，车辆的动力越强劲，爆发力越强，就能在更短时间之内达到驾驶者想要的速度。八款车的0～100km/h加速时间见表2-4。

表2-4 八款车的0～100km/h加速时间

	伊兰特	凯越	赛拉图	颐达	标致307	三厢Polo	爱丽舍	福美来
0～100km/h 加速时间	11.7s	12s	11.2s	10.4s	12.3s	11.9s	11.5s	11.8s

在功率和转矩排名中位列第一的颐达，在0～100km/h加速时间上也毫不逊色，10.4s的成绩和第二名赛拉图的11.2s拉开了比较大的差距；而在功率和转矩上表现优异的伊兰特在0～100km/h加速时间上拖了后腿，排在第四；爱丽舍和标致307的发动机虽然相同，但是由于自身重量等因素的影响，爱丽舍明显优于标致307；福美来在这一轮的比较中虽然成绩不是很好，但还是超过了凯越和三厢Polo。0～100km/h加速时间从少到多排名为：颐达，赛拉图，爱丽舍，伊兰特，福美来，三厢Polo，凯越，标致307。

3. 比功率

比功率是发动机功率与车身质量的比值，其数值越大说明车辆的动力性越好。同样质量的两辆车，功率越大，动力性越好；相反地，同等功率的车辆，质量越轻，其动力性越好。八款车的比功率和整备质量见表2-5。

表2-5 八款车的比功率和整备质量

	伊兰特	凯越	赛拉图	颐达	标致307	三厢Polo	爱丽舍	福美来
比功率/（kW/kg）	0.063	0.064	0.059	0.07	0.0603	0.0634	0.0693	0.0471
整备质量/kg	1275	1220	1295	1119	1293	1167	1125	1105

颐达由于功率大、车身轻，在这一回合又遥遥领先；爱丽舍也是占了车身轻的优势，其比功率仅次于颐达；福美来虽然是最轻的，但是输出的功率和转矩值也是最低的，所以比功率最小，甚至不如一些1.5L排量的车型。

比功率排名为：颐达，爱丽舍，伊兰特，凯越，三厢Polo，标致307，赛拉图，福美来。

4. 最高车速

最高车速越高，动力越强劲，克服速度提升所产生的阻力的驱动力就越大，可以获

得更高的速度。最高车速是功率、转矩和比功率三者的综合表现。八款车的最高车速见表2-6。

表2-6 八款车的最高车速

	伊兰特	凯越	赛拉图	颐达	标致307	三厢Polo	爱丽舍	福美来
最高车速/（km/h）	184	180	185	190	179	182	185	175

最高车速排名为：颐达，赛拉图、爱丽舍，伊兰特，三厢Polo，凯越，标致307，福美来。

总结以上四项排名，对这八款车进行综合动力性排名为：颐达，爱丽舍，伊兰特，赛拉图，凯越，三厢Polo，标致307，福美来。

颐达和爱丽舍的提速比较快，很适合频繁起步停车的拥堵城市路况；伊兰特、凯越和赛拉图功率和转矩值比较大，虽然提速不够快，但是中段加速还是不错的；而余下的三厢Polo、标致307和福美来在各方面表现都较平庸。

第四节　车型动力性对比评价实例

目前SUV车型在国内销售量逐年上升，可选购的车型也不断增加。本节选取市场上较流行的三款SUV进行动力性比较与评价。

一、比对车型的参数配置介绍

表2-7为三款SUV的动力性对比，其中的数据来自英国车辆认证局（VCA，Vehicle Certification Agency），部分参数配置与国内上市的同款车型存在些许差别。

表2-7 动力性对比

动力性指标 ＼ 车型	大众途观2014款 2.0T自动四驱版 国内指导价：29.18万	本田CR-V 2013款 2.0自动四驱版 国内指导价：21.78万	福特翼虎2014款 1.6T自动四驱版 国内指导价：23.98万
基本参数			
发动机	2.0T 180马力 L4	2.0L 155马力 L4	1.6T 182马力 L4
变速器	7速DSG	5速自动	6速自动
驱动形式	全时四驱	适时四驱	适时四驱
整备质量/kg	1720	1576	1717
车身结构	SUV	SUV	SUV
长×宽×高/（mm/mm/mm）	4506×1809×1685	4550×1820×1685	4524×1838×1695
发动机特有技术	TSI	i-VTEC	EcoBoost
燃料类型	汽油	汽油	汽油
环保标准	欧V	欧V	欧V

（续）

动力性指标 ＼ 车型	大众途观 2014 款 2.0T 自动四驱版 国内指导价：29.18 万	本田 CR – V 2013 款 2.0 自动四驱版 国内指导价：21.78 万	福特翼虎 2014 款 1.6T 自动四驱版 国内指导价：23.98 万
动力性参数			
最高车速/（km/h）	202	182	190
百公里加速时间/s	9.3	11.5	9.7

二、要点分析与评价结论

1. 基于车型排量的动力性比较

首先在车型技术特征相同的前提下进行车型的排量比较。一般的规律是排量大的车动力性指标较高，动力性较好。三款车中，大众途观和福特翼虎的技术特征均为采用了增压发动机，大众途观排量为 2.0L，对应的动力性指标较高，福特翼虎排量为 1.6L，对应的动力性指标较低。因此，从动力性角度考虑，选购动力性较好的大众途观。

2. 基于车型技术特征的动力性比较

对于相同排量车型，一般的规律是采用增压发动机的车动力性指标较高，动力性较好。三款车中，大众途观和本田 CR – V 的排量均为 2.0L，比较两款车型，大众途观采用了增压发动机，对应的动力性指标较高，本田 CR – V 采用自然吸气发动机 L，对应的动力性指标较低。因此，从动力性角度考虑，选购大众途观动力性较好。

3. 评价结论

三款车型都为市场上销量较好的车型，从不同考虑基准出发，在选购时主要考虑动力性的情况下，大众途观动力性较好。

本 章 小 结

- 本章介绍了汽车动力性的含义、汽车动力性评价方法及评价指标；汽车动力性理论分析；汽车动力性试验。
- 本章分析了影响汽车动力性的汽车结构因素、汽车外部运行条件以及提升汽车动力性的方法。
- 本章列举了提升汽车动力性的新技术以及应用车型；主流车型的参数资料；最后结合实例运用汽车动力性评价方法对车型的动力性进行评价，并对评价要点做了分析与总结。

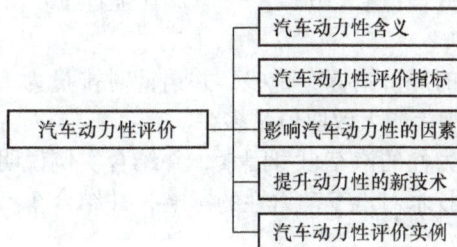

```
                          ┌─ 汽车动力性含义
                          ├─ 汽车动力性评价指标
        汽车动力性评价 ────┼─ 影响汽车动力性的因素
                          ├─ 提升动力性的新技术
                          └─ 汽车动力性评价实例
```

习 题

一、单项选择题

1. 汽车的动力性用汽车在良好路面上直线行驶时所能达到的（　　）来表示。

A. 最高行驶速度　　　　　B. 平均行驶速度

C. 最低行驶速度　　　　　D. 最大加速度

2. 最高车速是指在水平良好的路面汽车能到达的最高（　　）速度。

A. 驱动　　　　B. 加速　　　　C. 减速　　　　D. 行驶

3. 以下哪款车的最高时速最大？（　　）。

A. 起亚 K5　　　B. 比亚迪 F6　　C. 丰田皇冠　　D. 宝马 730

4. 滚动阻力系数与下列哪个因素无关？（　　）

A. 轮胎种类　　B. 轮胎气压　　C. 车速　　　　D. 温度

5. 以下哪一项措施可以提高汽车动力性？（　　）

A. 换小号轮胎　B. 增加车重　　C. 拆掉消声器　D. 增加涡轮

6. 空燃比是多少时汽车的动力性最强？（　　）

A. 14.7　　　　B. 10.1　　　　C. 15.2　　　　D. 16.7

7. 奥迪汽车发动机 FSI 是指（　　）。

A. 燃油直喷技术　　　　　　　B. 牵引力控制系统

C. 制动力辅助系统　　　　　　D. 泊车辅助系统

二、多项选择题

1. 汽车动力性的评价指标包括（　　）。

A. 汽车排量　　　　　B. 汽车最高车速

C. 汽车的加速时间　　D. 汽车的最大爬坡度

2. 影响汽车动力性的因素包括（　　）。

A. 排量大小　　　B. 车身形状　　　　C. 燃油标号　　　　D. 车身质量

3. 以下列举的方法中，哪些可以提高汽车动力性（　　）。

A. 提高发动机的功率和转矩　　　　　B. 增加变速器档位

C. 采用流线型车身　　　　　　　　　D. 减小汽车质量

4. 以下列举的新技术中，哪些可以提高汽车动力性？（　　）

A. 燃油直喷技术　　　　　　　　　　B. 涡轮增压技术

C. 可变气门技术　　　　　　　　　　D. 无级变速技术

5. 以下列举的车型中，哪两台车的动力性较好？（　　）

A. 帕萨特 1.8T　　B. 轩逸 2.0L　　　C. 比亚迪 F0　　　D. 宝马 730

三、分析题

1. 试分析汽车动力性的评价指标有哪些，并请针对排量为 1.6L 左右的家用轿车，举例说明汽车动力性的评价指标的大致取值是多少。

2. 试分析影响汽车动力性的汽车自身因素，并结合实例说明提升汽车动力性的方法。

3. 试至少分析两种新技术对汽车动力性的影响，并结合车型实例说明。

模块 三

汽车燃油经济性评价

知识目标:

- 了解影响汽车燃油经济性的新技术的基本原理以及应用车型；汽车燃油经济性试验。
- 理解影响汽车燃油经济性的各种因素。
- 掌握汽车燃油经济性的含义、汽车燃油经济性评价方法及评价指标，以及提升汽车燃油经济性的方法。

能力目标:

- 能够运用汽车燃油经济性评价方法对车型进行燃油经济性的评价。

重点与难点:

- 汽车燃油经济性评价方法及评价指标；各项评价指标和方法的含义、原理以及在真实车型上的应用。
- 影响汽车燃油经济性的各种因素；各种影响因素的含义及对汽车燃油经济性的影响效果。

第一节 汽车燃油经济性的评价方法及评价指标

一、汽车燃油经济性概念

汽车的燃油经济性主要用耗油量来表示，它是汽车使用性能中的一项重要内容。尤其在我国实施燃油税的环境下，汽车的耗油量参数就有特别的意义。耗油量是指汽车行驶百公里消耗的燃油量，以升（L）为计量单位。在我国，这一指标是汽车制造厂根据国家规定的试验标准，通过样车测试得出来的。

二、评价方法及评价指标

在我国，汽车燃油经济性评价方法及评价指标包括等速百公里油耗和循环油耗。

等速百公里油耗的测定方法是：在平坦硬实的路面上，汽车挂最高档，分别以不同车速等速行驶100km，再往返一次，取平均值，记录下油耗量，即可获得不同车速下汽车的百公里耗油量。在图纸上，以各车速段为横坐标，相应耗油量为纵坐标绘点，将这些点连起来，就会得到一条开口向上的抛物线，最低点对应的横坐标就是耗油量最低的车速段，也就是"经济车速"。一些厂家以这个经济车速作为耗油量参数，而实际上也只是作为参考值而已，因为一般用户是很难做得到。

循环油耗是指在一段指定的典型路段内汽车以等速、加速和减速等三种工况行驶时的耗油量。有些还要计入起动和怠速等工况的耗油量，然后折算成百公里耗油量。一般而言，循环油耗与等速百公里油耗（指定车速）加权平均取得的综合油耗值，可比较客观地反映汽车的耗油量。一些汽车技术性能表上将循环油耗标注为"城市油耗"，而将等速百公里油耗标注为"等速油耗"。

在国内的评价方法中，耗油量数值越小，表明汽车燃油经济性越好。

对于市场上销售的普通轿车，基本都会提供等速百公里油耗，其数值依据排量不同而不同。一般1.0L排量的微型轿车的90km/h等速百公里油耗为5L左右，同排量的轿车等速百公里油耗高于这个数值则动力性较好，低于这个数值则动力性较差一些；一般1.6L排量的经济型轿车的90km/h等速百公里油耗为6L左右，同排量的轿车等速百公里油耗高于这个数值则动力性较好，低于这个数值则动力性较差一些；一般2.0L排量的轿车的90km/h等速百公里油耗为7L左右，同排量的轿车等速百公里油耗高于这个数值则动力性较好，低于这个数值则动力性较差一些；一般2.4L排量的中型轿车的90km/h等速百公里油耗为8L左右，同排量的轿车等速百公里油耗高于这个数值则动力性较好，低于这个数值则动力性较差一些；一般3.0L排量左右的中高级轿车的90km/h等速百公里油耗为10L左右，同排量的轿车等速百公里油耗高于这个数值则动力性较好，低于这个数值则动力性较差一些。

在美国，燃油经济性用每加仑燃油能行驶的公里数来衡量，单位为m/g；该数值越大，汽车的燃油经济性越好。在日本，燃油经济性用每升燃油能行驶的千米数来衡量，单位为km/L；该数值越大，汽车的燃油经济性越好。

在现实生活中，汽车的产品宣传单上大都标有百公里油耗，该参数值一般是在恒定的时速（一般为90km/h）、风速和平坦的路面条件下测出的；也有一些厂家标称的油耗是在60km/h甚至40km/h的状况下测出的。而平时驾驶时所遇到的路况则要复杂得多，因此在现实中常常会用到综合油耗。为了有统一的比较标准，也常常会使用工信部综合油耗。工信部综合油耗测试采用2000年颁布的欧洲循环驾驶法，包含市区工况和市郊工况，其中认定市区30%，市郊70%。例如1.6L千里马产品宣传单上标称的百公里油耗是4.8L，而工信部综合油耗则接近6L。因此，判断一辆车油耗的高低，除了参考产品宣传单外，还可以参考工信部综合油耗。

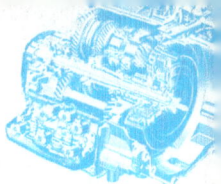

【知识拓展1】　工信部综合油耗（L/100km）

工信部从 2010 年 1 月 1 日起，建立了轻型汽车燃料消耗量公示制度，各种轻型汽车燃料消耗量除了在工信部网站公示外，相关车型的车企还必须在车辆出厂前在车身上粘贴汽车燃料消耗量标识。同时，工信部网站正式推出"轻型汽车燃料消耗量通告"专栏，消费者可查询在售国产车和进口车在市区、市郊、综合三种工况下的油耗数据。该通告发布的数据是由工信部指定的检测机构按照统一的检测方法检测的。之后企业填写油耗标识并张贴于车上，同时报样本给工信部，工信部再公开这些数据。其中，进口汽车的油耗由质检总局指定检测机构检测。工信部还根据企业报送备案情况每月更新"轻型汽车燃料消耗量通告"，登录网址是 http：//gzly. miit. gov. cn：8090/datainfo/miit/babs2. jsp。

第二节　影响汽车燃油经济性的因素分析

一、汽车结构和技术对燃油经济性的影响

从汽车本身结构和技术考虑，影响燃料消耗的因素主要有以下两个方面：一是车辆发动机的技术状况；二是车辆底盘的技术状况。

1. 车辆发动机的技术状况

目前的轿车发动机大部分是高速汽油发动机，发动机的热效率越高，燃油利用率越高，也就越省油。而发动机的热效率随压缩比的增加而增加，现在轿车汽油发动机压缩比一般在 9.3 ～ 10.5 之间。同时，采用配气系统可变装置（可变气门升程、可变凸轮轴转角、可变进气管长度等）和稀燃技术，来达到节油目的。

世界上许多大型汽车生产企业都积极发展和推广柴油机，这是因为将汽车汽油发动机改为柴油发动机比较容易实现进一步节省燃油的目的。由于技术的进步，目前柴油机在振动、噪声、单位质量（重量）方面与汽油机的差距已经缩短，只是功率还比较小。早在十多年前，有人将汽油高尔夫和柴油高尔夫在同等环境下进行对比测试，装配 1.6L 柴油机的高尔夫轿车，最大时速 145km/h，每百公里平均耗油市内 6.8L、公路 5.3L；装配 1.3L 汽油机的高尔夫轿车，最大时速 160km/h，每百公里平均耗油市内 10L、公路 6.7L。由于柴油机负荷变化平坦，具有比汽油机明显的节油能力。

发动机的功率和负荷率对燃油经济性有很大的影响。一般发动机气缸排量取决于输出功率，根据使用者的实际需要合理选择汽车排量，在汽车行驶中经常保持较高的功率利用率，对提高汽车的燃油经济性很有意义。如果汽车经常在城市内使用，时速不超过 80km/h，选择 1.6L 左右的小排量轿车是合适的。

2. 车辆底盘的技术状况

汽车底盘系统中传动系对汽车的燃油经济性有重要影响。变速器档位越多，不但汽车换档平顺，而且使发动机增加了处于经济工况下运行的机会，有利于提高燃油经济性。因此现代汽车都趋向于 5 档及以上变速器，或者采用无级变速，保证在任何条件下具有使发动机在

最经济工况下工作的可能性。在速度不变的情况下，接合高速档时，传动比小，发动机转速低；接合低速档时，传动比大，相应的发动机转速高。由发动机负荷特性可知，当发动机负荷相同时，一般是转速越低燃油消耗率越小。在一定的行驶条件下，传动系的速比越小，汽车的燃油经济性越高，因此汽车的经济行驶都在高档位。为了在良好路面条件下以较高车速行驶，轿车在变速器内装置速比小于1的超速档，在车速相同的情况下，挂上超速档可使发动机转速比较低，相对也降低了燃油消耗。

传动系的传动比包括变速器各档速比和主减速器传动比，在良好的道路上行驶选用小速比的主减速器可提高汽车的燃油经济性。但是，汽车上许多物体都有一个"临界点"问题，超过这个临界点就会走向反面。主减速器传动比也是一样，过小就会使最高档的动力性过低，反而使汽车的燃油经济性变差。因此，一般设计的减速器传动比都有一个范围，使得挂直接档时仍有较大的后备功率用于加速或上小坡。

除此之外，随着现代汽车速度的增高，汽车的造型对燃油经济性也有重要的影响，车速越快影响越大，这就是人们常说的"风阻"。减小空气阻力主要是通过减少汽车的迎风面积和空气阻力系数来实现的，一般而言迎风面积取决于汽车的体积，空气阻力取决于车身造型。因此，汽车车身紧凑化和流线型是提高燃油经济性的途径。目前许多轿车的空气阻力系数为 0.28~0.3，对减少燃油消耗起到很大作用。通常而言，车身高度超过 1.5m 的汽车，其空气阻力系数比较大，与同类型动力系统的低车身汽车相比，不但行驶速度降低，而且燃油消耗量也增大。因此，空间、速度、燃油消耗量都是矛盾的组合体，只能求得一个合理的平衡点，不可能有面面俱到的汽车。

二、汽车使用条件对燃油经济性的影响

从汽车使用条件考虑，影响燃料消耗的因素主要有以下几方面：①道路条件及气候。②驾驶操作。③车辆载重及拖运情况。④车辆维护。

1. 道路条件及气候

道路条件及气候包括路面质量，交通混合情况，平原还是坡道，海拔高度和天气等。这些条件影响着车辆行驶速度，汽车在以接近于低速的中等车速行驶时的燃油消耗量最低，速度过高或过低都会使燃油消耗量增加。低速时，尽管行驶阻力小，但发动机的负荷率低，有效燃油消耗率上升，百公里燃油消耗量也有所增加；高速时，虽然发动机的负荷率较高，但汽车的行驶阻力增加很多而导致百公里燃油消耗量增加，故道路条件及气候条件允许的情况下汽车应中速行驶。

2. 驾驶操作

驾驶人驾驶汽车，在一定的道路条件下，用不同的档位行驶，其燃油消耗量是不一样的。在同一道路条件和车速下，虽然发动机输出的功率相同，但档位越低，发动机的后备功率越大，发动机的负荷率越低，燃油消耗率越高，100km 燃油消耗量就越大，而使用高速档时的情况则相反。因此，要尽可能用高速档驾驶操作。

3. 车辆载重及拖运情况

对于货车，车辆拖带挂车可以提高运输生产率以及降低成本和燃油消耗量。应注意的是，拖带挂车后，虽然汽车总的燃油消耗量增加了，但百公里燃油消耗量却下降了，即分摊到每单位质量货物上的燃油消耗量下降了。拖带挂车后节省燃油的原因有两个：一个是带挂

车后汽车的行驶阻力增加，发动机的负荷率增加，使燃油消耗率下降；另一个原因是汽车的质量利用系数（即装载质量与整车整备质量之比）较大。

4. 车辆维护

汽车维护情况会影响到发动机的性能与汽车的行驶阻力，对百公里燃油消耗量有相当的影响，所以正确的技术维护与调整，对改善汽车的燃油经济性有很大作用。具体措施有：保持发动机良好的技术状况；对润滑系统进行定期维护与检查，防止漏油，清除机油滤清器中的沉淀和杂质，必要时更换机油滤清器；对于进气系统，要定期清除空气滤清器中的杂质，必要时更换空气滤清器的滤芯，定期清洗节气门体；定期检查发动机冷却液，保持发动机冷却系统的正常温度，防止因温度过低而增加润滑油的黏度以及降低燃油的挥发性，使燃油消耗量增加；当冷却液温度过高时，发动机易发生爆燃，充气系数降低，功率下降，燃油消耗量同样增加；正确维护和检查点火系统，保持火花塞的清洁及正确的电极间隙，必要时按照厂家的规定更换火花塞；检查和防止气缸漏气，保持正常的气缸压力，气缸压缩压力越大，则表明气缸、活塞环、气门、气门座和气缸垫等的状况良好，发动机做功行程瞬时产生的有效压力越大，混合气点火燃烧速度就快，热损失小，可使发动机得到较高的动力性和燃油经济性。以上这些，都对节约燃油起到较大的作用。

在汽车底盘方面，要加强对各总成的维护和调整，以保持适当的滑行能力，减少燃油消耗量。一般常用滑行距离来检查汽车底盘的技术状况。当汽车的前轮定位准确、制动器的间隙正确、轮胎气压正常，以及各相对运动零部件接触表面光洁、间隙适当并有充分的润滑油时，底盘的行驶阻力减小，汽车的滑行距离便大大增加，燃油消耗量下降。

三、汽车燃油经济性检测试验

1. 汽车燃油经济性检测的必要性

能源是发展生产和提高生活水平的物质基础，汽车的主要能源是石油产品中的汽油和柴油。我国汽车保有量的逐年增加，意味着石油消耗的增长，而我国石油产量增长较慢。我国已成为较大的石油进口国，石油能源短缺迫使人们关注汽车燃油经济性。

对汽车燃油经济性的评价，一般是通过汽车燃油消耗量试验来确定的，它是用以评价在用汽车技术状况与维修质量的综合性参数，也是诊断和分析汽车故障的重要参考。常通过燃油消耗检测仪测定燃油消耗量的容积或质量。在汽车检测站通过汽车道路试验，更多是在底盘测功试验台上模拟路试来检测其燃油消耗量。

2. 汽车燃油经济性路试检测

汽车燃油消耗量与发动机类型、制造工艺、调整状况、道路条件、气候情况、海拔高度、驾驶技术等多种因素有关，因此其主要试验方法必须有完整的规范，主要是 GB/T 12545.1—2008《汽车燃料消耗量试验方法 第 1 部分：乘用车燃料消耗量试验方法》。

第三节　提高汽车燃油经济性的新技术及车型

一、提升燃油经济性的方法

提升汽车燃油经济性的方法主要依据汽车结构、技术以及使用条件来进行选择，具体可

以从以下方面考虑提升。

(1) 从汽车发动机技术方面考虑提升　发动机是对燃油经济性影响大的部件。综合前面的内容，提高发动机燃油经济性的主要途径如下：

1）提高现有汽油机热效率与机械效率，其措施有电控技术、缸内直喷技术、增压中冷技术、可变气门升程技术等。

2）提高柴油机燃油经济性，其措施有增压中冷技术、电控燃油喷射技术、缸内直喷燃油技术等。

3）扩大柴油机的应用范围，如柴油轿车。

(2) 从汽车传动系统技术方面考虑提升　传动系统的传动效率越高，则损失于传动系统的能量越少，汽车燃油经济性也越好。对于汽车传动系统，可以增加汽车变速器的档位数，变速器的档位数越多，越容易选择保证发动机以最经济工况工作的转速，汽车的燃油经济性越好。当采用无级变速器时，在任何条件下都能提供使发动机在最经济工况下工作的可能性。若无级变速器能维持较高的机械效率，则汽车的燃油经济性将显著提高。

(3) 从汽车质量方面考虑提升　汽车尺寸和质量增加，则汽车所受到的滚动阻力、空气阻力、坡度阻力和加速阻力也会大幅度增加，汽车的燃油经济性将变差。因此，可以在条件允许的情况下减轻汽车质量。为了减轻质量，目前轿车选用铝和复合材料所占的比重日益增加。

(4) 从汽车外形与轮胎方面考虑提升　改善汽车车身的流线型，降低空气阻力系数，可以提高汽车燃油经济性。同时，汽车轮胎对燃油经济性也有影响，子午线轮胎的耐磨性、动力性等综合性能最好，与用一般斜交轮胎的汽车相比，使用子午线轮胎的汽车燃油经济性较好。

除此之外，尽量保证汽车在良好的使用条件下运行、定期维护和养成良好的驾驶习惯也可以提高汽车的燃油经济性。

二、提升汽车燃油经济性的新技术及应用车型介绍

近年来，基于提高发动机燃油经济性和降低排污的要求，许多国家和发动机厂商、科研机构投入了大量的人力、物力进行新技术的研究与开发。目前，这些新技术和新方法，有的已在内燃机上得到应用，有的正处于发展和完善阶段，并可能成为未来内燃机技术的发展方向。

1. 汽油机缸内直喷技术

汽油机缸内直喷技术可以提升汽车燃油经济性，内容请参看第二章。

2. 可变气门技术

(1) 可变气门技术的原理　发动机可变气门正时技术（Variable Valve Timing，VVT）是近些年来被逐渐应用于现代轿车上的新技术中的一种。采用可变气门正时技术可以提高进气充量，使充量系数增加，发动机的转矩和功率可以得到进一步的提高，同时燃油经济性也得到改善。

发动机可变气门正时技术的原理如下：随着发动机转速的提高，短促的进排气时间往往会引起发动机进气不足、排气不净等现象，利用发动机可变气门正时技术，可以根据汽车的运行状况，随时改变配气相位，改变气门升程和气门开启的持续时间（气门升程就像门开启的角度，气门正时就好像门开启的时间，进气歧管就像各个闸道的栏杆）。发动机上的气

门可变驱动机构可以通过两种形式实现：一种是通过凸轮轴或者凸轮的变换来改变配气相位和气门升程；另一种就是工作时凸轮轴和凸轮不变动，而气门挺杆（摇臂或拉杆）依靠机械力或者液压力的作用而改变，从而改变配气相位和气门升程。

（2）可变气门技术的应用

1）本田汽车公司的 VTEC 技术。日本本田汽车公司在 1989 年推出了自行研发的 VTEC（Variable Valve Timing and Valve Life Electronic Control）技术，即可变气门配气相位和气门升程电子控制，它是世界上第一个能同时控制气门开闭时间及升程的气门控制系统。与普通 4 气门发动机相比，VTEC 发动机同样是采用每缸 4 气门（2 进 2 排），但却有着自己鲜明的特点，即它并未采用惯用的双凸轮轴结构，而是仍然采用了单凸轮结构，但在采用 VTEC 系统后，使得单凸轮轴原本简单的结构变得较为复杂。虽然同样是采用凸轮轴和摇臂等元件，但凸轮与摇臂的数目及控制方法却较其他发动机有很大不同。除了原有控制 2 个气门的一对凸轮和一对摇臂外，该系统增加了一个较高的中间凸轮及相应的摇臂，3 个摇臂内部装有由液压控制移动的小活塞。发动机低速时，小活塞在原位置上 3 个摇臂分离，2 个凸轮分别推动相应的 2 个摇臂，控制 2 个进气门的开闭，气门升程较小。虽然中间凸轮也推动中间摇臂，但由于摇臂之间已分离，其他 2 个摇臂不受它的控制，所以不会影响气门的开闭状态。但当发动机达到某一设定的高转速时，发动机 ECU 会指令电磁阀启动液压系统，推动摇臂内的小活塞，使 3 个摇臂连成一体，一起由中间凸轮驱动。由于中间凸轮比其他凸轮高，升程大，所以进气门开启时间延长，升程随之增大。当发动机转速降低到某一设定的低转速时，摇臂内的液压也随之降低，活塞在回位弹簧作用下退回原位，3 个摇臂分开。整个 VTEC 系统由发动机 ECU 控制，发动机 ECU 接收转速、进气压力、车速及冷却液温度等信息并进行处理，输出相应的控制信号，通过电磁阀调节摇臂活塞液压系统，从而使发动机在不同的转速工况下由不同的凸轮控制，改变进气门的开度和时间，从而达到增大功率、降低油耗及减少污染的目的。在 VTEC 之后，本田又推出了比 VTEC 更先进的 i－VTEC 系统。i－VTEC系统是在现有 VTEC 系统的基础上，添加了一个"可变正时控制系统"，通过 ECU 控制程序调节进气门的开启关闭，使气门的重叠时间更加精确，达到最佳的进排气时机，并且进一步提高了发动机的功率。从长远来看，VTEC 将被 i－VTEC 所取代。本田发动机 VTEC 技术结构如图 3-1 所示。

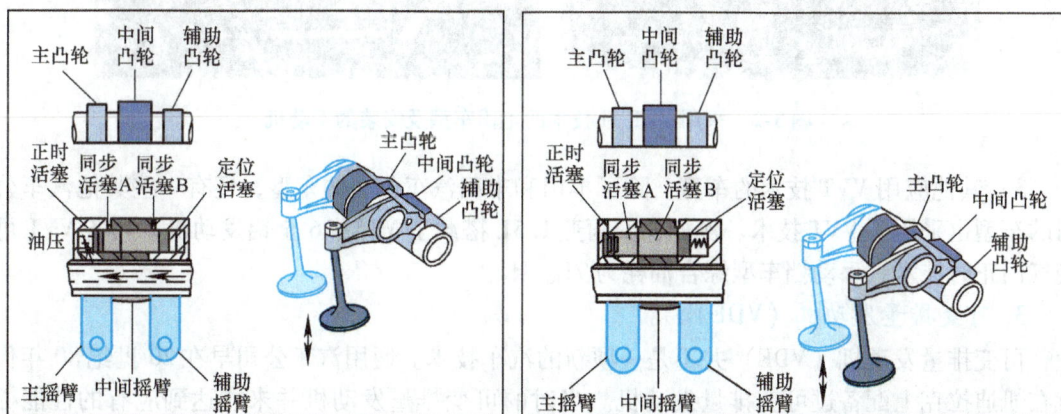

图 3-1　本田发动机 VTEC 技术结构

本田公司在它的几乎所有的车型当中都使用了 VTEC 技术，从高性能跑车 S2000 到混合动力汽车 INSIGHT，都采用了 VTEC 技术。目前，在国内东风本田和广州本田生产的大部分车型都已经采用了 i-VTEC 技术，如东风本田思域、C-RV 以及广州本田的雅阁及奥德赛等车型。

2）丰田汽车公司的 VVT-i 技术。VVT-i（Variable Valve Timing and Lift with intelligence）技术是丰田汽车公司的"智能可变配气正时"技术。VVT-i 系统由传感器、电控单元、液压控制阀和控制器等部分组成，按控制器的安装部位不同而分成两种：一种是安装在排气凸轮轴上的，称为叶片式 VVT-i 系统；另一种是安装在进气凸轮轴上的，称为螺旋槽式 VVT-i 系统。该系统的最大特点是可根据发动机的状态控制进气凸轮轴，通过调整凸轮轴转角对配气时机进行优化，以获得最佳的配气正时，从而在所有速度范围内提高转矩，并能大大改善燃油经济性，有效提高汽车的功率与性能，减少油耗和废气排放。其特点如下：

① 发动机的高动力性能。VVT-i 技术和斜挤气燃烧室、高压缩比等结合，改善燃烧效率，降低摩擦损失，从而实现了在低中转速时也能方便地操纵和迅速加速。

通过采用铝合金缸体以及油泵的小型化等，使发动机更为轻量紧凑，从而更加降低油耗。

② 发动机的低油耗。通过采用 VVT-i 技术、SUPER ECT 超级智能 4 档自动变速器以及发动机彻底的轻量化，实现了顶级水平的低油耗。采用 VVT-i 技术及高微粒化喷油器，并采用前部进气、后部排气的布局，使催化剂的效率更高，减少废气排放，达到相当于欧洲 STEP Ⅲ 标准的低尾气排放水平，在追求低油耗的同时也追求汽车的低公害。

目前，丰田汽车公司多款车型的发动机已普遍安装了 VVT-i 系统，如丰田雅力士、锐志、皇冠以及丰田大霸王、凌志 400、430 等车型。采用 VVT-i 技术的丰田车型及安装的发动机如图 3-2 所示。

图 3-2　采用 VVT-i 技术的丰田车型及安装的发动机

3）其他应用 VVT 技术的车型。除了本田和丰田汽车公司的车型，还有一些其他汽车公司的车型也采用了 VVT 技术。例如长安雨燕 1.5L 搭载了 M15A16 全铝发动机，具备 VVT 可变气门正时技术，手动档车型综合油耗为 7L。

3. 可变排量发动机（VDE）

可变排量发动机（VDE）并不是一项新的汽车技术。通用汽车公司早在 20 世纪 80 年代就在凯迪拉克上配备过可变排量发动机。当时的可变排量发动机并未能达到应有的性能标准。它产生的噪声较大，从八缸转换成四缸的过程非常不稳定，偶尔会被卡死在一种状态下

而无法调节。实际上，造成这种问题的原因并不是可变排量发动机的概念有问题，而是当时的计算机芯片不能完成每秒 200 次的计算功能。随着计算机硬件的发展，今天的汽车电脑可以完成每秒 2000 次以上的运算，这就能对发动机进行更加精确的控制。这种发动机技术最适合于多气缸的发动机，对于十二缸发动机来说，采用这种技术，相当于安装了两个独立的六缸发动机，可以根据驾驶的需要使一台发动机运行，而使另一台发动机处于怠速状态。这样，就可以随时调整发动机的排气量，从而减少能源的消耗。

应用可变排量发动机（VDE）技术的有福特汽车公司。美国福特汽车公司利用最先进的计算机控制技术，开发出可变排量发动机（VDE），并将这种发动机安装在福特汽车公司以后生产的轿车和货车上，以改善汽车的燃油经济性。

应用可变排量发动机（VDE）技术的还有克莱斯勒汽车公司，该公司在 300C 与 charger 等车型上搭载了可变排量发动机。

此外，本田汽车公司也应用了可变排量发动机（VDE）技术，将可变排量发动机分别搭载在思域混合动力车与 Inspire 轿车的新旧车型上。值得一提的是，2008 年广州本田汽车公司推出的第八代雅阁车型中，有一款 3.5L 的车型应用了可变排量发动机（VDE）技术。该 3.5L 发动机采用了 V6 置式，并且具有三、四、六缸三种工作模式，即这台 3.5L 发动机，既可以作为 V6 发动机工作，也可以同时根据发动机工况需要，"变身"为直列三缸发动机或者 V 形四缸发动机。

【知识拓展 2】　第八代雅阁可变排量发动机工作原理

第八代雅阁（图 3-3）采用的可变排量发动机（VDE）技术称为 VCM 系统。VCM 系统对发动机进行变缸操作前，会对节气门开度、车速、发动机转速、自动变速器档位以及其他相关的环境因素进行数据测算，以便判断是否应当根据当前的工作环境来启用相应的三缸或者四缸工作方案。此外，该系统还会额外确定发动机润滑油压力是否支持 VCM 系统进行工作模式的切换，以及在发动机进行变排量操作后，催化转化器的温度是否仍会保持在适当范围内。在这一个步骤内，VCM 系统先后针对环境因素，动力需求以及环保这三个方面的条件在瞬间完成是否变缸工作的判断。如果 VCM 系统判断发动机变缸，那么 VTEC 系统会被命令率先调整点火正时、线控节气门的开度以方便气缸开、闭能够平稳过渡。然后 VCM 通过 VTEC 系统向电子控制装置发出的指令，使与缸盖内的摇臂轴支架一样起着双重作用的滑阀有选择地将油压导向特定气缸的摇臂同步活塞，完成对摇臂的连接和断开的控制，从而达到对进、排气门的运行与停止的控制。同时，燃油控制模块会自动恢复、切断这些特定气缸的燃油供给。

图 3-3　第八代雅阁及可变排量发动机

4. CVT无级变速技术

CVT（Continuously Variable Transmission）直接翻译就是连续可变传动，就是没有明确具体的档位，操作上类似自动变速器，但是速比的变化却不同于自动变速器的跳档过程，而是连续变化的，因此动力传输持续顺畅而损失较少，从而达到节省燃油的效果，提高车辆的燃油经济性。

（1）CVT无级变速技术的原理 CVT传动系统里，传统的齿轮被一对滑轮和一条钢制传动带所取代，每个滑轮其实是由两个锥形盘组成的V形结构，发动机轴连接小滑轮，透过钢制传动带带动大滑轮。CVT的传动滑轮构造分成活动的左右两半，可以相对接近或分离。锥形盘可在液压的推力作用下收紧或张开，挤压钢制传动带，以此来调节V形槽的宽度。当锥形盘向内侧移动收紧时，钢制传动带在锥形盘的挤压下向圆心以外的方向（离心方向）运动，相反会向圆心以内运动。这样，钢制传动带带动的圆盘直径增大，传动比也就发生了连续变化。CVT传动系统由于没有一般自动变速器的传动齿轮，也就没有自动变速器的换档过程，由此带来的换档顿挫感也随之消失，因此CVT变速器的动力输出是线性的，在实际驾驶中非常平顺。同时，CVT的传动系统理论上档位可以无限多，档位设定更为自由，传统传动系统中的齿轮比、速比以及性能、耗油、废气排放的平衡，都更容易达到。CVT传动的机械效率、省油性大大优于普通的自动变速器。CVT无级变速器的结构如图3-4所示。

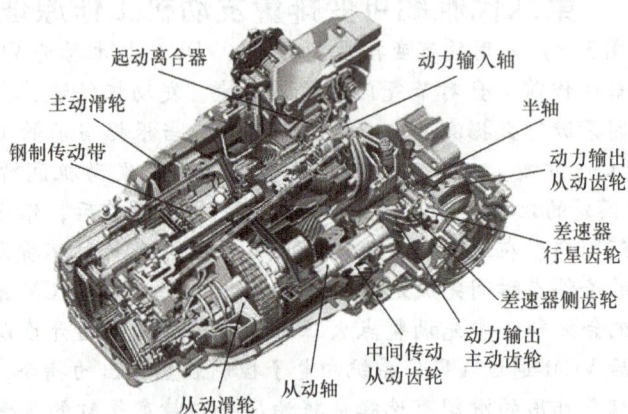

图3-4 CVT无级变速器的结构

（2）CVT无级变速技术的应用 1987年，日本Subaru公司把装备CVT变速器的汽车投放市场，获得成功。欧洲的Ford公司和Fiat公司也将VDT－CVT装备于排量为1.1～1.6L的轿车上。随着技术的发展，能源危机引发全球性的节约能源和环境保护意识的提高，在总结第一代CVT的经验基础上，开发出了性能更佳、转矩容量更大的CVT变速器。当前，全世界各大汽车厂商为了提高产品的竞争力，都大力进行CVT技术的研发工作。现在NISSAN、TOYOTA、FORD、GM、AUDI等著名汽车品牌中，都有配备CVT变速器的轿车销售，全世界CVT轿车的年产量已达到近50万辆。国内日产汽车公司较早开始宣传和应用CVT无级变速技术，其于1992年首次将CVT应用于玛

驰车型。经过多年的创新研发与技术积累，日产汽车的 CVT 可覆盖 0.66～3.5L 的车型，其中东风日产旗下日产品牌车型的 CVT 覆盖率已达到 90%。到 2014 年初，国内将 CVT 技术应用于汽车的品牌及产品众多，如奥迪，飞度，西耶那（帕力奥），东南 V3 菱悦，奇瑞旗下的旗云、A3、新瑞虎、E5、瑞麒 G3、艾瑞泽 7，长城汽车的长城 C30，帝豪 EC7，比亚迪 L3，海马欢动，海马 M3，风神 A60 等。

【案例分析】　基于 CVT 技术的两款车型燃油经济性对比

1. 车型背景

1）全新荣威 550。

排量：1.8L

官方指导价：9.98～18.28 万元

工信部最低油耗：7.7L/100km

全新荣威 550 是上汽集团首款基于 DIS 全数字模拟开发系统的车型，搭载了 Torrento 1.8T 全铝涡轮增压发动机，装备了 TST 6 速油冷双离合自动变速系统、Inkanet 3G 数字智能网络行车系统、Start－Stop 数字智能启停节能系统、EPB 数字智能电子驻车系统、Configurable 色彩自定义数字仪表系统。全新荣威 550 的车身自重达到了 1.5t。

2）日产　轩逸。

排量：1.8L

官方指导价：11.9～16.9 万元

工信部最低油耗：6.2L/100km

轩逸是日产汽车公司开发的一款全球全新车型，英文名为"Bluebird SYLPHY"。车身外形设计流畅飘逸，继承了日产汽车公司中高级轿车天籁和风雅的设计元素，形成一种独具魅力的新时尚风格。轩逸搭载日产汽车公司全新开发的 2.0L 发动机和 CVT 无级变速器，轩逸的车身重量为 1.3t。

2. 对比结论

对比主要通过燃油经济性的相关指标进行。依据前面提供的工信部最低油耗数值，轩逸的经济性优于全新荣威 550。主要原因在于日产轩逸配备了 XTRONIC CVT 无级变速器；另一方面也在于轩逸的车身重量较轻而比较省油。

第四节　车型经济性对比评价实例

目前 SUV 车型在国内销售量逐年上升，可选购的车型也不断增加。本节选取市场上较流行的三款 SUV 车型进行燃油经济性的比较与评价。

一、比对车型的参数配置介绍

表 3-1 为三款 SUV 的燃油经济性对比，其中的数据来自英国车辆认证局（VCA），部分参数配置与国内上市的同款车型存在些许差别。

表3-1　经济性能对比

车型 经济指标	大众途观 2014 款 2.0T 自动四驱版 国内指导价：29.18 万	本田 CR-V 2013 款 2.0 自动四驱版 国内指导价：21.78 万	福特翼虎 2014 款 1.6T 自动四驱版 国内指导价：23.98 万
基本参数			
发动机	2.0T 180 马力 L4	2.0L 155 马力 L4	1.6T 182 马力 L4
变速器	7 速 DSG	5 速自动	6 速自动
驱动形式	全时四驱	适时四驱	适时四驱
整备质量/kg	1720	1576	1717
车身结构	SUV	SUV	SUV
$\frac{长}{mm} × \frac{宽}{mm} × \frac{高}{mm}$	4506 × 1809 × 1685	4550 × 1820 × 1685	4524 × 1838 × 1695
发动机特有技术	TSI	i-VTEC	EcoBoost
燃料类型	汽油	汽油	汽油
环保标准	欧 V	欧 V	欧 V
燃油消耗			
市区油耗/(L/100km)	11.8	10.1	10.2
高速油耗/(L/100km)	6.7	6.2	6.3
综合油耗/(L/100km)	8.6	7.7	7.7

二、要点分析与评价结论

1. 基于车型排量的燃油经济性比较

首先在车型技术特征相同的前提下进行车型的排量比较。一般的规律是排量大的车燃油消耗也较高，燃油经济性也较差。三款车中，大众途观和福特翼虎均采用了增压发动机，比较两车型，大众途观排量为 2.0L，对应的燃油经济性指标为 6.7～11.8L，福特翼虎排量为1.6L，对应的燃油经济性指标为 6.3～10.2L。因此，从经济性角度考虑，大众途观燃油消耗较高，燃油经济较差。

2. 基于车型技术特征的燃油经济性比较

如选购相同排量车型，则一般的规律是采用增压发动机的车燃油消耗较高，燃油经济性较差。三款车中，大众途观和本田 CR-V 的排量均为 2.0L，比较两车型，大众途观采用了增压发动机，对应的燃油经济性指标为 6.7～11.8L，本田 CR-V 采用自然吸气发动机 L，对应的燃油经济性指标为 6.2～10.1L。因此，从经济性角度考虑，大众途观燃油消耗较高，燃油经济性较差。

3. 评价结论

三款车型都为市场上销量较好的车型，从不同考虑基准出发，在选购时主要考虑燃油经济性的情况下，大众途观燃油消耗较高，燃油经济性较差。

本章小结

● 本章介绍了汽车燃油经济性的含义、汽车燃油经济性评价方法及评价指标；汽车燃油经济性试验。

● 本章分析了影响汽车燃油经济性的各种因素及提升汽车燃油经济性的方法。

● 本章列举了影响汽车燃油经济性的新技术以及应用车型；主流车型的参数资料；最后结合实例运用汽车燃油经济性评价方法对车型的燃油经济性进行评价，并对评价要点做了分析与总结。

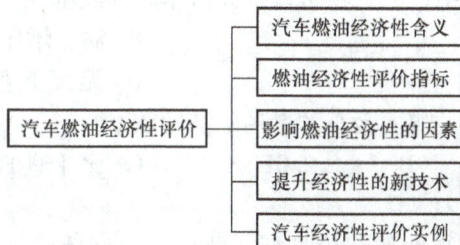

```
                        ┌─ 汽车燃油经济性含义
                        ├─ 燃油经济性评价指标
       汽车燃油经济性评价 ─┼─ 影响燃油经济性的因素
                        ├─ 提升经济性的新技术
                        └─ 汽车经济性评价实例
```

习　题

一、单项选择题

1. 我国和欧洲的耗油量多少，用（　　　）来表示。

A. MILE/GAL   B. L/100km   C. L/10km   D. km/mL

2. 一般厂家宣传达的油耗是汽车在恒速为（　　　）km/h 的等速油耗。

A. 70   B. 80   C. 90   D. 100

3. 汽车燃油经济性的影响因素中属于汽车本身因素的是（　　　）。

A. 挂车的应用   B. 档位选择   C. 行驶车速   D. 发动机

4. 如果汽车经常在城市中使用且时速不超过 80km/h，选择多少排量的车燃油经济性比较合适？（　　　）

A. 5.0L   B. 3.0L   C. 2.4L   D. 1.6L

5. 以下技术中，使汽车燃油经济性相对下降的技术是（　　　）。

A. 可变气缸   B. 涡轮增压   C. 缸内直喷   D. 柴油发动机

6. 一般来说，轿车变速器档位增多，则（　　　）。

A. 动力性下降，燃油经济性下降   B. 动力性下降，燃油经济性上升

C. 动力性上升，燃油经济性下降   D. 动力性上升，燃油经济性上升

7. 以下汽车品牌中采用 VTEC 技术的是（　　　）。

A. 本田   B. 丰田   C. 福特   D. 大众

8. 以下实际车型中采用 VVT-i 技术提高汽车燃油经济性的车型是（　　　）。

A. 锐志2.5   B. 骐达1.6   C. 雅阁3.5   D. 熊猫1.0

二、多项选择题

1. 汽车燃油经济性的评价指标包括（　　　）。

A. 等速百公里油耗　　　B. 汽车油箱容量　　　C. 循环油耗　　　D. 汽车瞬时油耗

2. 影响汽车燃油经济性的因素包括（　　　）。

A. 排量大小　　　　　B. 车身形状　　　　　C. 燃油标号　　　D. 车身质量

3. 以下列举的方法中，哪一项可以提高汽车燃油经济性（　　　）。

A. 提高发动机的功率和转矩　　　　　B. 增加变速器档位

C. 采用流线型车身　　　　　　　　　D. 减小汽车质量

4. 以下列举的新技术中，哪一项可以提高汽车燃油经济性（　　　）。

A. 燃油直喷技术　　　　　　　　　　B. 涡轮增压技术

C. 可变气门技术　　　　　　　　　　D. 无级变速技术

5. 以下列举的车型中，哪两台车的燃油经济性较好（　　　）。

A. 帕萨特 1.8T　　　　B. 轩逸 2.0L　　　　C. 比亚迪 F0　　　D. 宝马 730

三、分析题

1. 试分析汽车燃油经济性的评价指标有哪些，并请针对排量为 1.6L 左右的家用轿车，举例说明汽车燃油经济性的评价指标的大致取值是多少。

2. 试分析影响汽车燃油经济性的汽车自身因素，并结合实例说明提升汽车燃油经济性的方法。

3. 试分析至少两种新技术对汽车燃油经济性的影响，并结合车型实例说明。

模 块 四

汽车安全性评价

知识目标：

- 掌握汽车安全性的评价内容。
- 掌握汽车主动安全性评价内容及反映汽车主动安全性的配置和技术。
- 理解汽车制动性能的评价指标及其影响因素。
- 掌握汽车被动安全性评价内容及反映汽车被动安全性的配置和技术。
- 了解汽车安全性评价规程。

能力目标：

- 能够分析影响汽车安全性方面的主要因素。
- 能够根据汽车安全性评价的主要内容，对具体车型进行汽车安全性能的合理评价。

重点与难点：

- 汽车主动安全性评价内容及被动安全性评价内容。
- 反映汽车主动安全性的配置以及反映汽车被动安全性的配置。

第一节　汽车安全性评价概述

一、汽车安全性的概念

汽车安全性是指汽车以最小的交通事故概率和最少的公害适应使用条件的能力。汽车安全性是汽车的重要使用性能之一，它直接关系到人们的生命和健康，以及汽车和运输货物的完好。汽车安全性也是汽车一系列结构性能的综合体现。随着汽车技术的不断发展和完善，对汽车安全性的要求也越来越高。"安全、节能、环保"已成为当代汽车工业发展的三大主题。当今汽车消费者对购车的使用性能要求中，汽车的安全性是备受消费者关注的一项，成为消费者购车的重要考量因素。

二、道路交通安全性的影响因素分析

汽车在道路交通中的行驶安全性受到诸多因素的影响，这些因素主要包括三大类，分别

如下：

① 汽车自身的安全性能，如汽车配备的安全装置、轮胎状况及磨损现象、照明等。

② 天气、道路和交通状况，如侧向风、铺装路面状况、交通流量等。

③ 驾驶人素质，包含驾驶人的驾驶能力、驾驶习惯及健康状况等。

图4-1所示为道路交通安全性影响因素。

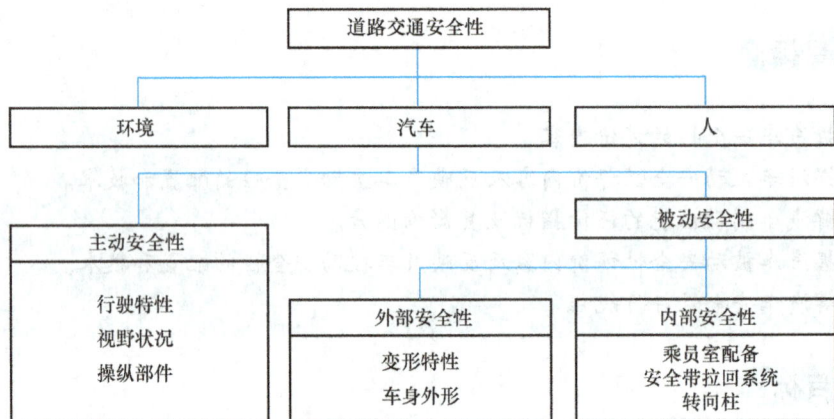

图4-1　道路交通安全性影响因素

提升道路的行车交通安全，可以从上述三个方面的影响因素予以改善。但是，环境的因素是客观的，是无法改变的，因此提升行车安全主要还是要提高驾驶人的素质及改善汽车的安全性能。当前国内外汽车生产企业都在为提高汽车的安全性而不断地进行技术创新，现代汽车的安全性配置和技术日趋先进。

三、汽车安全性的评价内容

一般来说，对汽车自身的安全性来说，可以按照交通事故发生前后分为主动安全性与被动安全性。汽车的主动安全性是指汽车防止事故发生的能力，一般评价的内容包含行驶方面的特性表现（制动性能和操纵稳定性）、视野状况及相关的操纵部件等；汽车的被动安全性是指减轻事故后果的能力，一般评价的内容包含外部安全性（车身外形、变形特性等）、内部安全性（乘员室配置、安全带、转向柱等）。因此，在评价汽车安全性的时候，主要是比较汽车主动安全性和被动安全性的技术配置以及性能表现等。

现今的汽车无论从主动安全性还是从被动安全性而言，都具有非常丰富的配置，包括一些先进的、智能化的电子设备，从而大大改进和提高了汽车的行车安全性。图4-2所示为配备各种安全性系统及部件的汽车。这些系统、部件反映了当今汽车安全系统的技术水平。

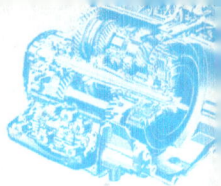

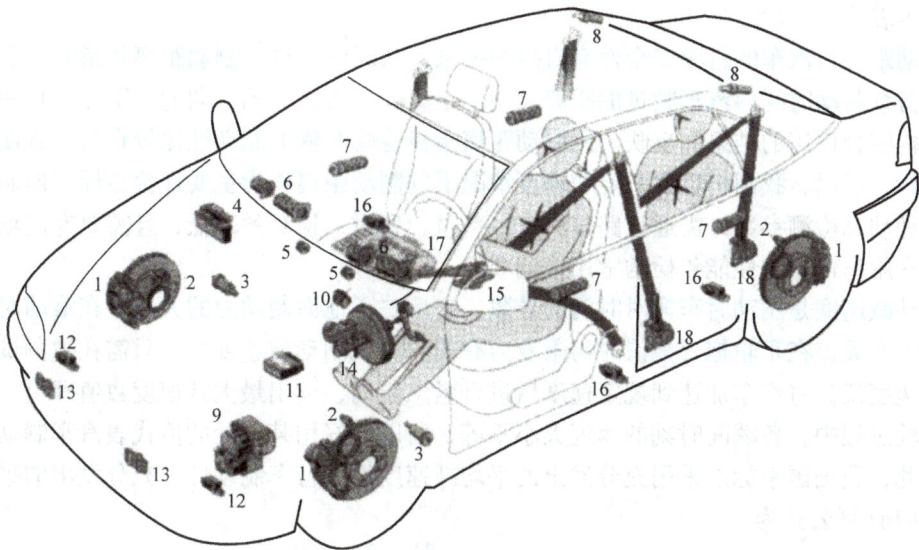

图 4-2　配备安全性系统及部件的汽车

1—盘式车轮制动器　2—车轮转速传感器　3—腿部安全气囊烟火发生器　4—具有 ABS 和 ASR 功能的 ESP 电控单元

5—膝部安全气囊烟火发生器　6—驾驶人和乘员用的两级安全气囊烟火发生器　7—侧安全气囊烟火发生器

8—头部安全气囊烟火发生器　9—ESP 液压调节器　10—转向盘角度传感器　11—安全气囊的电控单元

12—汽车前端部传感器　13—防撞传感器　14—带有主缸和制动踏板的制动助力器　15—驻车制动器操纵杆

16—加速度传感器　17—座椅占用的识别坐垫　18—有安全带收紧器的安全带

第二节　汽车主动安全性评价

一、汽车主动安全性评价内容

汽车的主动安全性是指汽车本身防止或减少公路交通事故的能力，汽车的主动安全性技术和配置越先进，汽车本身预防事故的能力会越强，因此，汽车主动安全性对汽车的整体安全性来说是非常重要的。汽车主动安全性评价的内容比较宽泛，主要包括制动性、操纵稳定性、加速性能、转向性能、照明与信号、前后视野等方面。其中对安全性评价最为重要的是汽车的制动性能以及操纵稳定性，它们在很大程度上直接影响汽车的主动安全性表现。

1. 制动性

制动性是指汽车行驶时，能在短距离内停车且维持行驶方向稳定和在下长坡时维持较低车速的能力。另外，也包括在一定坡道上长时间停放的能力。汽车制动性的好坏，直接关系到汽车的行车安全和运输效率。在紧急情况下，良好的制动性可以化险为夷，避免交通事故；在正常行驶时，良好的制动性可以为汽车动力性的充分发挥起到保障作用。

（1）制动性的评价指标

1）制动效能。指汽车在良好的路面上以一定初速度和规定的踏板力开始制动，在最短

的时间内停车的一种能力。它是制动性最基本的评价指标。一般用制动距离、制动减速度、制动力等表示。

制动距离与汽车的行驶安全性有直接的关系。从时间上讲，制动距离是指制动器起作用时间和持续制动时间内汽车驶过的距离。制动距离的长短，制动方向的偏不偏离是制动系统各个结构综合作用的结果和反映。用制动距离指标检验车辆的制动性比较直观、方便，试验重复性好。所以，我国仍以在一定初速度情况下的制动距离作为主要评价指标。但制动距离作为一种动态检测参数，需通过路试测定，费事、费时，检测效率低，且需要专用场地，不宜作为在用车辆制动性能年检的常用检测项目。

制动减速度是制动时车速对时间的导数。它反映了地面制动力的大小，在滚动时与制动器制动力有关，在车轮抱死拖滑时与附着力有关。测试制动减速度时，只需在被测试汽车上安置加速度仪，将汽车加速到规定速度后进行紧急制动，读出最大减速度数值即可。但由于整个试验过程中，各瞬间时刻的速度大小不等，所以不好用某一处的值代表汽车制动性的好坏，为此，我国国家标准采用充分发出的平均减速度检验行车制动性。充分发出的平均减速度 MFDD 计算公式为

$$MFDD = \frac{v_b^2 - v_e^2}{25.92(S_e - S_b)}$$

式中　　$MFDD$——充分发出的平均减速度（m/s^2）；

　　　　v_0——试验车制动初速度（km/h）；

　　　　v_b——0.8v_0，试验车速（km/h）；

　　　　v_e——0.1v_0，试验车速（km/h）；

　　　　S_b——试验车速从 v_0 到 v_b 之间车辆行驶的距离（m）；

　　　　S_e——试验车速从 v_0 到 v_e 之间车辆行驶的距离（m）。

用制动距离评价汽车制动性只反映了整车的总体性能，不能反映各车轮的制动状况、前后轴制动力分配及左右轮制动力的差别等，不利于制动系统的维修与提高。为此，需要通过制动试验台测定各车轮制动时受到的地面制动力。

2）制动效能的恒定性。指抗热衰退性能和抗水衰退性能，主要是指抗热衰退性能。其中，抗热衰退性能是指汽车高速行驶制动或下长坡制动时随制动器温度升高而保持摩擦力矩不下降的能力。目前，所有制动器都不可避免地存在一定的热衰退，只是程度有所差别。抗水衰退性能，是指汽车涉水后对制动效能的保持能力。水进入制动器后，制动效能会降低，此时，驾驶人应采取一定措施使汽车在短时间内迅速恢复原有的制动效能。

3）制动时汽车的方向稳定性。指制动过程中汽车维持直线行驶，或按预定弯道行驶的能力。影响方向稳定性的因素包括制动跑偏、后轴侧滑或前轮转向能力三种情况。制动时发生跑偏、侧滑或失去转向能力，汽车将偏离给定的行驶路径。因此，常用制动时汽车按给定路径行驶的能力来评价汽车制动时的方向稳定性，对制动距离和制动减速度两指标测试时都要求试验通道有一定的宽度。

制动跑偏的原因主要是左右轮特别是左右转向轮制动力不相等，通过维修和调整可以改善，以致完全消除跑偏现象。

侧滑是指车轮连带车轴的侧向滑移，这常常是由于紧急制动车轮被抱死后，侧向附着系数趋于零，使胎面丧失了抵抗侧滑的能力。只要各车轮制动力与惯性力稍不平衡，车辆就出

现甩尾、回转，完全失去了方向操纵稳定性。一般情况下，若后轴车轮比前轴车轮先抱死拖滑，就可能发生后轴侧滑；前轴车轮比后轴车轮先抱死拖滑或前后轴车轮同时抱死，则能防止后轴侧滑，但前轴车轮抱死后将失去转向能力。因此，从保证汽车方向稳定性的角度考虑，最理想的情况就是防止任何车轮抱死，前后轴车轮都处于滚动状态。

（2）影响制动性的主要因素分析　影响汽车制动性的因素很多。下面主要从车辆结构、道路条件以及使用操作等几个方面简要介绍影响汽车制动性的主要因素。

1）轴间负荷分配的影响。汽车的制动性与汽车的结构及其使用条件有关。诸如汽车轴间负荷的分配、载质量、制动系的结构、利用发动机制动、行驶速度、道路情况、驾驶方法等，均对制动过程有很大影响。

汽车制动时，前轴负荷增加，后轴负荷减小。如果前后轮制动器制动力根据轴间负荷的变化分配，符合理想分配的条件，则前后轮同时抱死。如果前后轮制动器制动力的比例为定值，则只有在具有同步附着系数的路面上，前后轮才能同时抱死。

2）制动力调节和车轮防抱死

① 制动力调节。为了防止制动时后轮抱死而发生侧滑的危险，汽车制动系的前后轮制动器制动力的实际分配线（β线）应当总在理想的前后轮制动器制动力分配曲线（Ⅰ曲线）下方（图4-3）。为了减少前轮失去转向能力的倾向和提高制动系效率，β线越接近Ⅰ曲线越好。如果能按需要改变β线使之达到上述目的，那么这种车辆将比前后轮制动器制动力为固定比值的车辆具有更大的优越性。为此，在现代汽车制动系中装有各种压力调节装置。常见的压力调节装置有限压阀、比例阀、载荷控制比例阀、载荷控制限压阀等。

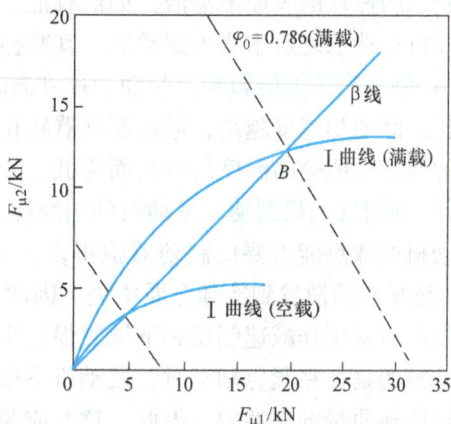

图4-3　车辆的制动力分配曲线

② 车轮的防抱死。采用按理想制动器制动力分配曲线来改变β线的制动系能提高汽车制动时的方向稳定性，且制动系效率也较高。但各种调节装置的β线常在Ⅰ曲线的下方，因此不管在什么性质的路面上制动时，前轮仍将抱死而可能使汽车失去转向能力。另外，汽车的附着能力和运动状况有关。当滑动率 S 为 10% ~ 20% 时，附着系数最大；而车轮完全抱死，S 为 100% 时，附着系数反而下降。一般汽车的制动系，包括装有调节阀能改变β线的制动系都无法利用峰值附着系数，在紧急制动时，常常是利用较小的滑动附着系数使车轮抱死。

为了充分发挥轮胎与地面间的潜在附着能力，全面满足对汽车制动性的要求，采用了多种形式的制动防抱死装置。有了防抱死装置，在紧急制动时，能防止车轮完全抱死，而使车轮处于滑动率为 10% ~ 20% 的状态。此时，纵向附着系数最大，侧向附着系数也很大，使汽车在制动时不仅有较强的抗后轴侧滑能力，保证汽车的行驶方向稳定性，而且有良好的转向操纵性。利用峰值附着系数，也能充分发挥制动效能，提高制动减速度和缩短制动距离。

3）汽车载质量的影响。对于载质量较大的汽车，因前后轮的制动器设计一般不能保证

在任何道路条件下都使其制动力同时达到附着极限，所以汽车的制动距离就会由于载质量的不同而发生差异。实践证明，对于载质量为3t以上的汽车，大约载质量每增加1t，其制动距离平均要增加1.0m。即使是同一辆汽车，在装载质量和方式不同时，由于重心位置变动，也会影响汽车的制动距离。

4）车轮制动器的影响。车轮制动器的摩擦副、制动毂的构造和材料，对于制动器的摩擦力矩和制动效能的热衰退都有很大影响。在设计制造中应选用好的结构形式及材料，在使用维修中也应注意摩擦片的选用。

在制动器张力相同的条件下，制动器摩擦副的摩擦因数越大，制动器所能产生的制动力矩也大。但当制动器摩擦副的摩擦因数下降时，其制动力矩将显著下降，制动性能的稳定性也较差。

制动器的技术状况不仅和设计制造有关，而且和使用维修情况有密切关系。制动摩擦片与制动毂的接触面积不足或接触不均匀，将降低制动摩擦力矩，而且局部接触的面积和部位不同，也将引起制动性能的差异。

制动摩擦片的表面不清洁，如沾有油、水或污泥，则摩擦因数将减小，制动力矩随之降低。如汽车涉水之后水渗入制动器，其摩擦因数将急剧下降20%～30%。

5）制动初速度的影响。制动初速度高时，需要通过制动消耗的能量也大，故制动距离会延长。制动初速度越高，通过制动器转化产生的热量也越多，制动器的温度也越高。制动蹄片的摩擦性能会随温度的升高而降低，导致制动力衰减，制动距离增加。

6）利用发动机制动。发动机的内摩擦力矩和排气损耗可用来作为制动时的阻力矩，而且发动机的散热能力要比制动器强得多。一台发动机，在单位时间内大约有相当于其功率1/3的热量必须散发到冷却介质中去。因此，可把发动机当作辅助制动器。

发动机常用作减速制动和下坡时保持车速不变的惯性制动，一般用上坡的档位来下坡。必须注意的是，在紧急制动时，发动机不仅无助于制动，反而需要消耗一部分制动力去克服发动机旋转质量的惯性力。因此，这时应脱开发动机与传动系的连接。

发动机的制动效果对汽车制动性的影响很大。它不仅能在较长的时间内发挥制动作用，减轻车轮制动器的负担，而且由于传动系中差速器的作用，可将制动力矩平均地分配在左右车轮上，以减小侧滑甩尾的可能性。在光滑的路面上，这种作用显得更为重要。此外由于发动机的制动作用，在行车中可显著地减少车轮制动器的使用次数，对改善驾驶条件颇为有利；同时，又能经常保持车轮制动器处于低温而能发挥最大制动效果的状态，以备紧急制动使用。

7）驾驶技术的影响。驾驶技术对汽车制动性有很大影响。制动时，如能保持车轮接近抱死而未抱死的状态，便可获得最佳的制动效果。经验证明，在制动时，如迅速交替地踩下和放松制动踏板，即可提高制动效果。这是因为，此种状态时车轮边滚边滑，使轮胎着地部分不断变换，避免了由于轮胎局部剧烈发热胎面温度上升而降低制动效果。在紧急制动时。驾驶人如能急速踩下制动踏板，则制动系的协调时间将缩短，从而缩短制动距离。但是，在光滑路面上不可猛烈踩制动踏板，以免因制动力过大而超过附着极限，导致汽车侧滑。

8）道路条件的影响。道路的附着系数 φ 限制了最大制动力，故它对汽车的制动性有很大的影响。当制动的初速度相同时，随着 φ 值的减小，制动距离随之增加。

由于冰雪路面上的附着系数特别小，所以制动距离增大。特别要注意冰雪坡道上的制动

距离，并应利用发动机制动。有计算表明，在冰雪路面上，利用发动机制动的辅助作用可使制动距离缩短20%～30%。

在冰雪路面上制动时方向稳定性变坏，当车轮被制动到抱死时侧滑的危险程度将更大，因此汽车在冰雪路面上行驶时，应加装防滑链。

2. 操纵稳定性

汽车的操纵稳定性是指在驾驶人不感到过分紧张和疲劳的条件下，汽车按照驾驶人给定方向行驶的能力，以及对企图改变其行驶方向的外界干扰的抵抗能力。操纵稳定性对汽车驾驶人体力消耗有较大影响，进而影响汽车行驶安全，特别是汽车高速行驶时的安全。

影响操纵稳定性的因素有三个方面：

(1) 结构参数　轴距、轮距、重心、轮胎、悬架、定位角及转向系统参数。

(2) 使用因素　驾驶人的反应，技术水平，能准确地采取措施，可使汽车处于稳定状态。

(3) 外界干扰　地面不平，横、纵坡，轮胎的附着等。

汽车在行驶中发生纵翻和侧翻事故是常见的稳定性不好的表现。

汽车在纵坡上行驶，如果坡道角大到某种程度，致使重力作用线通过后轮与地面的接触点时，前轮对地面的压力为零，汽车将失去操纵能力，并可能纵翻。

汽车在侧坡上可能会侧翻，在水平路上高速行驶急打转向盘时也可能会侧翻。新车或改装车应做侧翻试验。

3. 加速性能

由于超车时汽车与被超车辆并行，容易发生安全事故，所以超车加速能力强，并行行程短，车辆行驶安全。所以，从安全角度考虑，汽车的加速性能要良好。

4. 转向性能

从安全的角度考虑，汽车转向系统应该具有以下几种情况：转向盘应转动灵活，操纵方便，无阻滞现象；汽车应设置转向限位装置；转向系统在任何操作位置上，不允许与其他部件有干涉现象；汽车转向轮转向后应能自动回正，以使机动车具有稳定的直线行驶能力；汽车在平坦、硬实、干燥和清洁的道路上行驶不应跑偏，其转向盘不应有摆振、路感不灵或其他异常现象；汽车（三轮汽车除外）应具有适度的不足转向特性。

5. 照明与信号

(1) 汽车照明　汽车照明分车外照明和车内照明。

车外照明灯有前照灯、前雾灯、倒车灯、牌照灯等。其中，前照灯主要用来在夜间行车时道路照明。前照灯有远光灯和近光灯之分，远光灯和近光灯的光形必须按要求进行调整，调整时使车头距离屏幕一定距离。若调整不当，容易造成交通事故。在无对方来车的道路上，汽车以较高速度行驶时用远光；近光主要用于会车，防止使迎面来车的驾驶人目眩。前雾灯是为适应有雾区的需要而设置的，通常在保险杠两侧装有两只雾灯。

车内照明灯有室内灯（顶灯）、阅读灯（文件灯）、发动机室灯（工作灯）、行李箱灯、杂物箱灯、仪表照明灯、各种电器和开关的位置灯。这些灯的设置都是为方便驾驶人和乘客的。其中，发动机室灯是用来检查与维修发动机及其他零件照明而设置的；行李箱灯利用装在行李箱后部的撞头开关来自动控制行李箱灯的点亮与熄灭，即在行李箱盖打开或关闭时，灯亮或灭。

GB 7258—2012 规定：机动车的灯具应安装牢靠、完好有效，不允许因机动车振动而松脱、损坏、失去作用或改变光照方向；所有灯光的开关应安装牢固、开关自如，不允许因机动车振动而自行开关；开关的位置应便于驾驶人操纵。

（2）汽车信号系统　为了保证车辆的行驶安全，在汽车上采用了各种信号灯和声响信号，并按其相应法规要求安装在汽车的不同部位，以警告行人和其他车辆注意。

汽车信号分信号灯和声响信号两类。信号灯又分车外信号灯和车内信号灯。

车外信号灯包括转向灯、行车灯、停车灯、示宽灯、制动信号灯等。其中，转向灯是在汽车转向时，驾驶人将其打开，指示转向方向，转向结束时，应立即将其关闭；示宽灯的作用是夜间停靠时指示汽车的宽度，以防与其他车辆相撞；制动信号灯的作用是当汽车在行驶中要减速或停车时，驾驶人踩到制动踏板，接通制动灯开关，使汽车后部的制动灯亮，以便引起后面人的注意。

车内信号灯主要是工作指示信号灯，包括前照灯远光工作指示信号灯、驻车制动指示信号灯、转向指示信号灯、ABS 工作指示信号灯、空调开关指示灯、雾灯工作指示灯、后风窗除霜开关工作指示灯等。

常见汽车声响信号是汽车喇叭和倒车蜂鸣器。喇叭的作用是警告行人和其他车辆驾驶人注意安全。喇叭按使用能源不同，分电喇叭和气喇叭两种，其中气喇叭的声响强度和指向性比电喇叭强，并有一定的余韵，有利于山区的安全行车，城市内一般禁止使用。倒车蜂鸣器是一种间歇发声的小喇叭。当变速器挂入倒档时，倒车开关触点闭合，使倒车灯和倒车蜂鸣器接通，倒车蜂鸣器则按规定的频率蜂鸣。

6. 前后视野

汽车视野分直接视野、间接视野和视野盲区。直接视野是指驾驶人在驾驶位置时不依赖后视镜而直接透过前风窗玻璃、侧向门窗玻璃和后风窗玻璃所能清晰地看到道路的范围大小；间接视野是指驾驶人在左右后视镜和车内后视镜的反射下所能看得到的视野；视野盲区是指驾驶人在驾驶室就座后所不能看到的空间范围。

汽车在运行中，驾驶人必须不断从风窗玻璃和后视镜观察车外情况。通过直接视野可以观察汽车前方的交通情况、交通信号和路面状况，通过间接视野可以观察左右方及后方车辆的状况。由于驾驶人在驾驶过程中 80% 以上的信息要靠视觉得到，听觉及其他感觉仅接收不到 20% 的信息，所以，汽车若是没有良好的视野，要想保证安全是不可能的。而汽车的视野盲区给驾驶人获得信息带来了极大的困难，易造成操作失误而导致交通事故发生。

汽车的前后视野受风窗玻璃、刮水器、风窗玻璃立柱、后视镜视野等的影响。

刮水器是现代汽车必备的部件，其功用是将前风窗玻璃上主要是靠近驾驶人一侧的雨水和霜等刮扫干净，以改善驾驶人的视野性能。为确保良好的视野性能，刮水器系统不仅应有足够的刮扫和除霜能力，而且必须有正确的刮扫和除霜部位。同时，刮扫和除霜区域内不同位置的清晰度要求也是不同的。在驾驶人经常观察的前风窗玻璃区域，对清晰度要求高一些，其他区域清晰度要求相对低一些。

风窗玻璃左侧立柱（左 A 柱）所形成的盲区是汽车前视野盲区中最主要的部分。由于左 A 柱对驾驶人视线的障碍，驾驶人往往要转动眼睛和头部来观察左前方交通情况，因此容易引起疲劳，不利于行车安全。

驾驶人后视镜视野属于间接视野，分为内后视镜视野和外后视镜视野，它与后视镜尺

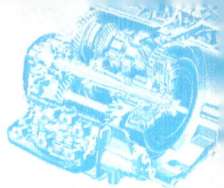

寸、形式、安装位置有关。内后视镜通常为平面镜，外后视镜有平面镜和球面镜两种形式。

二、反映汽车主动安全性的配置及技术

汽车主动安全性系统可在一定程度上避免交通事故的发生，为汽车道路交通安全做出贡献。当下，各大汽车公司在生产的汽车上面都配备有非常先进的主动安全性装置，主要包括防抱死制动系统（ABS）、汽车制动力分配（EBD）系统、驱动防滑控制系统（ASR）、电子稳定程序（ESP）、制动辅助系统（BAS）、胎压监测系统（TPMS）、倒车辅助装置、自适应转向前照灯系统（AFS）等。

1. 防抱死制动系统（ABS）

防抱死制动系统（Anti – lock Braking System, ABS）如图4-4所示，它是通过安装在各车轮或传动轴上的转速传感器等不断检测各车轮的转速，由计算机计算出当时的车轮滑移率（由滑移率来了解汽车车轮是否已抱死），并与理想的滑移率相比较，做出增大或减小制动器制动压力的决定，命令执行机构及时调整制动压力，以保持车轮处于理想的制动状态。因此，ABS能够使车轮始终维持在有微弱滑移的滚动状态下制动，而不会抱死，达到提高制动效能的目的。

图4-4 防抱死制动系统

没有安装ABS的汽车，在行驶中如果用力踩下制动踏板，车轮转速会急速降低，当制动力超过车轮与地面的摩擦力时，车轮就会被抱死，而完全抱死的车轮会使轮胎与地面的摩擦力下降，如果前轮被抱死，驾驶人就无法控制车辆的行驶方向，如果后轮被抱死，就极容易出现侧滑现象。

在遇到紧急情况时，制动踏板一定要踩到底，才能激活ABS，这时制动踏板会有一些抖动，有时还会有一些声音，但也不能松开，这表明ABS开始起作用了。

近几年来，电子技术的迅速发展为ABS的发展和应用提供了良好的机遇。ABS一方面朝着低成本、高可靠性方向发展；另一方面其控制器的功能得到了增强，扩大了使用范围，还扩展了ASR（驱动防滑系统）功能，从而发展成为电控制动系统（Electronic Braking System, EBS）。

EBS主要由气压制动系统和电子控制系统组成。气压制动系统包括制动踏板、储气筒、气压控制阀、气压制动管路和制动气室等。电子控制系统主要包括ECU控制器、各种传感器（如3D力传感器、制动器摩擦片磨损传感器、耦合力传感器等）及电子控制电路等。EBS的特点是：由于使用了电子系统，减少了制动系统机械传动的滞后时间，缩短了制动距离，从而增加了交通安全性。它在低制动强度时，使制动摩擦片磨损最小；在中等制动强度时，利用ABS功能达到最佳的道路附着系数利用率；而在高制动强度时，可以施加最大的制动压力，从而获得最佳的控制制动力。

当前出厂的汽车都必须配备ABS，它已经成为汽车的标准配置，一种必备的主动安全性系统。

2. 汽车制动力分配系统（EBD）

EBD（Electric Brakeforce Distribution）称为电子制动力分配，德文缩写为EBV，所以很

多欧洲车用 EBV 表示，如奥迪 A6、宝来、高尔夫等。EBD 系统发明初期，由于其成本很高，只配备在较高档的汽车中。随着汽车技术的飞速发展，现如今 EBD 系统已在绝大部分的乘用车上得到了广泛使用。

EBD 系统能够根据汽车制动时产生轴荷转移的不同，自动调节前后轴的制动力分配比例，提高制动效能，并配合 ABS 提高制动稳定性。汽车在制动时，四只轮胎附着的地面条件往往不一样。EBD 系统的工作原理恰恰就是用高速计算机在汽车制动的瞬间，分别对四只轮胎附着的不同地面进行感应和计算，得出不同的摩擦力数值，使四只轮胎的制动装置根据不同的情况用不同的方式和力量制动，并在运动中不断调整，使制动力与摩擦力相匹配，从而保证车辆的平稳。实际调整前后轮时，它可依据车辆的重量和路面条件来控制制动过程，自动以前轮为基准去比较后轮轮胎的滑动率（即车辆的实际车速和车轮的圆周线速度之差与车辆实际车速之比），如果前后车轮有差异，而且差异程度必须被调整时，它就会调整汽车制动液压系统，使前、后轮的液压接近理想化制动力的分布。可以说在 ABS 动作之前，EBD 系统已经平衡了每一个轮的有效地面附着力，防止出现后轮先抱死的情况，改善了制动力的平衡并缩短汽车制动距离。

从工作原理来讲，EBD 系统是 ABS 的一个附加作用系统，可以提高 ABS 的效用，共同为行车安全添筹加码。所以在安全指标上，汽车的性能又多了"ABS + EBD"。值得一提的是，即使车载 ABS 失效，EBD 也能保证车辆不会出现因甩尾而导致翻车等恶性事件的发生。同时它还能较大地减少 ABS 工作时的振噪感，不需要增加任何的硬件配置，成本比较低，不少专业人士更是直观地称之为"更安全、更舒适的 ABS"。在车轮轻微制动时，EBD 系统就起作用，转弯时尤其如此，速度传感器记录 4 个车轮的转速信息，电子控制单元计算车轮的转速。如果后轮滑移率增大，则调节制动压力，使后轮制动压力降低。EBD 保证了较高的侧向力和合理的制动力分配。

3. 驱动防滑转控制系统（ASR）

汽车驱动防滑系统（Acceleration Slip Regulation，ASR 或 Traction Control System，TCS），日本车型称为 TRC 或 TRAC，是继 ABS 后采用的一套防滑控制系统，是 ABS 功能的进一步发展和重要补充。ASR 和 ABS 密切相关，通常配合使用，构成汽车行驶的主动安全系统。

ASR 的作用就是防止车辆尤其是大功率汽车在起步、再加速时驱动轮出现打滑现象，以维持车辆行驶方向的稳定性。当汽车行驶在易滑的路面上时，如果没有配备 ASR 加速时驱动轮容易打滑，而如果是后驱动轮打滑，车辆容易甩尾，如果是前驱动轮打滑，车辆方向容易失控。装有 ASR 时的汽车在加速时就不会出现这种现象，或者这种现象不太严重。在转弯时如果发生驱动轮打滑，会导致整个车辆向一侧偏移，但如果车辆装有 ASR 时，就会沿着正确的路线转向。

ASR 可以通过减小节气门开度来降低发动机功率或者由制动器控制车轮打滑来达到对汽车牵引力的控制。装有 ASR 的车上，从加速踏板到汽油机节气门（柴油机喷油泵操纵杆）之间的机械连接被电控节气门装置所代替，当传感器将加速踏板的位置及轮速信号传送至控制单元时，控制单元就会产生控制电压信号，伺服电动机依据此信号重新调整节气门的位置（或者柴油机操纵杆的位置），然后将该位置信号反馈至控制单元，以便及时调整制动器。

总之，ASR 可以最大限度利用发动机的转矩，保证车辆起动、加速和转向过程中的稳

定性。ASR 与 ABS 的区别在于，ABS 是防止车轮在制动时被抱死而产生侧滑，而 ASR 则是防止汽车在加速时因驱动轮打滑而产生侧滑，ASR 是在 ABS 基础上的扩充，两者相辅相成。

ASR 一般只安装在一些中高级轿车上面，如奥迪、宝马、奔驰等车型，但是因为 ASR 与 ABS 包含着性能及技术上的贯通，所以有望近几年 ASR 变得与 ABS 一样普及。

4. 电子稳定程序（ESP）

电子稳定程序（Electronic Stability Program，ESP），是由德国博世公司开发的一项汽车主动安全性系统。它综合了 ABS、BAS 和 ASR 三个系统，功能更为强大。

在 ABS、BAS 及 ASR 三个系统的共同作用下，ESP 最大限度地保证汽车不跑偏、不甩尾、不侧翻。据统计，有 25% 导致严重人员伤亡的交通事故是由侧滑引起的，更有 60% 的致命交通事故是因侧面撞击而引起的，其主要原因就是车辆发生了侧滑，而 ESP 能有效降低车辆侧滑的危险，从而降低交通事故的数量以拯救生命。图 4-5 所示为装有 ESP 和没有装 ESP 的行车轨迹对比。

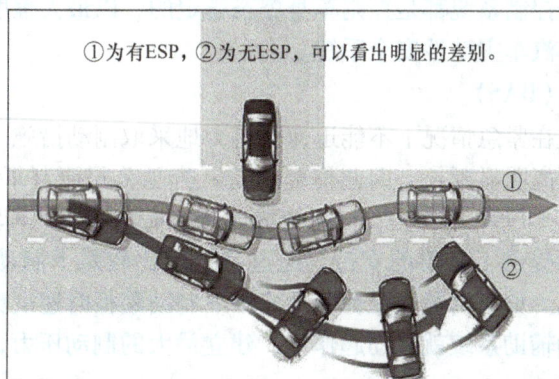

①为有ESP，②为无ESP，可以看出明显的差别。

图 4-5 有无 ESP 的行车轨迹对比

ESP 一般包括转向盘传感器、轮速传感器、摇摆运动感应器（侧滑传感器、横向加速度传感器）、ESP 电子控制单元、发动机 ECU 等，如图 4-6 所示。在汽车行驶过程中，转向盘传感器感知驾驶人转弯方向和角度，轮速传感器感知车速、节气门开度和转速力矩，而摇摆运动感应器则感知车辆的倾斜度和侧倾速度。ESP 电子控制单元了解这些信息之后，通过计算判断汽车要正常安全行驶和驾驶人操纵汽车意图的差距，然后发出指令，调整发动机的转速和车轮上的制动力，从而修正汽车的过度转向或转向不足，

图 4-6 ESP 的组成
1—ESP 电子控制单元 2—轮速传感器 3—转向盘传感器
4—摇摆运动感应器 5—发动机 ECU

以避免汽车打滑、转向过度、转向不足以及抱死，从而保证汽车的行驶安全。ESP 有三种类型：能向 4 个车轮独立施加制动力的四通道或四轮系统；能对两个前轮独立施加制动力的双通道系统；能对两个前轮独立施加制动力和对后轮同时施加制动力的三通道系统。

ESP 可以实时监控汽车行驶状态，必要时可自动向一个或多个车轮施加制动力，以保持汽车在正常的车道上运行，甚至在某些情况下可以进行 150 次/s 的制动。如前所述，它还可以主动调控发动机的转速并可调整每个轮子的驱动力和制动力，以修正汽车的过度转向和转向不足。ESP 还有一个实时警示功能，当驾驶人操作不当和路面异常时，它会用警告灯警示驾驶人。

ESP 主要应用于一些高端车型，如奔驰、奥迪等，在欧盟地区，新车 ESP 装备率已达 35%，而国内的新车 ESP 装备率只有 3%。随着人们对车辆安全性的要求日益提高，ESP 将会被越来越多的车辆所应用。目前一些中级车型上也装配有 ESP，如大众迈腾、PASSAT、斯柯达明锐、雪铁龙 C5 等，有些车型虽然没有装配 ESP，但也把 ESP 作为选配装置。

与 ESP 功能相似的还有宝马公司开发的 DSC（Dynamic Stability Control）系统，称为动态稳定控制系统；日本本田公司开发的 VSA（Vehicle Stability Assit）系统，称为车身稳定辅助控制系统；日本丰田公司开发的 VSC（Vehicle Stability Control）系统，称为车身稳定控制系统。上述这些电子控制系统都是控制车身姿态稳定的，以最大程度的保证车辆的行车安全，是当前比较先进的汽车主动性安全系统。

5. 制动辅助系统（BAS）

由于大多数驾驶人在紧急情况下不能迅速而有力地采取制动措施，制动系统的最佳性能不能得到发挥，制动距离明显延长，因此梅赛德斯－奔驰公司研制了制动辅助系统（Brake Assist System，BAS）。从 1997 年开始，该系统成为所有梅赛德斯－奔驰轿车的标准装配。

BAS 为有效的制动提供了必要的支持。通过持续地比较踩下制动踏板的速度，系统就会识别出紧急制动情况。如果驾驶人受惊吓反应踩下制动踏板时速度比在控制单元中储存的正常值要快，那么制动辅助系统就自动起作用，建立最大的制动压力，使制动减速度很快上升到最大值。

和 ABS 一样，BAS 也集成在 ESP 中。为了调节制动压力，该系统使用了 ESP 技术，这样就不需要额外的部件了。一个传感器持续记录制动踏板被踩下的速度，并把这些数据传送给电子控制单元。由于 ABS 还一直在精确地计量制动力，并与打滑极限值做着比较，因此在自动辅助紧急制动情况下，车轮也避免了抱死，使汽车可保持在控制之下。如果驾驶人把脚从制动踏板上移开，那么自动助力装置就立即断开。

6. 胎压监测系统（TPMS）

胎压监测系统（Tire Pressure Monitoring System，TPMS），可以通过记录轮胎转速或安装在轮胎中的电子传感器，对轮胎的各种状况进行实时自动监测，能够为行驶提供有效的安全保障。

胎压监测系统可分为两种：一种是间接式胎压监测系统，它是通过轮胎的转速差来判断轮胎是否异常；另一种是直接式胎压监测系统，它通过在轮胎里面加装四个胎压监测传感器，在汽车静止或者行驶过程中对轮胎气压和温度进行实时自动监测，并对轮胎高压、低压、高温进行及时报警，避免因轮胎故障引发的交通事故，以确保行车安全。

间接式轮胎压力监测系统又称为 WSB TPMS，它需要通过汽车胎压监测的 ABS 防抱死系统的轮速传感器来比较轮胎之间的转速差别，以达到监测胎压的目的。ABS 通过轮速传感器来确定车轮是否抱死，从而决定是否启动防抱死制动系统。当轮胎压力降低时，车辆的重量会使轮胎直径变小，车速就会产生变化。车速变化就会触发 WSB 的报警装置，从而提

醒驾驶人注意轮胎胎压不足。因此间接式的 TPMS 属于被动型。

直接式轮胎压力监测系统又称为 PSB TPMS，它是利用安装在轮胎上的压力传感器来测量轮胎的气压和温度，利用无线发射器将压力信息从轮胎内部发送到中央接收器模块上的系统，然后对轮胎气压数据进行显示。当轮胎出现高压、低压、高温时，系统就会报警提示驾驶人。并且驾驶人可以根车型、用车习惯、地理位置自行设定胎压报警值范围和温度报警值。因此直接式的 TPMS 属于主动型。世界上最主流的胎压监测系统为英国 SCHRADER TPMS，因其性能稳定、精确度高、灵敏度强而深受车主青睐。

直接式胎压监测系统可以提供更高级的功能，随时测定每个轮胎内部的实际瞬时压力，很容易确定故障轮胎。间接式胎压监测系统造价相对较低，对于已经装备了四轮 ABS（每个轮胎装备 1 个轮速传感器）的汽车，只需对软件进行升级。但是，间接式胎压监测系统没有直接式系统准确率高，它根本不能确定故障轮胎，而且系统校准极其复杂，在某些情况下该系统会无法正常工作，如同一车轴的两个轮胎气压都低时。

7. 倒车辅助系统

倒车辅助系统（Parking Assist System）以图像、声音的直观形式告知驾驶人车与障碍物的相对位置，解除因后视镜存在盲区带来的困扰，从而为驾驶人倒车泊车提供方便，消除安全隐患。

一般在中级车及以上车型才会配置倒车辅助系统。倒车辅助系统并不神秘，只要 DVD 主机或导航主机带有 AV 输入，即可实现。一般专车专用可视倒车系统要求比较高，防水等级、图像传感器、信号制式、有效像素、水平清晰度、角度、照度等参数都有相对的数值要求，当然倒车影像也更加清晰精准。

8. 自适应转向前照灯系统（AFS）

自适应转向前照灯系统（AFS），能够根据汽车转向盘角度、车辆偏转率和行驶速度，不断对前照灯进行动态调节，适应当前的转向角，保持灯光方向与汽车的当前行驶方向一致，以确保对前方道路提供最佳照明并对驾驶人提供最佳可见度。它能够根据行车速度、转向角度等自动调节大灯的偏转，以便能够提前照亮"未到达"的区域，提供全方位的安全照明，从而显著增强了黑暗中驾驶的安全性。在路面无（弱）灯或多弯道的路况中，扩大驾驶人的视野，而且可提前提醒对方来车。

配备自适应转向前照灯系统能够使光线的分布与车辆的转向角相适应，以便在迎面而来的转弯和岔路口能够得到最佳的照明。光线的这一显著增强能够降低驾驶人的紧张度和疲劳感，并且能提高障碍物的可见度；而这些障碍物是固定光束的前照灯甚至无法照到的。有研究表明，当车辆转弯时，旋转光束前照灯使得驾驶人凝视点的照明度提高了 300%。自适应转向前照灯系统目前还属于高端配置，通常只在高级车型上才配置。对于经常夜间行车的驾驶人而言，自适应转向灯系统是非常有效的提高安全保护的装备。

第三节　汽车被动安全性评价

被动安全性是指发生车祸后，汽车本身减轻人员受伤或货物受损的能力。被动安全性分为汽车外部安全性和汽车内部安全性。

一、汽车被动安全性的评价内容

1. 汽车外部安全性

汽车外部安全性包括一切旨在减轻事故中汽车对行人、自行车和摩托车乘员的伤害而专门设计的与汽车有关的措施。决定汽车外部安全性的因素为：发生碰撞后汽车车身变形的形态；汽车车身外部形状。

汽车的外部结构中，保险杠是一个关键部件，法规要求一切在公路上行驶的车辆前、后均应装有保险杠。设计合理的保险杠能降低事故中人员的伤亡，从减轻事故中人员受伤程度看，行人与保险杠的碰撞部位在膝盖以下为好，希望保险杠降低。但保险杠过低，会加大头部在发动机罩或风窗玻璃上的撞击速度。所以保险杠高度为 330～350mm 是合适的，可以保证大部分行人的碰撞部位发生在膝盖以下。保险杠应该没有尖角和突出部位，还要适当软化保险杠的防护结构，包括：减轻行人受伤的软表层，主要由弹性较大的泡沫塑料制成；能吸收汽车一部分撞击能量的装置，如金属构架、塑料或半硬质橡胶的缓冲结构、液压或气压装置等。

除保险杠外，从安全角度考虑，发动机罩前端圆角半径应大些，高度应低一些，风窗玻璃的倾角应小一些。在车辆头部撞击区要求妥善软化，并且取消突出部位，如刮水器在停止状态时应位于发动机罩下，不设雨沿等。

2. 汽车内部安全性

汽车内部安全性包括事故中使作用于乘员的加速度和力降低到最小；在事故发生后提供足够的生存空间，以及确保那些对车辆中营救乘员起关键作用的部件的可操作性等有关措施。轿车内部安全性的决定因素是车身的变形状态、安全带的约束、安全气囊的缓冲、车内饰的软化及阻燃、风窗玻璃的强度、仪表板的软化、转向柱的弯曲和溃缩等。

（1）安全车身　根据碰撞安全性的要求，车身要有一定刚度，具体为乘客舱具有较大的刚度，而头部和尾部等离乘员较远的部位的刚度相对较小。要求乘客舱具有较大的刚度的目的是碰撞时乘客舱变形小，给车内的乘员足够的生存空间。乘客舱刚度的保证措施：一是局部加强方法，如加固底板、前围板、后围板、立柱、门和窗框的拐角部位；二是考虑整个车身结构受力方法，使乘客舱构件合理布置，尽量少承受弯曲载荷，尽可能承受压缩或拉伸，这是因为杆件或梁在弯曲时变形较大而在拉伸或压缩时变形较小。

头部、尾部等部位刚度较小的目的是碰撞时能产生较大变形而吸收撞击能量。头部、尾部等部位刚度较小的处理方法：一是在粗大的构件或强固的部件上开孔或开槽来削弱刚度；二是改变构件形状，使其在碰撞时承受弯曲载荷，如前纵梁设计成弯折形或 Z 字形。

（2）限制乘员位移。在限位装置中，最简单、有效的是安全带。轿车驾驶人和前排乘客多用三点式安全带，后排乘客或载货汽车、大客车乘员也有用腰部安全带的。只要拉伸速度超过设计速度安全带的锁紧装置就可以把安全带紧固。而在正常行驶时，安全带可以任意伸长而不妨碍驾驶人的操作和乘员的基本活动。

安全气囊是辅助约束系统，是安全带的辅助装置。目前，家用轿车至少安装有一个以上的安全气囊。如果有一个安全气囊，一般位于转向盘上，可减少正面撞车时对驾驶人的碰撞。有的车上，前排乘员座的工具箱上也装有安全气囊。还有的为防止侧撞，在车上装有侧

向安全气囊。

根据有关机构统计，在所有可能致命的车祸中，如果正确使用安全带，可以挽救约45%的生命；如果同时使用安全气囊，这一比例将上升到60%。

另外，现代汽车上，门锁和门铰链应有足够的强度，能同时承受纵、横两个方向的撞击载荷而不致使车门开启，避免了乘员被甩出车外而受重伤或死亡的危险。但在事故结束后，门锁应不失效，车门能被打开。目前，在汽车上广泛使用的是转子卡板式门锁，它可同时承受纵、横向载荷。

（3）消除车内部件致伤因素　在乘坐区设计时必须保证在乘员幸存空间内没有致伤部件。所以，在现代汽车驾驶室内部，一切可能受人体撞击的构件都应避免采用尖角、凸棱或采用小圆弧过渡的形状，而且驾驶室内应广泛采用软材料包垫。驾驶室内软化不仅是为了满足舒适性的要求，更重要的是为了满足安全防护性能的要求。

仪表板下部和转向盘引起伤害的事故频率较高。仪表板下部应安装膝部缓冲垫。转向盘可采用弹性有波纹的结构，并且盘缘可以变形，转向柱能弯曲或伸缩。

发生事故时，乘员头部往往撞击风窗玻璃或侧窗玻璃而受伤，并且玻璃碎片还会使脸部和眼睛受伤。因此，汽车玻璃应采用钢化玻璃或夹层玻璃，前风窗玻璃一般普遍采用安全性最好的夹层玻璃。

二、反映被动安全性的配置和技术介绍

1. 安全气囊

安全气囊的功能是当车辆发生碰撞事故时减轻乘员的伤害程度，避免乘员发生二次碰撞，或车辆发生翻滚等危险情况下被抛离座位。它属于汽车非常重要的被动安全系统配置。

安全气囊设置在车内前方（驾驶位和前排乘员位），侧方（车内前排和后排）和车顶三个方向。装有安全气囊系统的容器外部都印有"Supplemental Inflatable Restraint System"（简称SRS）的字样，直译成中文为"辅助可充气约束系统"。

安全气囊系统由以下几个主要部分构成：传感器、控制器、气体发生器和气囊，如图4-7所示。

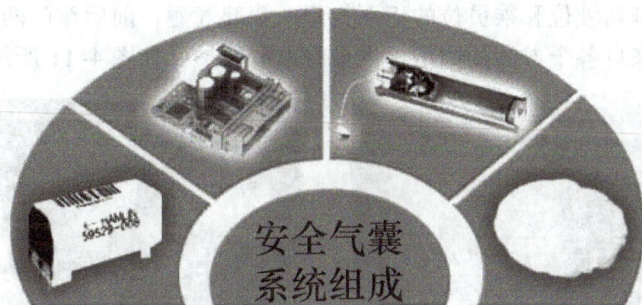

图4-7　安全气囊系统的组成

汽车行驶过程中，传感器系统不断向控制装置发送速度变化（或加速度）信息，由控制装置（中央控制器ECU）对这些信息加以分析判断，如果所测的加速度、速度变化量或

其他指标超过预定值（即真正发生了碰撞），则控制装置向气体发生器发出点火命令或由传感器直接控制点火，点火后发生爆炸反应，产生氮气或将储气罐中压缩氮气释放出来充满碰撞气囊。乘员与气囊接触时，安全气囊系统通过气囊上排气孔的阻尼吸收碰撞能量，达到保护乘员的目的，如图 4-8 所示。

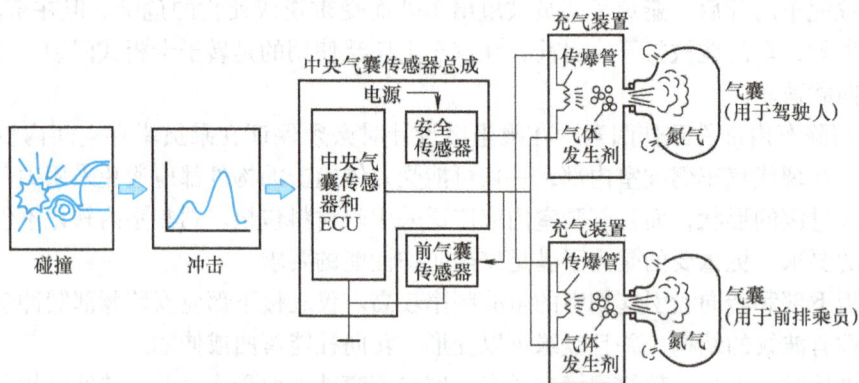

图 4-8　安全气囊系统的工作原理

安全气囊是安全气囊系统一个辅助保护设备，它是用带橡胶衬里的特种织物尼龙制成的，工作时用无害的氮气填充。在发生碰撞时，安全气囊充气大约需要 0.03s。非常快的充气速度可确保当乘员的身体被安全带束缚不动而头部仍然向前行进时，安全气囊能及时到位。在头部碰到安全气囊时，安全气囊通过气囊表面的气孔开始排气。气体的排出有一定的速率，确保人的身体部位缓慢地减速。由于安全气囊弹开充气的速度可高达 320km/h，碰撞时如果人的乘坐姿势不正确，将给人带来严重的伤害。

在国内生产的中低档轿车中，标配的气囊个数是 1~2 个，一般都是在车辆的驾驶位和副驾驶位各一个，在车辆发生猛烈撞击时对前排成员胸部和脑部实施有效的保护，如图 4-9 所示。在一些中档的 B 级车中，一般都会装有四个气囊，即除了位于驾驶位、副驾驶位的两个外，侧面车门内也装有两个，有效地缓冲了来自前方和侧面的强大冲击力，如图 4-10 所示。在一些高档车中，像以安全性著称的沃尔沃 RX270 车型中，全车配备了 12 个安全气囊，分别是车内前排驾驶位和乘员位的正面气囊、膝部气囊，前后车门两侧的侧气囊，以及侧窗处的气帘，对来自各个方向的撞击提供最有效的保护，如图 4-11 所示。

图 4-9　两个安全气囊的安装位置

图 4-10　四个安全气囊的安装位置

当前，安全气囊系统有两种发展趋势。美国和日本的汽车公司正在努力增大气囊尺寸来保护乘员。而欧洲一些汽车制造公司，如奔驰汽车制造公司、宝马汽车制造公司和沃尔沃汽车制造公司等则认为，安全气囊本身绝不是保障乘员的"灵丹妙药"，它必须在一个统一的汽车被动安全系统中才能有效地发挥作用，在这个系统中，一定要具备紧缩式安全带、结构可靠的座椅、儿童专用座

图 4-11　沃尔沃 RX270 车型的安全气囊位置

椅和一系列其他部件；而且，最好在车身结构设计开始时就考虑到这个安全系统所有必需的组成部件的安装。

未来安全气囊系统的智能化发展，还包括集成了先进的传感器技术和信息处理技术，可在事故发生的短暂时间内提供可靠的碰撞环境方面的信息。这些信息包括汽车碰撞的剧烈程度，碰撞的形式（正碰撞或侧碰撞等），乘员的身材、体重、乘坐位置和乘坐姿态，以及乘员是否系有安全带等。智能安全气囊系统根据探测到的信息，通过其电子控制系统的计算分析，决定安全气囊何时及以何种程度展开，从而对乘员提供最优化的保护。

2. 汽车安全带

汽车安全带就是在汽车上用于防止乘客以及驾驶人在车身受到猛烈打击时被安全气囊弹出时伤害的装置，如图 4-12 所示。

汽车安全带装置里面有一个卡轮，如果快速地拉动安全带，如在发生车祸的情形下，里面的卡子会由于安全带滚轮的快速转动而被离心力带出，迅速将安全带锁死，把座位上的人员固定在椅子上。待冲击峰值过去，或者人已经受到安全气囊的保护时，安全带就会放松以免压伤人的肋骨。汽车安全带装置正是通过以上一系列的动作来保证驾乘人员安全的。

图 4-12　汽车安全带

汽车安全带技术发展到今天，主要包括预紧器、力道限制器，以及三点式或四点式的组合等。在撞击的时候，预紧器可以把安全带拉紧，防止由于松懈而带来会造成身体伤害的位移。撞击结束后，力道限制器可以使安全带略微松弛，以减轻对车内乘员的压力。

三点式安全带（图 4-13）可束住乘客的胸腔和大腿前部，在微型轿车中可以将对前、后座乘客的严重伤害都可减少44%（与不系安全带的乘客相比）。如果跟横向安全带相比，对后座乘客的严重伤害可以减少15%。更重要的是，前座乘客使用三点式安全带而不是横向安全带，对乘客腹部和头部的伤害将分别可以减少52%和47%。

典型的四点式安全带（图 4-14）包括两条竖向的吊带，可以束住车内乘员的胸腔，并在底部与横向安全带扣接。四点式安全带已经在赛车上使用了很多年，其设计的出发点是在汽车发生滚翻时，四点式安全带可以将撞击力更均匀地分散掉，同时还可以将乘员牢牢地固定在座椅上。

75

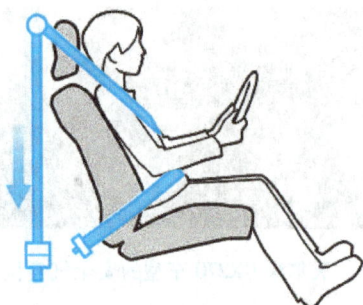

图 4-13　三点式安全带

图 4-14　四点式安全带

预紧式安全带（Pretensioner Seat Belt）也称预紧式安全带，如图 4-15 所示。这种安全带的特点是当汽车发生碰撞事故的一瞬间，乘员尚未向前移动时，它会首先拉紧织带，立即将乘员紧紧地绑在座椅上，然后锁止织带防止乘员身体前倾，有效保护乘员的安全。预紧式安全带中起主要作用的卷收器与普通安全带不同，除了普通卷收器的收放织带功能外，还具有当车速发生急剧变化时，能够在 0.1s 左右内加强对乘员的约束力，因此它还有控制装置和预拉紧装置。

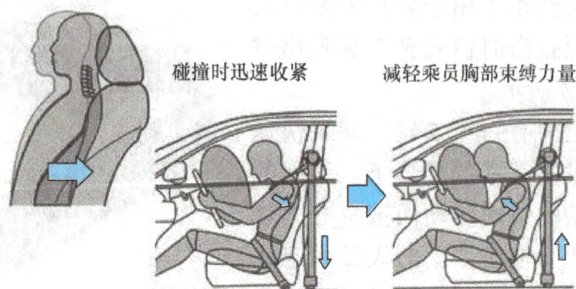

碰撞时迅速收紧　　　　减轻乘员胸部束缚力量

图 4-15　预紧式安全带

3. 车身结构

（1）丰田 GOA 车身　GOA（Global Outstanding Assessment）是由丰田汽车公司研发的一种车身技术。丰田 GOA 车身结构如图 4-16 所示。当车辆发生不可避免的碰撞时，这种车身可将撞击力吸收和分散，从而尽量保证乘员舱不变形，最大限度地保证车内乘员的安全。丰田 GOA 车身的核心技术是具有高强度乘员舱和冲击能量高效吸收能力的车身结构，这一核心技术的基础便来自于经典的"吸能分散"概念。

图 4-16　丰田 GOA 车身结构

要达到"吸能分散"的目的，不仅仅需要车身结构的优化设计，在车身结构部件上还

需要采用强度更高的高强度钢板来起到抑制变形和传递能量的作用。丰田汽车公司的车型100%采用高强度钢板（强度 > 210MPa），如凯美瑞车型的车身采用的钢板强度最低为270MPa，最高为980MPa。

（2）日产 ZONE BODY　日产汽车公司的 Zone Body（区域车身）体现了"碰撞能量分散与吸收"的原理，通过车身结构的优化使得碰撞时产生的能量可以沿着预设的方向向车身分散且被吸收，如图 4-17 所示。

新天籁车型的车身底板增加了六条由超高强度钢制成的分散轨道，确保撞击能量的快速分散与吸收，从而大幅降低对乘员舱的冲击，使乘员舱不会发生严重的变形。新天籁车型的前围板、侧围板、A 柱、B 柱、底板加强横梁等关键车身部件均采用 550MPa 屈服强度以上的超高强度钢，如图 4-18 所示。

图 4-17　日产天籁 ZONE BODY 车身结构

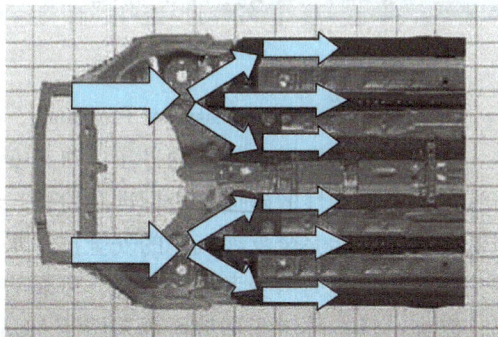

图 4-18　日产新天籁车型的车身底板结构

（3）本田 ACE 车身　本田汽车公司的 ACE 车身结构核心在于前部吸能区设计的两个独特的 Y 字形结构，它可以有效地将正面撞击的能量进行均匀分配，将冲击力更好地吸收到车辆上部和下部的车身结构中，并进一步将力沿着车身结构导开，如图 4-19 所示。

传统车身结构　　第八代思域 ACE车身结构

CIVIC

图 4-19　本田思域车型的 ACE 车身结构

本田思域车型的车身底板配备了六条由 590MPa 高强度钢制成的分散轨道，确保撞击能量的快速分散与吸收，并且受力较大的前纵梁分散轨道的末端与后部车身的侧围相连。

（4）大众车系激光焊接技术　激光焊接运用于汽车可以降低车身重量、提高车身的装配精度、增加车身的刚度。目前的汽车工业中，激光技术主要用于车身焊接和零件焊接。其中车身焊接主要指车身框架结构的焊接，如顶盖与侧面车身的焊接。应用激光焊接技术，可以减小连接工件之间的接合面宽度，既降低了板材使用量，也提高了车体的刚度，极大提高了安全性。用激光焊接零部件，焊接部位几乎没有变形，焊接速度快，而且不需要焊后热处理，常用于变速器齿轮、气门挺杆、车门铰链等。

宝马、奥迪、奔驰、保时捷等一些豪华车上基本都采用激光焊接技术，而一汽大众全系轿车都采用了激光焊接技术，从全新捷达车型到新 CC 车型，激光焊接技术全面覆盖。图 4-20 所示为大众迈腾车身，采用激光焊接技术，焊缝总长度达到 42m，加强了车身的强度。

迈腾轿车的车顶与两侧围采用激光焊接。

图 4-20　大众迈腾车身

三、新车碰撞安全评价标准

1. NCAP 简介

NCAP（New Car Assessment Program），即新车评价规程。

随着社会的发展和技术的进步，汽车安全性比以往更加受消费者关注。虽然各国对新上市汽车都有强制性的碰撞安全标准和检验，但是这些规定仅是国家对汽车产品碰撞安全性的最低要求，不能完全反映汽车的安全技术水平和给消费者提供汽车产品安全性的准确和详细的信息。为了能为消费者提供准确、可靠的信息，同时鼓励生产者提高其产品的安全性，美国、欧洲、日本等国家和地区都采用了 NCAP 体系，由一个权威的机构或行业组织定期对市场上的新车进行比政府制定的安全法规更严格的碰撞试验。通过在更严重的碰撞环境下评价车内乘员的伤害程度，根据头部、胸部、腿部等主要部位的伤害程度将试验车的安全性进行分级。

NCAP 不是国家强制性试验，但由于它影响广泛、标准严格、试验规范、权威公正、直接面向消费者公布试验结果，因而能够反映汽车的实际安全水平。因此，各大汽车企业都非常重视 NCAP，把它作为汽车开发的重要评估依据。

这些规程中公认的最为严格的，是欧盟实施的 EURO - NCAP。该规程规定的测试包括正面碰撞和侧面碰撞两部分，正面碰撞速度为 64km/h，侧面碰撞速度为 50km/h。碰撞测试成绩用星级"★"表示，共有五个星级，星级越高表示该车的碰撞安全性能越好。

★★★★★称为五星级，表示乘员严重伤害的概率不大于 10%。

★★★★称为四星级，表示乘员严重伤害的概率为 11%～20%。

★★★称为三星级，表示乘员严重伤害的概率为 21%～35%。

★★称为二星级，表示乘员严重伤害的概率为 36%～45%。

★称为一星级，表示乘员严重伤害的概率不小于 46%。

国际大品牌车型在国外一般都有原型车，进入中国后的改动通常不涉及车身结构，因此 EURO - NCAP 成绩是衡量车辆安全性的一个权威指标。仅以目前中国市场上主流紧凑车型为例，东风标致 206、上海大众新 Polo 的原型车都通过了 EURO - NCAP 测试，并取得了四星级的成绩。

2. C - NCAP 简介

中国汽车技术研究中心在深入研究和分析国外 NCAP 的基础上，结合我国的汽车标准法

规、道路交通实际情况和车型特征，并进行广泛的国内外技术交流和实际试验，确定了C－NCAP的试验和评分规则。与我国现有汽车正面和侧面碰撞的强制性国家标准相比，不仅增加了偏置正面碰撞试验，还在两种正面碰撞试验中在第二排座椅增加假人放置，以及更为细致严格的测试项目，技术要求也非常全面。C－NCAP对试验假人及传感器的标定、测试设备、试验环境条件、试验车辆状态调整和试验过程控制的规定都要比国家标准更为严谨和苛刻，与国际水平一致。

C－NCAP规定将在市场上购买的新车型按照比我国现有强制性标准更严格和更全面的要求进行碰撞安全性能测试，评价结果按星级划分并公开发布，旨在给予消费者系统、客观的车辆信息，促进汽车生产企业按照更高的安全标准开发和生产，从而有效减少道路交通事故的伤害及损失。C－NCAP要求对一种车型进行车辆速度为50km/h与刚性固定壁障100%重叠率的正面碰撞、车辆速度为56km/h与可变形壁障40%重叠率的正面偏置碰撞、可变形移动壁障速度为50km/h与车辆的侧面碰撞等三种碰撞试验，如图4-21～图4-23所示，根据试验数据计算各项试验得分和总分，由总分多少确定星级。评分规则非常细致严格，星级最低为1，最高为5＋，见表4-1。图4-24所示为根据C－NCAP规程对新威驰车型的评级情况。

图4-21　正面100%碰撞

图4-22　正面40%碰撞

图4-23　侧面碰撞

表 4-1　C – NCAP 规定的星级划分

总分	星级
≥50 分	5 +（★★★★★☆）
≥45 分且 <50 分	5（★★★★★）
≥45 分且 <50 分	4（★★★★）
≥30 分且 <40 分	3（★★★）
≥15 分且 <30 分	2（★★）
<15 分	1（★）

图 4-24　根据 C – NCAP 规程对新威驰车型的评级情况

第四节　汽车安全性对比评价实例

一般对汽车安全性的对比评价，主要包括主动安全性和被动安全性两个方面。其中，主动安全性评价主要是对比车辆的一些主动安全性配置及技术，这些配置主要包括 ABS、EBD、制动器形式、动态稳定控制系统、紧急制动辅助系统、牵引力控制系统等；被动安全性评价主要是对比车辆的被动安全配置水平以及碰撞安全性。下面以上海大众斯柯达昊锐、一汽马自达睿翼、东风雪铁龙 C5、上海通用别克君威四款同级别的 B 级车型为例进行安全性对比评价。

一、四款车型各自的安全性评价

1. 上海大众斯柯达昊锐（图 4-25）

图 4-25　上海大众斯柯达昊锐

（1）主动安全性配置（表4-2）

表4-2 上海大众斯柯达昊锐主动安全性配置

制动器类型	通风盘/盘
ABS + EBD	标配
驱动防滑	标配
ESP	部分车型配置
轮胎气压监测系统	标配
坡道辅助控制	部分车型配置
泊车辅助	部分车型配置
雨量传感刮水器	部分车型配置
主动安全性总体评价	★★★☆

（2）被动安全性配置（表4-3）

表4-3 上海大众斯柯达昊锐被动安全性配置

整备质量/kg	1530	最大总质量/kg	1905
正面安全气囊	有	侧面安全气囊	有
安全带预张紧器	有（前排）	安全气帘	有
安全带限力器	有（前排、左后、右后）	驾驶人侧安全带提醒	有（视觉、听觉）

该碰撞车型的被动安全性配置中，前排双安全气囊、侧面安全气囊、安全带预张紧器、前排安全气帘、前排安全带提醒和儿童座椅安装系统不全是昊锐的标配，其中安全气帘和侧面安全气囊只有部分车型配置，故 C-NCAP 的评分不能应用在昊锐全系车型上。有无安全气帘和侧面安全气囊会影响车辆的侧面碰撞试验得分，按照其他未配置安全气帘和安全气囊的车型侧面碰撞得分估算，昊锐的侧面碰撞的分要减4分，其他得分不变，见表4-4。

表4-4 上海大众斯柯达昊锐碰撞测试评级

斯柯达昊锐	总体星级评价		
完全正面碰撞试验得分	11.65分	40% 正面偏置碰撞试验得分	15.55 分
侧面碰撞试验得分	12分	加分项目	3 分（驾驶人侧、前排乘员侧安全带提醒装置，侧面安全气囊及气帘，ISOFIX 装置）
总体得分及星级	42.2 分		★★★★

上海大众斯柯达昊锐碰撞车型根据 C-NCAP 侧面碰撞得 16 分，根据前述要减去 4 分，故昊锐侧面碰撞得分为 12 分，总分为 42.2 分，星级评价为 4 星。

2. 一汽马自达睿翼（图4-26）

图4-26　一汽马自达睿翼

（1）主动安全性配置（表4-5）

表4-5　一汽马自达睿翼主动安全性配置

制动器类型	通风盘/盘
ABS + EBD	标配
驱动防滑	部分车型配置
ESP	部分车型配置
轮胎气压监测系统	无
坡道辅助控制	无
泊车辅助	无
雨量传感刮水器	部分车型配置
主动安全性总体评价	★★★

（2）被动安全性配置（表4-6）

表4-6　一汽马自达睿翼被动安全性配置

车辆型号	CA7256AT	上市时间	2009 年
$\frac{长}{mm}\times\frac{宽}{mm}\times\frac{高}{mm}$	4755×1795×1440	发动机排量/mL	2488
整备质量/kg	1458	最大总质量/kg	1913
正面安全气囊	有（驾驶人、前排乘员）	侧面安全气囊	有
安全带预张紧器	有（前排）	安全气帘	有
安全带限力器	有（前排）	驾驶人侧安全带提醒	有（视觉、听觉）

　　通过与当前出售的一汽马自达睿翼对比，碰撞车型的被动安全性配置中，前排双安全气囊、侧面安全气囊、安全带预张紧器、前排安全气帘、前排安全带提醒和儿童座椅安装系统不全是一汽马自达睿翼的标配，其中安全气帘和侧面安全气囊只有部分车型配置，故C－NCAP的评分不能应用在一汽马自达睿翼全系车型上。有无安全气帘和侧面安全气囊会影响车辆的侧面碰撞试验得分，按照其他未配置安全气帘和安全气囊的车型侧面碰撞得分估算，一汽马自达睿翼的侧面碰撞的分数要减去4分，其他得分不变，见表4-7。

表4-7　一汽马自达睿翼碰撞测试评级

马自达睿翼		总体星级评价	
完全正面碰撞试验得分	15.55 分	40% 正面偏置碰撞试验得分	16 分
侧面碰撞试验得分	13.4 分	加分项目	3 分（驾驶人侧、前排乘员侧安全带提醒装置以及侧面安全气囊及气帘）
总体得分及星级	44 分		★★★★

一汽马自达睿翼碰撞车型根据 C – NCAP 规程侧面碰撞得 13.4 分，据前述要减去 4 分，故一汽马自达睿翼的侧面碰撞得分为 9.4 分，总分为 44 分，星级评价为 4 星。

3. 东风雪铁龙 C5（图 4-27）

图 4-27　东风雪铁龙 C5

（1）主动安全性配置（表 4-8）

表4-8　东风雪铁龙 C5 主动安全性配置

制动器类型	通风盘/盘
ABS + EBD	标配
驱动防滑	标配
ESP	标配
轮胎气压监测系统	部分车型配置
坡道辅助控制	无
泊车辅助	部分车型配置
雨量传感刮水器	部分车型配置
主动安全性总体评价	★★★★

（2）被动安全性配置（表 4-9）

表4-9　东风雪铁龙 C5 被动安全性配置

车辆型号	DC7237DT	上市时间	2009 年 10 月 28 日
$\frac{长}{mm} \times \frac{宽}{mm} \times \frac{高}{mm}$	4805 ×1860 ×1458	发动机排量/mL	2253
整备质量/kg	1600	最大总质量/kg	2150
正面安全气囊	有	侧面安全气囊	有
安全带预张紧器	有（前排）	安全气帘	有
安全带限力器	有（前排、左后、右后）	驾驶人侧安全带提醒	有（视觉、听觉）

通过与当前出售的东风雪铁龙 C5 对比，碰撞车型的被动安全性配置中，前排双安全气囊、侧面安全气囊、安全带预张紧器、前排安全气帘、前排安全带提醒和儿童座椅安装系统不全是东风雪铁龙 C5 的标配，其中安全气帘和侧面安全气囊只有部分车型配置，故 C–NCAP 的评分不能应用在东风雪铁龙 C5 全系车型上。有无安全气帘和侧面安全气囊会影响车辆的侧面碰撞试验得分，按照其他未配置安全气帘和安全气囊的车型侧面碰撞得分估算，东风雪铁龙 C5 的侧面碰撞的分数要减去 4 分，其他得分不变，见表 4-10。

表 4-10　东风雪铁龙 C5 碰撞测试评级

雪铁龙 C5		总体星级评价	
完全正面碰撞试验得分	14.6 分	40% 正面偏置碰撞试验得分	15.08 分
侧面碰撞试验得分	12 分	加分项目	2.5 分（驾驶人侧、前排乘员侧安全带提醒，侧安全气囊及气帘，ISOFIX 装置。乘员侧无座椅使用状态监测功能）
总体得分及星级	44.2 分		★★★★

东风雪铁龙 C5 碰撞车型根据 C–NCAP 规程侧面碰撞得 16 分，据前述要减去 4 分，故东风雪铁龙 C5 的侧面碰撞得分为 12 分，总分为 44.2 分，星级评价为 4 星。

4. 上海通用别克君威（图 4-28）

图 4-28　上海通用别克君威

（1）主动安全性配置（表 4-11）

表 4-11　上海通用别克君威主动安全配置

制动器类型	通风盘/盘
ABS + EBD	标配
驱动防滑	标配
ESP	标配
轮胎气压监测系统	标配
坡道辅助控制	无
泊车辅助	无
雨量传感刮水器	部分车型配置
主动安全性总体评价	★★★★

（2）被动安全性配置（表4-12）

表4-12　上海通用别克君威被动安全性配置

车辆型号	SGM7205ATA	上市时间	2009年9月2日
$\dfrac{长}{mm} \times \dfrac{宽}{mm} \times \dfrac{高}{mm}$	4830×1856×1484	发动机排量/mL	1998
整备质量/kg	1555	最大总质量/kg	1990
正面安全气囊	有	侧面安全气囊	有
安全带预张紧器	有（前排、左后、右后）	安全气帘	有
安全带限力器	有（前排、左后、右后）	驾驶人侧安全带提醒	有（视觉、听觉）

通过与当前出售的别克君威对比，碰撞车型的被动安全配置中，前排双安全气囊、侧面安全气囊、安全带预张紧器、前排安全气帘、前排安全带提醒和儿童座椅安装系统不全是别克君威的标配，其中安全气帘只有部分车型配置，故根据C-NCAP的评分不能应用在别克君威全系车型上。有无侧安全气帘会影响车辆的侧面碰撞试验得分，按照其他未配置安全气帘的车型侧面碰撞得分估算，别克君威的侧面碰撞的分数要减去2分，其他得分不变（表4-13）。

表4-13　上海通用别克君威碰撞测试评级

别克君威		总体星级评价	
完全正面碰撞试验得分	15.03分	40%正面偏置碰撞试验得分	15.65分
侧面碰撞试验得分	14分	加分项目	3分（驾驶人侧、前排乘员侧安全带提醒装置，侧面安全气囊及气帘，ISOFIX装置）
总体得分及星级	47.7分	★★★★★	

参与C-NCAP评定的车型侧面碰撞得16分，据前述要减去2分，故别克君威的侧面碰撞得分减为14分，总分为47.7分，星级评价仍为5星。

二、四款车安全性比较评价（表4-14）

表4-14　四款车的安全性对比评价表

车型	上海大众斯柯达昊锐	一汽马自达睿翼	东风雪铁龙C5	上海通用别克君威
售价/万元	17.19~27.13	17.68~24.98	17.69~29.89	20.39~26.99
被动安全分数	42.2	44	44.2	47.7
制动器类型	通风盘/盘	通风盘/盘	通风盘/盘	通风盘/盘
ABS+EBD	标配	标配	标配	标配
驱动防滑	标配	部分车型配置	标配	标配
ESP	部分车型配置	部分车型配置	标配	标配
轮胎气压监测系统	标配	无	部分车型配置	标配
坡道辅助控制	部分车型配置	无	无	无
泊车辅助	部分车型配置	无	部分车型配置	无
雨量传感刮水器	部分车型配置	部分车型配置	部分车型配置	部分车型配置

　　从表4-14所列，从上海大众斯柯达昊锐、一汽马自达睿翼、东风雪铁龙C5和上海通用别克君威的安全性对比，不难看出别克君威的安全性最好，主被动安全性都非常出色，但其价格也最高，最低售价超过20万元；东风雪铁龙C5的被动安全性较别克君威差些，但相差并不大，其入门级的C5售价仅为17.69万元，安全价格比最高；上海大众斯柯达昊锐和一汽马自达睿翼本身都非常出色，但都没有标配ESP，比较遗憾，其安全性较东风雪铁龙C5和上海通用别克君威有些差距。

本 章 小 结

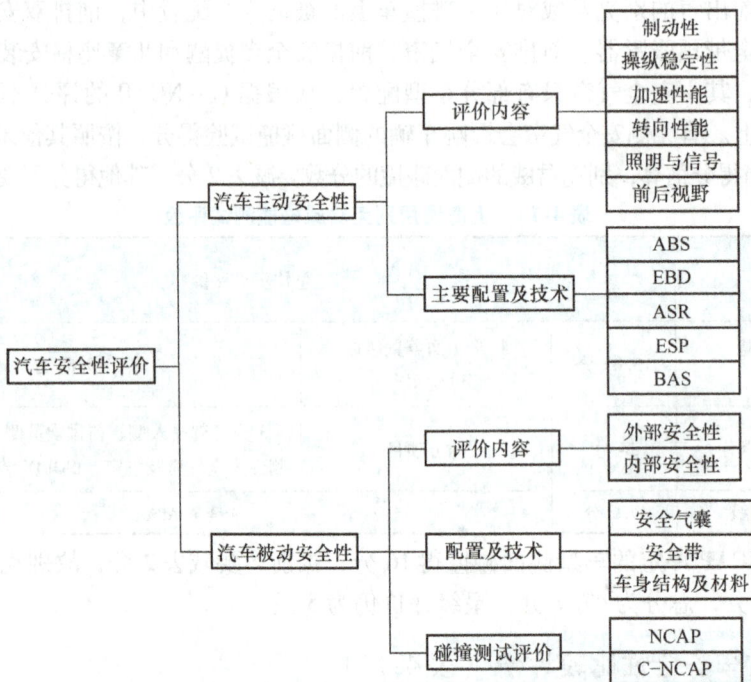

习　　题

一、选择题

1. 下列属于被动安全性配置的是（　　　　）。

A. ESP　　　　　　　　B. ABS　　　　　　　　C. EBD　　　　　　　　D. SRS

2. EBD的主要功能是（　　　　）。

A. 防抱死　　　　　　　B. 制动力分配　　　　　C. 车身稳定　　　　　　D. 防侧滑

3. 汽车制动效能评价指标不包括（　　　　）。

A. 制动减速度　　　　　B. 制动时间　　　　　　C. 制动距离　　　　　　D. 制动跑偏

4. NCAP测试正面碰撞的速度为（　　　　）。

A. 50km/h　　　　　　　B. 70km/h　　　　　　　C. 64km/h　　　　　　　D. 80km/h

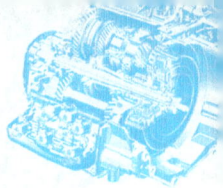

5. 下列哪项属于日产的车身结构（ 　　　）。

A. ACE 　　　　　B. ZONE BODY 　　　　　C. ASF 　　　　　D. GOA

6. 下面哪项技术不属于车身稳定技术（ 　　）。

A. ESP 　　　　　B. VSA 　　　　　C. VSC 　　　　　D. BAS

7. GOA 是（ 　　）的车身的结构设计。

A. 丰田 　　　　　B. 本田 　　　　　C. 日产 　　　　　D. 大众

8. 下列哪款车的车身采用激光焊接技术（ 　　）。

A. 威驰 　　　　　B. 速腾 　　　　　C. 比亚迪 F6 　　　　　D. 伊兰特

9. TPMS 的名称为（ 　　）。

A. 胎压监测系统 　　　　　　　　B. 制动力分配系统

C. 驱动防滑系统 　　　　　　　　D. 车身稳定系统

10. 前轮抱死容易造成（ 　　）。

A. 甩尾 　　　　　B. 侧滑 　　　　　C. 侧翻 　　　　　D. 失去转向能力

二、判断题

1. 汽车安全性评价包括主动安全性和被动安全性。 （ 　　）

2. SRS 为被动安全性系统。 （ 　　）

3. 车身的钢板越厚，汽车的安全性越好。 （ 　　）

4. ESP 为电子稳定程序，主要是保持车身的稳定。 （ 　　）

5. 车身结构对汽车安全性没有本质的影响。 （ 　　）

6. 安全气囊应该和安全带配合使用，安全性会更好。 （ 　　）

7. 制动恒定性是指制动距离保持不变。 （ 　　）

8. 滑移率越大，制动距离越短。 （ 　　）

9. 后轮抱死容易使车辆甩尾。 （ 　　）

10. C－NCAP 规定对汽车安全性测试时，横向碰撞的速度为 70km/h。 （ 　　）

三、简答题

1. 汽车主动安全性评价的主要内容以及涉及的主要配置。

2. 汽车被动安全性评价的主要内容以及涉及的主要配置。

3. 说明汽车制动性的主要影响因素。

四、实践训练题

选择两款同级别的车型，对它们的安全性进行综合评价。

模块五

汽车操控性评价

知识目标：

- 了解影响汽车操控性的新技术的基本原理以及应用车型；汽车操控性试验。
- 理解影响汽车操控性的各种因素。
- 掌握汽车操控性的含义、汽车操控性评价方法及评价指标，以及提升汽车操控性的方法。

能力目标：

- 能够应用汽车操控性评价方法对真实车型进行汽车操控性的客观评价。

重点与难点：

- 汽车操控性评价方法及评价指标；各项评价指标和方法的含义以及在真实车型上的应用。
- 影响汽车操控性的各种因素；各种影响因素的含义以及对汽车操控性的影响效果。

第一节 汽车操控性评价方法及评价指标

一、汽车操控性概念

所谓汽车的操控性是指汽车能够确切地按照驾驶人通过转向盘给定的转向指令准确行驶的能力，同时汽车在驾驶过程中能够抵抗干扰、恢复和保持稳定行驶的能力。

汽车在行驶过程中会碰到各种复杂的情况，有时沿直线行驶，有时沿曲线行驶。此外，汽车还要经受来自地面不平、坡道、大风等各种外部因素的干扰。一辆操纵性良好的汽车必须具备以下的能力：

1）根据道路、地形和交通情况的限制，汽车能够正确地遵循驾驶人通过操纵机构所给定的方向行驶的能力——汽车的操纵性。

2）汽车在行驶过程中具有抵抗力图改变其行驶方向的各种干扰并保持稳定行驶的能力——汽车的稳定性。

操纵性和稳定性有紧密的关系。操纵性差，导致汽车侧滑、倾覆，汽车的稳定性就破坏了。汽车稳定性差，则会失去操纵性。因此，通常统称为汽车的操纵稳定性，在本章中简称

为汽车的操控性。汽车的操控性是汽车的主要使用性能之一，随着汽车速度的提高，操控性越来越显得重要。现在它也是人们在选购汽车和驾驶汽车时关注的重要性能。

二、评价方法及评价指标

汽车的操控性可以从客观和主观两方面来评价。

从客观方面来评价汽车的操控性时，主要把汽车作为一个控制系统，求出汽车曲线行驶的时域响应与频域响应，并用它们作为评价汽车操控性的指标。

时域响应主要是指汽车在转向盘输入或外界侧向干扰输入下的侧向运动响应。转向盘输入有两种形式：一种是给转向盘作用一个角位移，称为角位移输入，简称角输入；另一种是给转向盘作用一个力矩，称为力矩输入，简称力输入。驾驶人在实际驾驶车辆时，对转向盘的这两种输入是同时进行的。外界侧向干扰输入主要是指侧向风和路面不平产生的侧向力。

频域响应主要是指汽车的横摆角速度频率响应特性，它表示在转向盘转角正弦输入下，频率由零增加到正无穷时，汽车横摆角速度与转向盘转角的振幅比及相位差的变化规律。它是另一个重要的表征汽车操控性的客观指标。

从主观方面来评价汽车的操控性，主要指汽车整车所装备的操纵件的操纵方便性、轻便性和操纵的手感好坏，以及驾驶的方便性和舒适性。本章关注的主要是汽车操控性的主观评价。

同时，还有其他一些指标也可以用来评价汽车的操控性，如汽车转向半径、汽车转向轻便性以及汽车极限行驶性能等。

汽车转向半径是评价汽车机动灵活性的物理参量。

汽车转向轻便性是评价转动转向盘轻便程度的特性。

汽车极限行驶性能是指汽车在处于正常行驶与异常危险运动之间的运动状态下的特性。它表明了汽车在驾驶人操控下安全行驶的极限性能。

第二节　影响汽车操控性的因素分析

一、汽车操控性理论分析

1. 汽车行驶的横向稳定性

汽车横向稳定性的丧失，表现为汽车的侧翻或横向滑移。由于侧向力作用而发生横向稳定性破坏的可能性较多，也较危险。

图 5-1 所示为汽车在横向坡路上做等速弯道行驶时的受力情况。随着行驶车速的提高，在离心力 F_c 的作用下，汽车可能以左侧车轮为支点向外侧翻。当右侧车轮法向反力 $F_{zR} = 0$ 时，开始侧翻。因此，汽车绕左侧车轮侧翻的条件为

$$F_c h_g \cos\beta \geqslant F_c B/2 \sin\beta + GB/2 \cos\beta + G h_g \sin\beta$$

由式可说明汽车在此坡度弯道行驶时，在任意速度都不会使汽车绕外侧车轮侧翻。因此在公路建设中，常将弯道处筑有一定的坡度，以提高汽车的横向稳定性。

2. 轮胎的侧偏特性

轮胎的侧偏特性是研究汽车操纵稳定性理论的出发点。

（1）车胎坐标系与术语　图 5-2 所示为车轮坐标系，其中车轮前进方向为 x 轴的正方向，向上为 z 轴的正方向，在 z 轴的正方向的左侧为 y 轴的正方向。

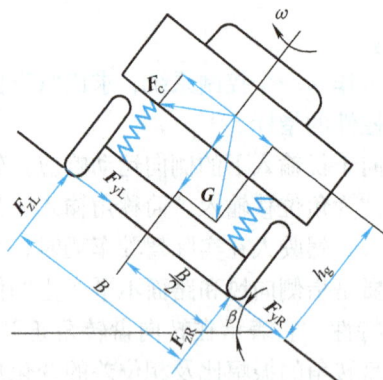

图 5-1　汽车在横向坡路上做等
速弯道行驶时的受力

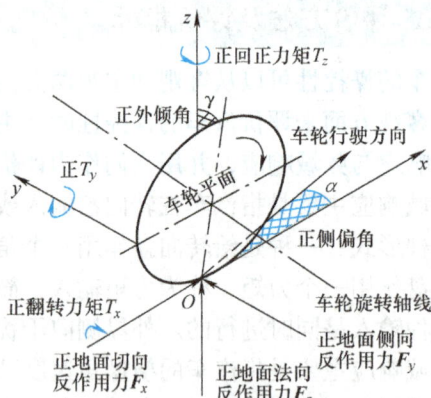

图 5-2　车轮坐标系

1）车轮平面。指垂直于车轮旋转轴线的轮胎中分平面。

2）车轮中心。指车轮旋转轴线与车轮平面的交点。

3）轮胎接地中心。指车轮旋转轴线在地平面（xOy 平面）上的投影（y 轴），与车轮平面的交点，也就是坐标原点。

4）翻转力矩 T_x。指地面作用于轮胎上的力绕 x 轴的力矩。图示方向为正。

5）滚动阻力矩 T_y。指地面作用于轮胎上的力绕 y 轴的力矩。图示方向为正。

6）回正力矩 T_z。指地面作用于轮胎上的力绕 z 轴的力矩。图示方向为正。

7）侧偏角 α。指轮胎接地中心位移方向（车轮行驶方向）与 z 轴的夹角。图示方向为正。

8）外倾角 γ。指 xOz 平面与车轮平面的夹角，图示方向为正。

（2）轮胎的侧偏现象　如果车轮是刚性的，在车轮中心垂直于车轮平面的方向上作用有侧向力 F_y。当侧向力 F_y 不超过车轮与地面的附着极限时，车轮与地面没有滑动，车轮仍沿着其自身行驶的方向行驶；当侧向力 F_y 达到车轮与地面间附着极限时，车轮与地面产生横向滑动，若滑动速度为 Δv，车轮便沿某一合成速度 v 方向行驶，偏离了原行驶方向，如图 5-3 所示。

当车轮有侧向弹性时，即使 F_y 没有达到附着极限，车轮行驶方向也将偏离车轮平面的方向，这就是轮胎的侧偏现象。

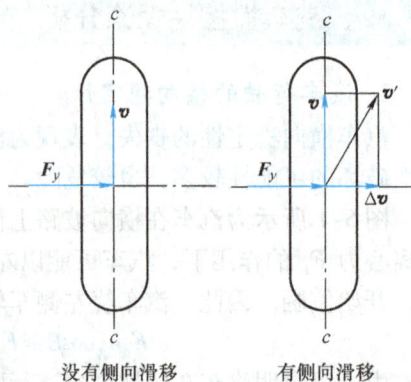

没有侧向滑移　　有侧向滑移

图 5-3　车轮偏行示意

（3）轮胎的侧偏特性分析　轮胎的侧偏力与侧偏角的关系曲线表明，侧偏角不超过 $3°\sim4°$ 时，可认为侧偏力 F_y 与侧偏角 α 呈线性关系。随着 F_y 的增大，α 增大较快，轮胎产

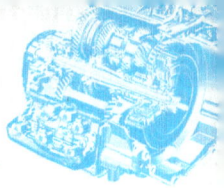

生滑移。汽车正常行驶时,侧向加速度一般不超过$(0.3 \sim 0.4)g$,侧偏角不超过$3° \sim 4°$,故可认为侧偏力与侧偏角呈线性关系,即

$$F_y = k\alpha$$

式中　k——侧偏刚度 [N/ (°)],其值应为负值,汽车用低压轮胎时此值为 300 ～ 1000N/ (°)。

试验表明,潮湿地面上最大侧偏力减小,但直线段的侧偏刚度无多大变化。

垂直载荷对侧偏特性有很大影响。垂直载荷增大后,最大侧偏力增加,侧偏刚度随垂直载荷的增加而加大。这是因为,轮胎的垂直载荷越大,附着力就越大,轮胎侧滑的倾向就越小,最大侧偏力增大,但垂直载荷过大时,轮胎产生剧烈的径向变形,侧偏刚度反而有所下降。

轮胎的形式和结构参数对轮胎侧偏特性也有显著影响。尺寸较大的轮胎,侧偏刚度一般较大。尺寸相同的子午线轮胎和斜交轮胎相比,子午线轮胎具有较大的侧偏刚度。同一型号、同一尺寸的轮胎,帘布层越多、帘线与车轮平面的夹角越小、气压越高,侧偏刚度越大。另外,轮辋的形式对侧偏刚度亦有影响,装有宽轮辋的轮胎,侧偏刚度较大。

(4) 回正力矩(绕 z 轴的力矩)　在轮胎发生侧偏时,还会产生图 5-2 所示作用于轮胎绕 z 轴的力矩 T_z。圆周行驶时,T_z 是使转向车轮恢复到直线行驶位置的主要恢复力矩之一,称为回正力矩。

回正力矩是由接地面内分布的微元侧向反力产生的。车轮在静止时受到侧向力后,印迹长轴线 aa 与车轮平面 cc 平行,错开一个距离 Δh,即印迹长轴线 aa 上各点的横向变形(相对于 cc 平面)均为 Δh,故可以认为地面侧向反作用力沿印迹线是均匀分布的(图 5-4a)。车轮滚动时,印迹长轴线 aa 不仅与车轮平面错开一定距离,而且转动了 α 角,因而印迹前端离车轮平面近,侧向变形小,印迹后端离车轮平面远,侧向变形大。可以认为地面微元侧向反作用力的分布与变形成正比,故地面微元侧向反作用力的分布情况如图 5-4b 所示,其合力 F 的大小与侧向力 F_y 相等,但其作用点必然在接地印迹几何中心的后方,偏移某一距离 e。e 称为轮胎拖距,$F_y e$ 就是回正力矩 T_z。

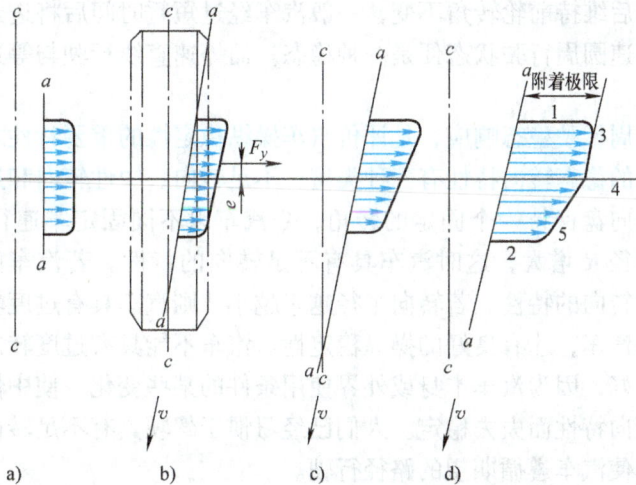

图 5-4　车轮印迹侧向力分布示意

在 F_y 增加时，接地印迹内地面微元侧向反作用力的分布情况如图 5-4c 所示。F_y 增大至一定程度时，接地印迹后部的某些部分便达到附着极限，反作用力将沿 345 线分布（图 5-4d）。随着 F_y 的进一步加大，将有更多部分达到附着极限，直到整个接地印迹发生侧滑，因而轮胎拖距会随着侧向力的增加而逐渐减小。

3. 汽车的转向特性

驾驶人操纵转向盘使汽车转向时，要通过眼睛、手和身体等感知汽车的转向效果，并经过头脑比较和判断，修正转向盘的操纵，这是通过驾驶人把系统的输出反馈到输入而构成的一个人工闭路系统。如不计入驾驶人的反馈作用，便称为开路系统，它的特点是系统的输出参数对输入控制没有影响。由于驾驶人的反馈作用十分复杂，作为闭路系统研究仍很不成熟，这里只把汽车作为一个开路系统，研究转向盘输入时汽车的运动——车辆响应。

把汽车作为开路系统进行分析时，车辆响应示意如图 5-5 所示。改变汽车运动状态的输入量（或称"干扰"）主要来自三个方面：①驾驶人通过力（力矩）操纵或位置（转角）操纵转向盘，使前轮转向；②空气动力作用（如横向风）；③路面不平等对汽车的作用。

汽车在大多数行驶状况下，其侧向加速度不超过 $(0.3 \sim 0.4)g$，因此可以把它看作一个线性动力学系统来分析。线性系统的一个重要标志是可以运用叠加原理，可以把一个复杂的输出量，分解为简单的输入量，或者有多个输入量时，可按单个输入量求解，然后加以叠加。

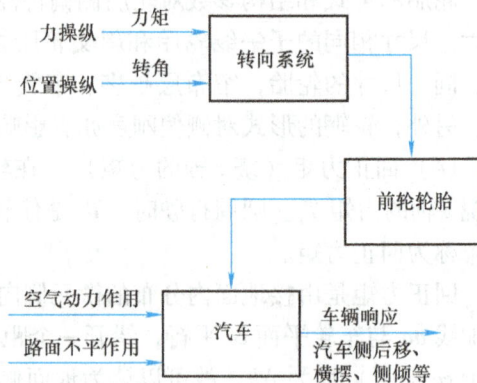

图 5-5　车辆响应示意

由输入引起的汽车运动状况，可分为不随时间变化的稳态与随时间变化的瞬态两种。相应的车辆响应称为稳态响应与瞬态响应。例如给等速直线行驶的汽车以前轮角阶跃输入，即急速转动前轮，然后维持前轮转角不变，一般汽车经过短暂时间后将进入等速圆周行驶。一定车轮转角下的等速圆周行驶状态便是一种稳态。而等速直线行驶与等速圆周行驶间的过渡过程便是瞬态。

汽车的等速圆周行驶稳态响应，是评价汽车操纵稳定性的重要特性之一，称为汽车的稳态转向特性。汽车的稳态转向特性有三种类型：不足转向、中性转向和过度转向。在圆周行驶时，驾驶人使转向盘保持一个固定的转角，令汽车以不同固定车速行驶，若行驶车速高时，汽车的转向半径 R 增大，这时汽车具有不足转向的特性。若汽车的转向半径 R 不变，这时汽车具有中性转向的特性。若转向半径越来越小，则汽车具有过度转向的特性。只有具有适度不足转向的汽车，才有良好的操纵稳定性。汽车不能具有过度转向特性。具有中性转向特性的汽车也不好，因为汽车本身或外界使用条件的某些变化，使中性转向特性的汽车通常会转变为过度转向特性而失去稳定。人们已经习惯于驾驶具有不足转向特性的汽车，知道如何通过转向机构使汽车遵循期望的路径行驶。

4. 汽车转向轮的振动

汽车在行驶过程中，有时出现转向轮的左右摆动和上下跳动。转向轮的振动使轮胎磨损

急剧增加，并增加了转向机构的动载荷，降低零件使用寿命，同时也严重影响行驶安全。

汽车的转向轮通过悬架及转向机构与车架相连，这些互相联系的机件组成了弹性振动系统：一种是前轴绕纵轴的角振动，另一种是前轮绕主销的角振动。直线行驶的汽车，当车轮越过单个凸起或凹坑时，前轮产生绕汽车纵轴的角振动。前轮将绕主销偏转，如果左轮升高，车轮将向右偏转；如果左轮下降，车轮将向左偏转，即激发了前轮绕主销的角振动。同时，由于陀螺效应，车轮绕主销的角振动会反过来加剧前轴绕汽车纵轴的角振动，严重地破坏了汽车直线行驶的稳定性。为了避免这种现象，要求减小悬架下前轴系统的转动惯量，提高角振动的固有频率；改善公路状况，提高路面平整度；适当降低轮胎气压，增加轮胎吸振能力。车轮的不平衡会引起周期性的激励，造成转向轮的振动。如图 5-6 所示，车轮转动时，其不平衡质量所引起的离心力 F_c 的

图 5-6　车轮不平衡对转向轮振动的影响

水平分力 F_x，与力臂 L 形成力矩。此力矩直接使车轮偏转，其数值按正弦关系做周期性变化，变化的频率取决于汽车的行驶速度。此外，离心力 F_c 的垂直分力 F_y 则引起车轮的上下跳动，其特性与上述相同。

当左右车轮都不平衡，且不平衡质量处于对称位置时，则振动更为严重。为了避免因车轮不平衡引起的振动，要求无论是新轮胎或经翻修过的轮胎，在装用之前，都要进行动平衡试验，并消除不平衡因素。高速行驶的汽车对车轮的不平衡度要求也高。

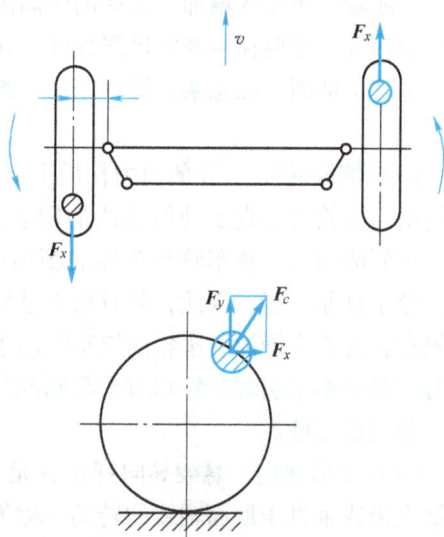

二、影响汽车操控性的因素

1. 汽车悬架的影响

汽车沿曲线行驶时，前、后轴左右两侧车轮的垂直载荷会发生变化；同时车轮常有外倾角，且由于悬架导向杆系的运动及变形，外倾角将随之发生变化。这些原因使得轮胎的侧偏刚度发生变化，从而影响到汽车的操纵稳定性。即使转向盘转角固定不动，由于路面的颠簸或高速转弯造成车厢侧倾时前悬架导向杆系和转向杆系的运动及变形，前轮平面也可能发生绕主销的小角度转动。车厢侧倾时后悬架导向杆系的运动及变形，也会使后轮发生绕垂直于地面轴线的小角度转动。这种车轮轮辋平面的转动称为侧倾转向与变形转向，它们与轮胎的弹性侧偏角叠加在一起，决定了汽车的转向运动。

(1) 侧倾时垂直载荷在左右两侧车轮上的重新分配　在正常工作状态下，汽车左右车轮的垂直载荷大体上是相等的；但当曲线行驶或路面颠簸时，由于侧倾力矩的作用，作用在左右车轮上的垂直载荷是不相等的。这将影响轮胎的侧偏特性，导致汽车稳态响应发生变化，有时汽车甚至会从转向不足变为过度转向。

(2) 侧倾及外倾　车厢侧倾或汽车在不平整地面上直线行驶时，车轮的上下跳动使车

轮外倾角不断变化，引起外倾侧向力或轮胎侧偏角的改变，将影响汽车稳态与瞬态的响应。另外，随着外倾角的增加，轮胎的侧向附着性能降低。所以，外倾角的变化也影响汽车极限侧向加速度。若要保持高的极限性能，在急速转弯行驶时承受大部分垂直载荷的外侧车轮应尽量垂直于地面。在悬架设计中采用等长双横臂式独立悬架，可恰当控制车厢侧倾引起的外倾角。

（3）侧倾转向　在侧向力作用下车厢发生侧倾，由车厢侧倾所引起的前转向轮绕主销的转动、后轮绕垂直于地面轴线的转动，即车轮转向角的变动，称为侧倾转向。转弯行驶时，车厢侧倾，外侧车轮与车厢的距离缩短，处于压缩行程；内侧车轮与车厢间的距离增大，处于复原行程。因此，装有独立悬架的汽车，其外侧车轮的前束减小，车轮向外转动；内侧车轮的前束增加，车轮向汽车纵向中心线方向转动。具有侧倾转向效应的汽车在直线行驶时，路面不平引起车轮相对于车厢的跳动也会使车轮产生一定的转向角，从而影响汽车直线行驶的稳定性。

（4）变形转向　悬架导向杆系各元件在各种力和力矩的作用下发生的变形，会引起车轮绕主销或垂直于地面轴线的转动，称为变形转向。外倾受到侧向力作用的独立悬架杆系的变形会引起车轮外倾角的变化，从而影响到汽车的稳态与瞬态响应。

2. 汽车转向系统的影响

转向系统的刚度不够大时，会产生过多的不足转向量。为了全面满足操纵稳定性的要，特别是为了获得轿车在高速行驶时的"良好路感"，转向系统的刚度应大些，尤其是转盘中间位置小转角范围内应有尽可能大的刚度。

3. 汽车传动系统的影响

由于轮胎的侧偏特性受到地面切向反作用力的影响，所以操纵稳定性与传动系统有密切关系。不仅如此，近年来切向反作用力还被认为是改善极限工况下操纵稳定性的一项有效手段。地面切向反作用力与不足转向或过度转向特性的关系如下：

1）当汽车在弯道上以大驱动力加速行驶时，前轴垂直载荷明显减轻，后轴垂直载荷相应增加。一般载荷范围内，轮胎侧偏刚度是随载荷的增减而增减的。因此，加速时前侧偏角增加，后轴侧偏角减小，汽车有转向不足增加的趋势。

2）车轮驱动时，随着驱动力的增加，同一侧偏角下的侧偏力下降。因此，汽车在弯道上加速行驶时，为了提供要求的侧偏力，前轮侧偏角必然增大，这是前驱汽车有转向不足趋势的另一个原因。地面条件差时，如冰雪路面，这种现象更为突出。

3）前轮受半轴驱动转矩的影响会产生不足变形转向，增加了前驱汽车转向不足的趋势。

4）随着驱动力的增加，轮胎回正力矩也有所增大，这也增加了转向不足的趋势。

综上所述，驱动力的作用是增加前驱动汽车转向不足的趋势。显然，当发动机进行制动时，上述1）、3）、4）项的影响将使汽车有增加过度转向的趋势。因此，大功率的前驱汽车在加速过程中，若将加速踏板踩到底后突然松开，则汽车的转向特性会发生明显变化，甚至变为转向过度，汽车会发生突然驶向弯道内侧的"卷入"现象。可以通过采用自动变速器、有限差速作用的差速器（LSD）和使驱动轮在制动时能产生不足变形转向的悬架来减少或消除"卷入"现象。

第三节　提高汽车操控性的新技术及车型介绍

一辆操控性好的车辆应该具备的特点有：敏捷而又准确的转向盘（Mazda6、奥迪 A4、BMW 3 和 BMW 5）；扎实、柔软又稳定性好的悬架（Mazda6、BMW 3 和 BMW 5）；扎实而厚重的底盘（迈腾、奥迪）；输出响应快速的发动机（大众 1.8T、BMW 3 和 BMW 5、雅阁3.0）；换档平顺且响应快速的变速器（标致 206/307、奥迪 A4）；合理的车重且前后分配比例合理；配置丰富的主动安全设备（雅阁、锐志）。

从这些特点可以看出，影响汽车操控性的结构因素包括转向（EPS EHPS）、悬架、底盘、发动机、变速器、车重、主动安全电子设备等。

下面主要介绍一些与汽车操控性有关的技术与结构。

1. 电动助力转向（EPS）

电动助力转向（Electric Power Steering，EPS）系统根据汽车的运行状态，随时按照驾驶人的意图提供不同程度的转向助力，可以提高汽车（特别是在高速行驶时）的稳定性，结构如图 5-7 所示。EPS 系统的优点表现为：①EPS 系统能在各种行驶工况下提供最佳助力，减小路面不平度对转向系的扰动，改善了汽车的转向特性；②EPS 系统只在转向时电动机才提供助力，相比液压动力转向系统可节约燃油 3%～5%，因而燃油经济性有了很大的提高；③EPS 系统取消了油泵、传动带、密封件、液压软管、液压油及密封件等，其零件比传统液压动力转向系大大减少，因而重量更轻，结构更紧凑，在安装位置选择方面也更为方便，并且可以降低噪声；④EPS 系统的参数一经确定，转向系统的性能也随之确定，很难改正，而EPS 系统可以通过改变和设置不同的程序，改变转向特性，装配自动化程度更高，能与不同的车型匹配，缩短生产和开发时间，提高了效率；⑤由于 EPS 系统不存在渗漏问题，因而减少了对环境的污染；⑥EPS 系统在低温下起动发动机之后，由于低温下油的黏度较大，使转向作用力较高，而 EPS 系统在低温下不会增加转向作用力和发动机的负荷，因而其低温运行状况好于 EPS 系统。

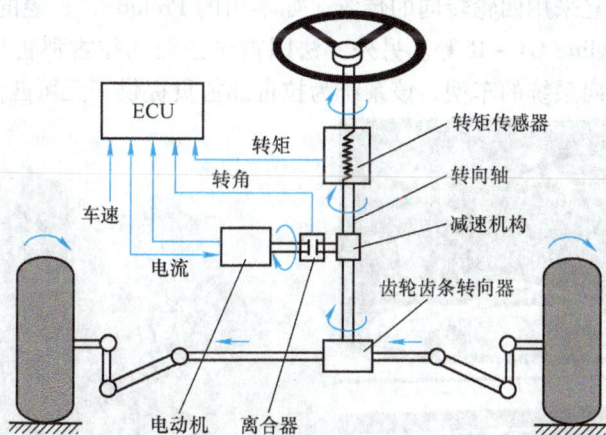

图 5-7　电动助力转向系统示意

EPS 系统当前已经较多应用在排量在 1.3~1.6L 的各类轻型轿车上，从早期的日系品牌到现在的自主品牌轿车，其性能已经得到广泛的认可。随着直流电动机性能的提高和 42V 电源在汽车组件上的应用，其应用范围将进一步扩宽，并逐渐向微型车、轻型车和中型车扩展。目前，在全世界汽车行业中，EPS 系统每年正以 9%~10% 的增长速度发展，年增长量达 130 万~150 万套。2013 年，全球 EPS 系统产量已超过 7200 万套。因此，EPS 系统将具有十分广阔的发展和应用前景。

2. 四轮转向（4WS）

随着车辆性能的提升和高速公路的增多，车辆高速行驶和车辆并行的机会大幅度增加。为了使汽车具有更好的操纵稳定性，一些汽车在后轮上也采用了转向系统，成为四轮转向系统（Four Wheel Steering System，4WS）汽车，四轮转向系统能够提高汽车转向时的机动灵活性和高速行驶时的操纵稳定性。

四轮转向系统汽车在转弯行驶时，为了使车轮转向与车身行进方向最大限度地保持一致，后两轮也随着前两轮有相应的转向运动。电控 4WS 汽车的质心侧偏角总接近于零，车厢与行驶轨迹方向一致，汽车可以自然流畅地做曲线运动，驾驶人能方便地判断与操作，从而保证汽车在以不同车速转弯时能够得到稳定的转向性能。

电控 4WS 的原理可简单解释为：车轮转向相位控制装置和车速传感器不断将数据传输给信息处理控制单元，控制单元据此确定后轮的转向角度。该系统有 3 种基本状态：正相、中间和负相。在较低速度的负相，后轮与前轮方向相反；中速时，后轮保持直行；高速时为正相，后轮与前轮方向相同。以马自达 4WS 技术为例，低、中、高速的临界值就是 35km/h。

在一些特殊行驶状态下，如市区交通堵塞、拖带挂车、倒车或泊位时，四轮转向系统大大提高了操控性。此外，通过电子化控制后轮的方向，还可以减小重型货车的转弯半径。按照通用汽车公司对使用四轮转向系统的大型 SUV 和货车的测试，转弯半径平均减小了 19%，一种重型货车的转弯半径从 14m 减小到了 11.4m。

四轮转向系统在轿车上的应用还不是很广泛，从 20 世纪 80 年代末期到今天，日本汽车制造商一直延续着独立采用四轮转向的传统，如本田的 Prelude、三菱的 3000GT、马自达的 602 轿车、日产的 Skyline GT-R 等。另外，法国雷诺公司的拉古那古贝（图 5-8）是该品牌中唯一装备四轮转向系统的车型，该系统为拉古那古贝提供了无可匹敌的转向精准度。四

图 5-8　雷诺拉古那古贝车型及其四轮转向系统工作示意

轮转向系统还可实时监测紧急情况和附着力较低的路况（如冰面、湿滑路面等），使车辆在路况复杂的市区和蜿蜒曲折的公路上都非常易于操控驾驶。

3. 多连杆式悬架系统

多连杆式悬架系统可以提高车辆行驶时的操控性。多连杆式悬架系统是由 3～5 根杆件组合起来控制车轮的位置变化的悬架系统（图 5-9）。它能使车轮绕着与汽车纵轴线成一定角度的轴线内摆动，是横臂式和纵臂式的折中方案。适当地选择摆臂轴线与汽车纵轴线所成的夹角，可不同程度地获得横臂式与纵臂式悬架系统的优点，能满足不同的使用性能要求。多连杆式悬架系统的主要优点是：车轮跳动时轮距和前束的变化很小，不管汽车是在驱动、制动状态都可以按驾驶人的意图平稳地转向，其不足之处是汽车高速时有轴摆动现象。

图 5-9　多连杆式悬架系统

4. DSG

在一般的车辆上只有手动和自动两种变速器，手动变速器换档常常出现动力传动暂时中断的现象，而自动变速器换档却又存在响应迟缓的缺点。双离合变速器（Direct Shift Gearbox，DSG）综合了传统手动变速器和自动变速器的各自优点，就像是两个变速器合二为一，一个离合器控制单数档位齿轮，另外一个离合器控制双数档位齿轮。也就是说，当变速器挂入Ⅰ档时，Ⅱ档齿轮就已经啮合，等到换档时机一到，第二个离合器就与发动机输出轴接合而换入Ⅱ档。在此同时，由第一离合器所控制的Ⅲ档齿轮组也完成啮合等待换档指令，结构如图 5-10 所示。

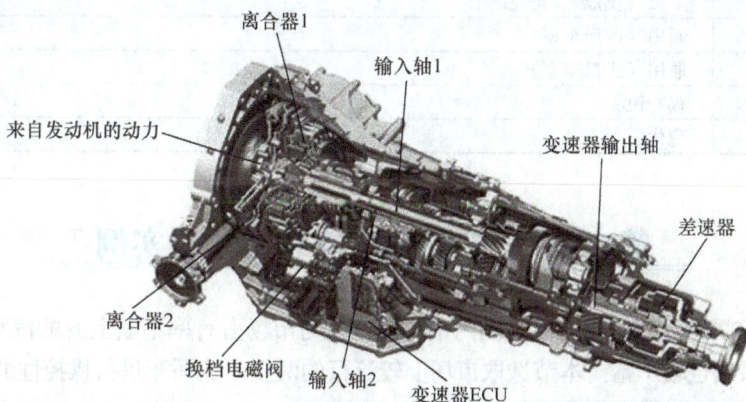

图 5-10　DSG 结构

DSG 在换档过程中微小的液压功耗损失和极短的换档时间使整个换档过程达到了高效率，从而降低了能量的损耗，自然就提高了车辆加速性，从而提高了车辆的操控效率和感

受。除了大众集团使用的 DSG 外，目前像日产新的超级跑车 GT – R 也采用博格华纳的双离合器变速器，三菱新一代 EVO 也使用双离合器变速器，还有宝马在自己的 M 系列运动轿车上采用 7 速的 MDKG 的双离合器变速器。随着对汽车操控性要求的不断增强，在强调高性能的高档轿车和跑车上将会有越来越多双离合器变速器出现。图 5-11 所示为大众途观及其DSG 示意。

图 5-11　大众途观及其 DSG 变速器

5. 电子稳定程序 ESP

ESP 是以 ABS 为基础发展而来的，该系统主要控制处于极限工况下的汽车运动，使驾驶人可以按正常驾驶方法顺利通过原本令人难以驾驭的危急状况，改善了车辆的操控性。

到 2014 年为止，众多品牌车型为了提高车辆的操控性都安装了车辆稳定性控制系统，其概况见表 5-1。

表 5-1　车辆稳定性控制系统应用品牌车型

车辆稳定性控制系统应用的品牌车型	
名称	应用品牌车型
ESP	奥迪、大众、铃木、菲亚特、克莱斯勒、奔驰、标致、雪铁龙、福特（国产）等
VSA	本田、讴歌
VDC	日产、英菲尼迪、斯巴鲁
DSC	宝马、捷豹、路虎、马自达、MINI 等
VSC	丰田锐志
VDIM	丰田（皇冠）、雷克萨斯
ESC	通用（国产车型）
StabiliTrak	通用（进口车型）
AdvanceTrac	福特锐界
VSM	现代

第四节　车型操控性对比评价实例

目前丰田与福特品牌是全球以及国内市场销售量与市场占有率不断上升的汽车品牌，消费者可选购的车型系列也较丰富。本节选取市场上较流行的两款主流轿车进行操控性的比较与评价。

一、比对车型的参数配置介绍

表 5-2 中的数据来自英国车辆认证局（VCA），部分参数配置与国内上市的同款车型存在些许差别。

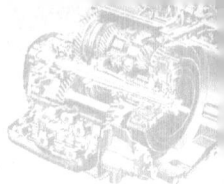

表 5-2　操控性对比

操控性指标	卡罗拉 2014 款 1.6L CVT GLX-i 导航版 厂商指导价：14.78 万	福克斯 2012 款 1.6L 三厢 AT 尊贵型 厂商指导价：15.49 万
车型基本配置		
厂商	一汽丰田	长安福特
级别	紧凑型车	紧凑型车
车身结构	4 门 5 座三厢车	4 门 5 座三厢车
长×宽×高 mm×mm×mm	4630×1775×1480	4534×1823×1483
轴距/mm	2700	2648
后轮距/mm	1520	1544
后排高度/mm	890	940
后排宽度/mm	1460	1340
后排腿部空间/mm	670~920	600~850
前排高度/mm	910~970	890~950
车身颜色种类	7	6
内饰配色种类	黑色/象牙色	浅色
操纵性配置-转向及传动		
真皮转向盘	●	●
转向盘调节	上下+前后调节	上下+前后调节
转向盘电动调节	—	—
多功能转向盘	●	●
助力类型	电动助力	机械液压助力
变速器	CVT 无级变速	6 速双离合
变速杆布置形式	锯齿式	直排式
加速踏板布置形式	悬挂式	悬挂式
行车计算机显示屏	●	●
中控台彩色大屏	●	—
HUD 抬头数字显示	—	—
操纵性配置-悬架		
前悬架类型	麦弗逊式独立悬架	麦弗逊式独立悬架
后悬架类型	扭力梁式非独立悬架	多连杆式独立悬架
侧倾稳定杆	前●/后—	前●/后●
主动悬架	—	—
驱动方式	前置前驱	前置前驱
车体结构	承载式	承载式
操纵性配置-轮胎		
规格	205/55 R16 91v	205/60 R16 92v
品牌	普利司通 TURANZA ER300	米其林 Primacy LC 博悦
花纹	非对称	对称
铝合金轮毂	●	●
备胎规格	全尺寸	非全尺寸

注：●表示具备该项配置。

二、要点分析与评价结论

1. 对转向及传动系统配置进行比较

首先在车型排量及价格档次相同的前提下进行转向系统的比较。一般的规律是采用 EPS 系统的车型操控性较好。两款车中，丰田卡罗拉采用电动助力。而对于传动系统，双离合变速器的操控性优于 CVT 变速器，这一点上，福克斯占优。其他方面两车型相当。

2. 对悬架及轮胎进行比较

在车型排量及价格档次相同的前提下，则一般的规律是在后悬架采用多连杆式独立悬架的车型优于采用其他形式非独立悬架的车型，这一点福克斯占优；在悬架其他方面，两车型技术特征相当；对于轮胎，一般的规律是宽胎抓地力强，操控性较好，这一点两车型相当。

3. 评价结论

两款车型都为市场上销量较好的车型，从综合影响操控性的各种配置，福克斯在传动与悬架方面都存在一定优势，故福克斯操控性较好。

本 章 小 结

汽车操控性评价
- 汽车操控性含义
- 操控性评价方法及指标
- 影响操控性的因素
- 提升操控性的新技术
- 汽车操控性评价实例

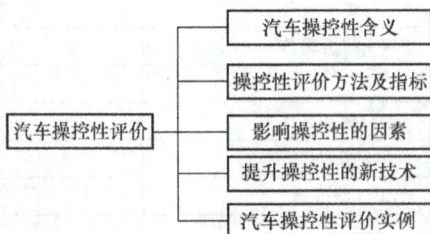

- 本章介绍了汽车操控性的含义、汽车操控性评价方法及评价指标；汽车操控性试验。
- 本章分析了影响汽车操控性的各种因素以及提升汽车操控性的方法。
- 本章列举了影响汽车操控性的新技术以及应用车型；主流车型的参数资料。最后结合实例运用汽车操控性评价方法对车型的操控性进行评价并对评价要点做了分析与总结。

习　题

一、单项选择题

1. 下列哪个车系的操控性最好（　　）。

A. 日系　　　　　　B. 德系　　　　　　C. 韩系　　　　　　D. 自主品牌系列

2. 下列哪个品牌的汽车没有使用 DSG（　　）。

A. 迈腾　　　　　　B. 新君威　　　　　C. 雅阁　　　　　　D. 新帕萨特

3. EPS 是指下面哪一项（　　）。

A. 车身稳定系统　　B. 随速转向系统　　C. 液压助力转向　　D. 电动助力转向

4. 下列哪些不是直接改善操控性的技术（　　）。

A. 可变气门　　　　B. 四轮转向　　　　C. 空气悬架　　　　D. ESP

5. 下列哪款车的操控性最好（　　　）。

A. 凯美瑞　　　　　　B. 雅阁　　　　　　　C. 轩逸　　　　　　　D. 马自达 6

6. 下列哪个结构对操控性的影响不明显（　　　）。

A. 变速器　　　　　　B. 半轴　　　　　　　C. 转向系统　　　　　D. 轮胎

7. 下列哪项对车的横向稳定性没有直接影响（　　　）。

A. 车速　　　　　　　B. 转向角度　　　　　C. 制动力　　　　　　D. 风阻

8. 一个非常注重操控性的汽车消费者，应该选择下面哪款车型（　　　）。

A. 斯巴鲁森林人　　　B. 凯美瑞　　　　　　C. 天籁　　　　　　　D. 奇瑞 QQ

9. 从操控乐趣来讲，哪款变速器最好（　　　）。

A. MT　　　　　　　　B. AT5 档　　　　　　C. CVT　　　　　　　D. AT6 档

10. 以下车型中，汽车操控性相对好的车型是（　　　）。

A. 雅力士 1.3　　　　　　　　　　　　　　B. 高尔夫 GTI

C. 凯美瑞 240G 豪华版　　　　　　　　　D. 朗逸 1.6

二、分析题

1. 试分析汽车操控性的评价指标有哪些。

2. 试分析影响汽车操控性的因素，并结合实例说明提升汽车操控性的方法。

3. 试分析至少两种汽车技术对汽车操控性的影响，并结合车型实例说明。

汽车舒适性评价

知识目标：

- 了解汽车舒适性的概念。
- 理解汽车舒适性的评价指标。
- 掌握汽车舒适性的评价方法。

能力目标：

- 能够说出各项评价指标对舒适性的影响。
- 能够应用十分制评分表对各车型评分。
- 能够利用评价体系对不同车型的舒适性展开分析并做出评判。

重点与难点：

- 评价系统共计 3 个大项和 10 个小项。
- 十分制主观评价法。
- 十分制蜘蛛网图评价法。

第一节　汽车舒适性评价方法及评价指标

一、汽车舒适性概念

　　舒适性是指人们驾乘汽车的一种主观感受，是为乘员提供舒适、愉快的乘坐环境和轻松、便利的操纵条件的能力。简单来说，当人在车里感觉舒服、放松、开心时，这辆车的舒适性就好；反之，当人感到难受、压抑、别扭时，这辆车的舒适性就差。

二、评价指标及评价方法

1. 确定主要评价指标

　　对汽车舒适性进行评价，首先必须建立相应的指标体系，这样才能使得评价过程有的放矢。而且评价指标的选取，对评价结果的影响至关重要，如果指标体系选择不当，甚至可能

得出与实际不符的结论。那么，在选购汽车时，消费者评判一款车是否舒适的标准有以下几点：

（1）"看"着舒不舒服　具体来说，一看外观，包括车身结构、造型、尺寸、线条、颜色和装饰；二看内饰，包括设计风格、色调搭配、仪表中控、材质做工等。

（2）"坐"着舒不舒服　具体来说，一是宽敞的空间，包括前后排乘员的头部、腿部和肩部空间；二是舒适的座椅，包括材质、软硬、包裹性、调节方式、座椅头枕和中央扶手。

（3）"开"着舒不舒服　主要指驾控性能，包括四个方面：①操纵轻便，如转向盘的握感和调节方式，踏板的位置和力度，按键旋钮的布置和阻尼。②座舱环境，如车内温度、湿度和风速的调节，车内噪声、光线和颗粒物的控制。③悬架类型，如独立悬架还是非独立悬架，多连杆悬架还是扭力梁悬架。④轮胎轮毂，如轮胎的品牌、尺寸和级别，轮毂的材质、造型和工艺。

（4）"用"着舒不舒服　主要指日常使用，包括两个方面：①储物空间，如车内储物格的尺寸、数量和位置是否人性化，行李箱的大小、容积和行李装卸是否便利。②配置齐全，如各种舒适性配置的多少，实用性的大小以及自动化程度的高低。

综上所述，针对广大消费者购车时普遍关注的需求，本书将汽车舒适性评价指标体系概括为：3 个大项（$E_1 \sim E_3$）和 10 个小项（$C_1 \sim C_{10}$）（图 6-1）。

2. 确定评价方法

在评价汽车舒适性时，首先对上述指标体系中的 $C_1 \sim C_{10}$ 逐项打分，然后累加得出该车型总分，最后根据得分高低来评判某款车型的舒适性好坏。具体操作步骤如下：

1）将所有评价指标按次序排列（图 6-1）。

2）确定各指标的评分标准。一

图 6-1　汽车舒适性评价指标体系

方面，由于人所受文化熏陶、所处教育环境的相似性，对某些指标存在着一个大众的评判准则。例如，谁都愿意坐在一台宁静舒适、功能齐备、空间宽大的汽车里。再如，汽车座椅的调节方式有手动和电动两种，很显然绝大多人都会认为电动调节更加方便舒适。因此，类似配置的有无、性能的优劣对汽车舒适性的影响就可以做到定量分析，其评价结果也具有一定的普适性。

另一方面，不同的人对舒适性会有不同的定义，即使同一个人，处于不同的生理、心理时期，其评分标准也不是一成不变的。例如：同一辆车，身材高大的男士置身其中会感到空间压抑，感觉不舒适；而身材娇小的女生则会感到空间宽敞，感觉舒适。再如，当人精力充沛，睡眠充足的时候，乘坐悬架较软的车辆，在同等颠簸程度下，会感到车子缓冲性好，行驶平顺，乘坐舒适；但当人身心疲惫，休息不足时，在相同条件下，可能会感到车子振幅过大，容易晕车，乘坐不舒适。

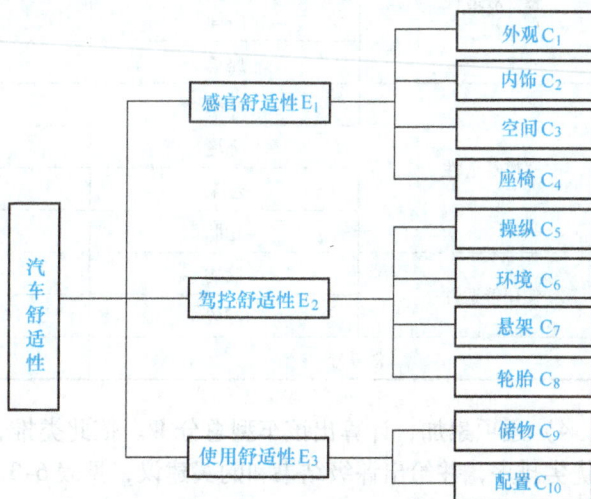

103

鉴于此，为了最大程度的满足消费者购车需求，便于消费者对不同车型的舒适性进行对比，参考 Q/QJX 0002—2001《汽车主观评价试验方法》中的相关规定，本书引入了一套严谨的十分制评分标准，见表6-1。

表6-1　十分制评分标准

分值	1	2	3	4	5	6	7	8	9	10
含义	极差	很差	较差	稍差	接受	合格	较好	很好	极好	完美
解释	拒绝接受			可以接受			完全接受			

3）根据指标达成度对各车型评分，共计3个大项，10个小项，每小项10分，满分100分，见表6-2。

表6-2　车型舒适性评分表

大项	小项	得分	满分
感官舒适性	外观		10分
	内饰		10分
	空间		10分
	座椅		10分
驾控舒适性	操纵		10分
	环境		10分
	悬架		10分
	轮胎		10分
使用舒适性	储物		10分
	配置		10分
总得分			100分

4）逐项累加，计算出该车型总分 W。依此类推，根据得分高低即可对各车型舒适性进行优劣排序，并给出评级结果和购买建议，见表6-3。

表6-3　汽车舒适性综合评级结果

总分 W	评级结果
$W \geq 80$ 分	强烈推荐
80 分 $> W \geq 70$ 分	值得推荐
70 分 $> W \geq 60$ 分	值得考虑
60 分 $> W \geq 50$ 分	慎重考虑
$W < 50$ 分	不做推荐

此外，为避免"总分很高，但某项指标得分极低"的特殊情况出现，还可以辅以蜘蛛网图进行比较，如图6-2所示。例如，A 车总分 $W_A = 62$ 分，B 车总分 $W_B = 72$ 分，$W_B > W_A$，得出结论：优先建议购买 B 车。但仔细观察发现，B 车的"座椅舒适性"指标 C_4 上仅得2分，说明 B 车的座椅舒适性"很差"。因此，尽管在总分上 B 车高于 A 车，但最终还是将其划入"拒绝接受"的范畴，建议优先购买 A 车。

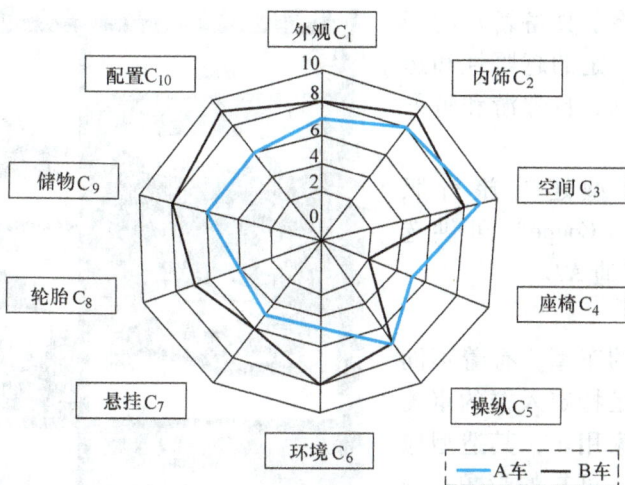

图 6-2　十分制的蜘蛛网图

第二节　感官舒适性评价

一、汽车外观评价

一款车，第一眼吸引消费者而让消费者产生购买冲动的，非外观莫属。如果不喜欢其外形，人很难说服自己买单，尤其是对那些"外貌协会"，更是如此。作为一种商品，汽车的外观本应该是"萝卜白菜各有所爱"，只有喜欢与否，没有高下之分。但由于同处一个社会，因此在汽车外观评价上还是存在一个大众的审美标准。

通常来讲，汽车外观的评价指标主要有三个。

1. 款式

选择两厢车还是三厢车？购买 MPV 还是 SUV？每个人都有自己的审美观，有些人只喜欢三厢车，如捷达、桑塔纳那么老的车型，多年来销量却一直名列前茅；像骐达那样的造型，标致 307 那样的车尾，许多人认为"奇丑无比"，但其保有量却一直稳步提升。因此，买车前可以问自己几个问题，如"我喜欢什么类型的车子？""我要买一辆轿车、越野车，还是多功能商务车？""如果购买轿车的话，我能否接受两厢车？"为便于读者做出理性选择，现将图 6-3 所示各车型款式特点简介如下。

三厢车（Sedan）：中间高两头低，前部是发动机舱，中部是乘员舱，后部是行李箱，从侧面看前后对称，美观大方，沉稳庄重，符合中国人的审美。其缺点是车身尺寸较长，不便于停车；扁平的行李箱放不下大件行李。

两厢车（Hatchback）：车身较短，转向灵活，便于停车，充分融合了乘坐空间最大化的人性理念。另外，折叠后排座椅可获得超大的储物空间，适合家用。

多用途车（MPV）：集轿车的舒适性和厢式货车的宽大空间于一体，通常为 5~7 座结构，车内每个座椅都可调整，并有多种组合方式，多用于商务用途。

运动型多功能车（SUV）：是在轿车底盘基础上发展而来的一种厢式车。其优点是离地

间隙大，视野好，除了具备轿车的舒适性之外，还具有一定的越野性和运动感，便于日常生活、自驾游和野外休闲。

此外，部分车型还有旅行版（Wagon）、酷派版（Coupe）可供选择，如大众朗行、奥迪A7。

2. 造型

不同市场定位的车型，有着不同的风格特点，以满足特定人群的审美需求。例如，一辆家用车，其造型应给人以温馨、灵巧、可靠的形象；一款商务车，高端大气上档次是设计师优先考虑的设计元素；一辆越野车，则应具有狂放、豪迈、勇猛的造型特点；而一款跑车，动感、时尚、拉风是其必然的审美取向。不同造型的车美丑姑且不论，但从其外观上的某些

图6-3　各种车型款式

细节却可以看出汽车制造商的诚意。因此，在"以貌取车"的时候，建议大家从以下三个细节入手。

（1）**线条**　与天底下所有爱美的女性一样，汽车也要有"线条美"。选购时，重点看车身线条比例是否协调，能否与车型定位相匹配。

（2）**装饰**　主要包括中网、前照灯、尾灯、尾喉、各种运动套装和装饰条。近年来，大尺寸镀铬中网、镀铬装饰条、双出尾喉逐渐成为时尚元素；碳纤维材料、磨砂材质贴膜越来越受到年轻人的追捧；而各种氙灯、LED灯、迎宾灯也着实让消费者欲罢不能。伴随着时尚潮流的不断变化，汽车装饰也在与时俱进，因此选车时，也建议大家"跟风"和"随大流"。

（3）**做工**　主要指车身表面钣金件的装配间隙，衡量指标有两个：一是接缝宽度是否均匀，二是接缝大小是否符合标准。注意：接缝不是越小越好，主流车型的装配间隙通常为3~5mm。车身做工的好坏，不但直接影响到汽车的舒适性（主要是噪声），同时也反映出厂家的做车态度、技术工艺和管理水平。因此购车时，不妨从此类细节入手，以小见大。

3. 颜色

颜色是一辆汽车给人的第一感官印象，不同的颜色给人不同的感觉，同时也反映了车主的品位与个性。

银灰色：代表安全、可靠、永恒，给人以强烈的金属质感。有研究表明，银灰色汽车发生交通事故的概率最低，因而在众多色彩中，银灰色最具安全性，也最具人气和运动感。

白色：给人以纯洁、典雅、明快的感觉，属中性色调，对性别要求不高。此外，白色还属于立体色，使车体显大。

黑色：既代表保守、庄重和尊贵，又不乏新潮、野性和动感。大尺寸的中高级车选用黑

色更显气派，但小尺寸的 A 级、A0 级则不宜选用黑色。因为黑色是收缩色，会使本来不大的车身更显短小。

红色：代表激情、幸福和蓬勃充沛的生命力。它也是放大色，看起来使小车显大，深受年轻女性的喜爱，非常合适跑车和运动型车。

蓝色：给人以清爽、舒适、豪华的感觉，在劳斯莱斯和奔驰家族中，都可以看到蓝色的身影，彰显其博大、尊贵的气派和风度。

黄色：给人以鲜艳、活泼、温暖的感觉，它也是放大色，在环境视野中非常显眼，非常适合跑车和小型车。

绿色：有很好的可视性。小车选择绿色很有个性，具有田园诗画般的旖旎风情，但豪华车不宜选用绿色。

综合款式、造型和颜色三个方面，根据表 6-1 即可对选购车型的"外观"子项进行打分。下面的内饰、空间、座椅等子项，依此类推。

二、汽车内饰评价

在日常使用过程中，与车主最亲密接触的还是汽车内饰，好的内饰设计给人的视觉冲击极其强烈，直接影响到驾乘人员的感官舒适性。因此，买车时不光要看"面子"，更要看"里子"。

通常来讲，汽车内饰的评价指标主要有四个。

1. 设计

（1）风格　内饰的设计风格应该与车型定位相符。从搭配的角度讲，商务车的内饰应该是豪华精致的；家用车的内饰应该是俭约实用的；年轻人选车，内饰可以是动感时尚的；中年人选车，内饰最好是稳重大方的。

（2）色调　就像我们穿衣戴帽讲究搭配一样，仪表、中控、座椅等的颜色搭配也应合理。过去，汽车内饰多以米色、灰色和浅黄色为主；现在，内饰色调越来越多地成为人们展示个性，诠释时尚的载体。常见的色调搭配有：①白外黑内。白色车身全黑内饰，象征运动和激情，感觉非常劲酷。但是，全黑内饰不耐脏，中控台两天不擦就是一层灰；黑色的真皮座椅，只要不上蜡就很灰暗，感觉质感很差；时间久了，黑色座椅特别容易显现细小裂纹，而且难以掩盖。②黑红混搭。黑色的内饰加上红色的运动座椅，或者红色的中控台加上全黑的真皮座椅。这种搭配可以激发起人们强烈的驾驶冲动，现在正成为一些运动型轿车主流的内饰风格。不过，黑红混搭的内饰长时间使用容易使人产生"路怒症"，尤其是在闷热的夏天看着大面积红色中控饰板，除了感受激情，还有难以挥去的烦躁。③棕米搭配。棕色的中控台和车厢扶手，米色的座椅和顶篷。这种搭配让人眼前一亮，棕色中控台没有黑色的沉，却和黑内饰一样避免了反光；米色看着既整洁又舒心，同时又让经济型车有"鸟枪换炮"的感觉。但是，棕米搭配也有不足，米色的绒布座椅易脏，容易留下汗渍，而且米色顶篷也容易积尘，不易清洁。

需要指出的是，过于鲜艳的颜色容易分散驾驶人注意力，存在安全隐患。

2. 材质

戴姆勒－克莱斯勒曾经聘请咨询顾问来研究消费者的喜好，结果发现大多数人会在扣紧车门把手的 90s 内，决定自己喜欢还是讨厌这辆车，内饰材质的重要性可见一斑。对于材质

优劣的评价，主要看汽车内饰使用了哪些材料，高级材料使用得越多，则得分越高，汽车内饰常用的材料有以下几种。

（1）皮革　其特点是容易清洁、档次感高，有真皮和仿皮之分。①真皮。分为"头层皮"和"二层皮"。头层皮为牛皮的最外层部分，经过鞣制处理后，进行人工着色。它保持了牛皮天然的弹性、韧性和透气性，且外表细腻、色牢度高；加工完头层皮后剩下的第二层牛皮，表面喷涂一层 PVC 膜，即为二层皮，也叫"贴膜牛皮"。它保留了牛皮的部分特性，但耐磨性、透气性及强度不如头层皮，用久后会发生龟裂。②仿皮。包括复合皮和人造革。其中，人造革是以织物为基布，表面涂覆合成树脂制成的，外观、手感近似皮革的一种塑料制品。因其含有大量化学原料对人身健康产生极大危害。复合皮，又叫"超纤皮"，全称是"超细纤维增强 PU 皮"。因其具有耐磨、耐寒、透气、耐老化、质地柔软以及外观漂亮等优点，已成为代替真皮的理想选择。选购时，上述四类皮中头层皮最好，其次是进口超纤皮，第三是二层皮，最后是人造革。

需要指出的是，很多"原厂真皮内饰"大都只是"部分真皮"，而非全部采用真皮，如汽车座椅通常只有坐垫和靠背采用真皮，其余部分的包裹材料多是仿皮。不过，消费者也不必过于纠结，真皮虽然有着不可替代的优点，但物美价廉的超纤皮却也不弱，甚至在某些方面超越了真皮。另外，加工真皮和造纸一样，对环境的污染非常严重，需要大量的水和化学原料来进行处理。因此，为了环保，请慎用真皮。

（2）木材　汽车内饰中凸显豪华感的，除了皮革之外，当属木材，包括实木和仿木。

1）实木。多为胡桃木、黑鸡翅木和水曲柳，成材期约为 50～100 年，价格不菲。以奔驰 S 级轿车为例，选装水曲柳内饰需额外支付约 9200 元。

2）仿木。绝大多数紧凑级车甚至中级车所用的"桃木内饰"并非真正的实木，而是喷涂桃木纹理的聚酯塑料，起到实木装饰的目的。

（3）塑料　与上面介绍的"名贵实木"和"高档皮革"相比，大面积的塑料内饰，在绝大多数人看来就是低档、粗糙的代名词。但是塑料也并非一无是处，它还是有很多优点的。首先，大面积采用塑料材质有助于统一加工零件、简化制造工艺，为消费者带来更实惠的价格；其次，塑料具有质轻、耐脏、耐寒、耐热、耐腐蚀等传统材料所不具备的优良特性；再次，塑料更加安全和环保，无须砍伐树木、无须宰杀牲畜，可重复回收利用，碳排放少。

（4）织物　相对皮革等材料而言，织物具有价格实惠、触感柔软、节能降噪等诸多优点。在欧洲，80% 的汽车座椅都采用织物面料，这是因为织物面料搭配起来非常灵活，只需在一款基布上加上不同的设计元素（例如图案、花纹、颜色等），采用不同的加工工艺（例如激光焊接、绣花、喷墨等），即可呈现美观的效果。不但降低了成本，更彰显了差异化和自我个性。织物的缺点是不易清理，但随着新材料、新工艺的应用，这些问题都迎刃而解。例如采用纳米材料的座椅，表面泼洒一杯咖啡，轻轻地用毛巾擦拭，不留丝毫痕迹。

（5）金属　目前的金属装饰主要分为镀铬、铝板拉丝和喷涂金属色三种。①镀铬。该工艺在生产环节产生很多污水，生产厂家因此需要投资建设废水处理设备，成本很高，因此镀铬在金属内装中售价最高，在空调出风口和车门拉手等醒目位置效果较好。②铝板拉丝。指反复用砂纸将铝板刮出线条的制造过程，用以增加金属表面的纹路质感。其优点是不易留下划痕，耐久性好；缺点是容易反光，一般不用于汽车仪表，以避免分散驾驶人注意力。

③喷涂金属色。又称钢琴漆，具有强烈的金属质感，但容易留下划痕和指纹，多喷涂在扶手箱等次要位置。

（6）碳纤维 是一种由碳原子构成的纤维材料，兼顾了汽车对轻量化和高强度的要求，同等质量的碳纤维其强度能达到钢的 7～9 倍，而重量却不到钢的 1/4。然而，碳纤维材料价格昂贵（一个碳纤维发动机盖动辄就要几万元），往往只在少数跑车或者赛车上小规模使用。市面上还有一种碳纤维贴纸，表面纹理和碳纤维非常接近，薄薄的一层粘在车身上，价格低廉的同时又具备了碳纤维的视觉效果。不过，需要注意的是，但凡贴纸都会损伤车漆，长期使用，轻则使漆色不均匀，重则跟车漆粘在一起，揭下来还得重新喷漆。

3. 做工

内饰做工评价主要从车内接缝宽度、中控按键手感以及操纵旋钮阻尼三个方面综合考量，如图 6-4 所示。

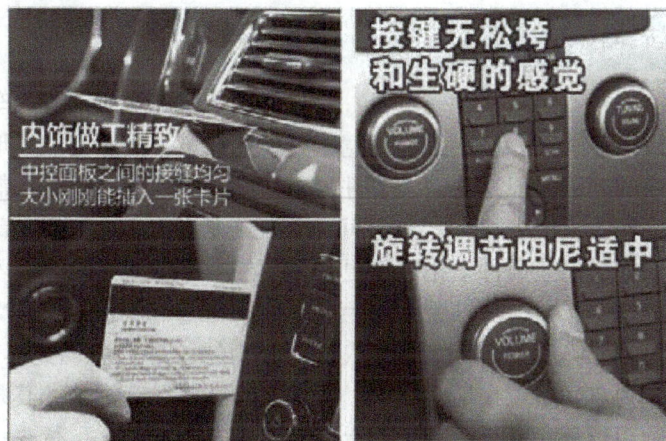

图 6-4 内饰做工

（1）接缝 目前质量控制较好的主机厂，内装件之间的缝隙已经进入"1mm"时代。如此精确的吻合，不但给顾客带来高品质的美感，而且会在长时间内得以保持，这对降低车内噪声至关重要。

（2）手感 按压中控等部位按键，应平整、牢固、无异响，按键键程适中，反馈力度呈线性变化（即开始阶段阻力较小，继续按压阻力逐渐增大），且松手后按键应能够自动回弹复位。

（3）阻尼 扭转中控等部位旋钮，入位感应清晰明确，以减少误操作，阻力应适中，转动过程无松垮感，且旋钮位置不会因为车辆振动等原因而自行改变。

4. 环保

汽车内饰的环保性不容忽视，因为它直接关系到乘员健康甚至生命。当消费者欢天喜地提车时，打开车门总会闻到一股"新车味"，其实这种味道中就包含了甲醛、二甲苯、丙酮等几十种挥发性有机物（VOC），长期在高浓度 VOC 的驾乘环境中可导致人体的中枢神经系统、肝、肾和血液中毒。

造成车内空气污染主要有两大元凶：一是新车本身的各种配件和材料中的有害气体没有得到充分释放，直接造成车内空气污染；二是内饰件在装配过程中会使用多种胶粘剂和阻燃剂，它们也会不同程度地造成车内空气污染。

GB/T 27630—2011《乘用车内空气质量评价指南》中对新车和在用车内部 VOC 浓度做出了详细规定。但 VOC 的采样测定需要专业设备和人员，对普通消费者来说可操作性不强。因此，在内饰环保性鉴别上建议考虑以下几种方法：第一，闻气味。经销商的展车通常行驶里程数较少，车内长期处于密闭状态，消费者在选车或试驾时，在车内停留一段时间。如果闻到明显的刺激性气味或感到头晕、胸闷、气短或有流泪、打喷嚏等症状时，建议"远离此车"。第二，看品牌。那些信誉高、品牌硬的大厂，为了口碑和形象，更为了市场份额，"以次充好、偷工减料"的概率相对较低。第三，不妨考虑一下二手车。目前，我国很多车型供不应求，下了生产线就直接交付客户，各种部件和材料中的有害气体得不到充分挥发，导致驾乘人员被动充当"吸尘器"。二手车在这方面就比较有优势，大部分有毒有害物质已经挥发得差不多了，并且车龄在 5 年左右的二手车性能也还不错。所以，如果不介意，买车时可以考虑二手车。

三、驾乘空间评价

近年来，汽车的驾乘空间越来越受重视，似乎每逢车型更新换代，汽车的外形尺寸都会变大些，消费者也倾向于购买那些更长、更宽、更高的汽车。虽然增加外形尺寸是扩大车内空间最直接、最有效的办法，但是受诸多条件限制，汽车的外形尺寸不可能无限放大。以主流三厢紧凑型轿车为例，长度多在 4~5m 之间，宽度通常在 1.8m 左右，高度在 1.5m 上下。那么，如何在有限的外形尺寸条件下拓展出更加宽敞的内部空间呢？这就不得不提在做车型比对时，非常关注的两个参数——轴距和轮距。

轴距是指前、后轴之间的距离。大多数人认为轴距越长越舒适，究其原因主要有两个。首先，轴距越长，车内空间布置余地就越大，腿部空间会更加充裕，尤其是后排乘员会感觉更加舒适。其次，轴距越长，起步、制动和上下坡时重心转移越小，行驶稳定性更佳，乘坐舒适性也更好。但是轴距过大，往往会影响到汽车的操控性和通过性，使转弯半径增大或容易"托底"。因此，在轴距上"一较长短"时，还要综合考虑车型定位。例如，速腾和卡罗拉是同级别车型，在车身上前者略长于后者。但速腾的轴距只有 2.65m，卡罗拉则达到了 2.7m，主要原因就是定位不同，前者注重操控性，后者强调舒适性。选车时，消费者可根据自身需求，做出有针对性的选择。

轮距是指同轴的两车轮中心线之间的距离。通常来说，车辆轮距较宽，可以增加车内宽度，增大肩部空间，尤其是后排乘员会感觉更加舒适。但是轮距过大，同样也会影响到汽车的操控性和通过性。

那么，是不是说轴距越长、轮距越宽的车辆，其乘坐空间也必然越宽敞呢？一般来讲是这样的，但还要综合考虑内饰设计的合理性、传动系统的布置形式、车门和座椅靠背的厚度以及前后风窗的倾角等因素。例如，本田飞度的"四角设计"最大限度地缩短了汽车的前悬和后悬，使四个车轮布置得尽量靠近汽车四角，进而在车身尺寸和轴距都不占优势的情况下，将车内空间做到了极致。

综上所述，衡量驾乘空间的指标可概括为三个方面：腿部空间、肩部空间和头部空间。对前排座椅来说，因为装有滑轨可前后移动，找到合适的腿部位置比较容易；同时前排只有两个座椅，肩部空间也不用担心；唯一需要关注的就是头部空间，在有些车型上，即使将座椅调整到最低位置，身材高大的驾驶人仍然感到头顶空间比较压抑。而后排有三个座椅，位

置大都固定，且受前排座椅调整的影响较大，因此对后排空间的头部、肩部和腿部空间要做出综合评价。因此，上述三个指标又细分为四个评分点：后排高度、宽度和腿部空间以及前排高度。

参考图6-5，评分步骤如下：

1）将前排座椅靠背倾角调整到接近垂直位置。

2）将前排座椅调整到最高、最后的极限位置。

3）前排座椅保持不动，测量后排坐垫中部到顶篷的垂直距离，即后排高度 $H_{后}$。

4）测量后排左右车门最突出部分之间的水平距离，即后排宽度 $W_{后}$。

5）测量后排座椅靠背底部与前排座椅靠背底部之间的水平距离，即第一种极限状态下的后排腿部空间 $L_{后1}$。

6）测量驾驶位坐垫中部到顶篷的垂直距离，即第一种极限状态下的前排高度 $H_{前1}$。

7）将前排座椅调整到最低、最前的极限位置。

8）重复5）、6）两个步骤，分别得出第二种极限状态下的后排腿部空间 $L_{后2}$ 和前排高度 $H_{前2}$。

9）综上，前排高度范围是 $H_{前1} \sim H_{前2}$，后排腿部空间范围是 $L_{后1} \sim L_{后2}$，后排高度是 $H_{后}$，后排宽度是 $W_{后}$。

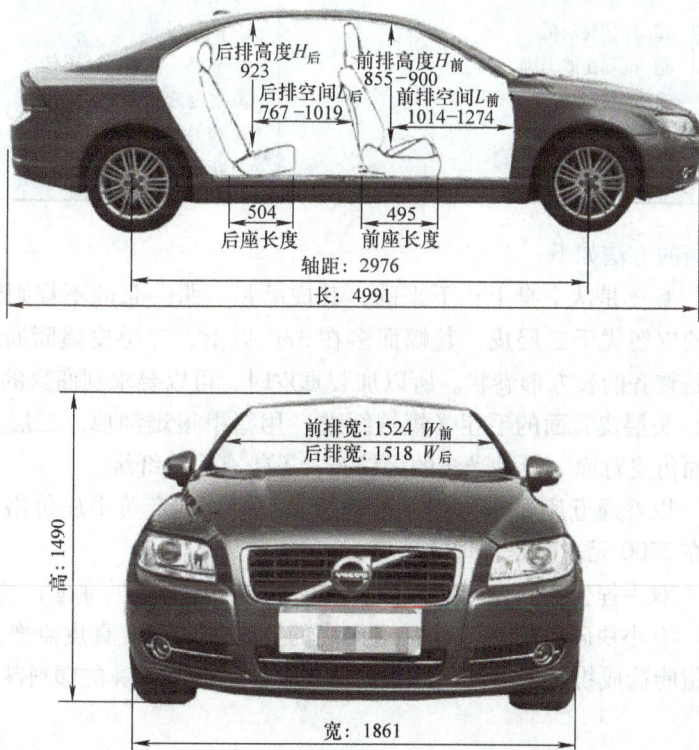

图6-5　车内空间尺寸评价

四、汽车座椅评价

在诸多舒适性配置中，与驾乘人员最直接接触的非座椅莫属，而谈到座椅舒适与否的问

题，大家十有八九脱口而出的就是真皮座椅。将车的座椅从绒布升级为真皮，是很多消费者提车后做的第一件事。那么真皮座椅真有说的那么好吗？到底什么样的座椅才是舒适的座椅呢？消费者在选车时可从以下五个方面进行筛选。

1. 真皮座椅 VS 织物座椅

在前述"内饰评价"章节中介绍过真皮和织物各自的特点。具体到座椅上，读者可参考表6-4，根据实际需要自行取舍。

表6-4　真皮座椅与织物座椅的优缺点对比

座椅类别	优点	缺点
真皮	① 高端大气上档次 ② 耐脏 ③ 散热快 ④ 质感好、触感佳 ⑤ 不易被烟头烫伤	① 价格昂贵 ② 养护要求高 ③ 容易被锐物划伤 ④ 紧急制动时，容易滑动 ⑤ 怕长时间汗水浸泡 ⑥ 对环境污染大 ⑦ 真假难辨
织物	① 价格实惠 ② 养护要求低 ③ 抗划伤能力强 ④ 不易滑动 ⑤ 对环境污染小	① 不够豪华 ② 不耐脏 ③ 散热慢 ④ 质感一般、手感不佳 ⑤ 容易起球 ⑥ 容易起静电 ⑦ 拆装清洗麻烦

辨别真皮座椅的方法如下：

（1）**看幅面**　真皮是从牛身上扒下来的，其成品是一张一张的不规则形状，且大小不一，头层皮选择的皮坯优于二层皮，其幅面多在 $3m^2$ 以上，二层皮幅面通常在 $2 \sim 2.5m^2$；而仿皮的成品则是整齐的长方形卷状。所以加装真皮时，可以要求到商家的仓库去看一看。

（2）**看毛茬**　头层皮背面的毛茬（短绒纤维）用指甲很难刮掉，二层皮背面的毛茬很松，容易刮掉；而仿皮背面一般是光洁的无纺布，不带有短绒纤维。

（3）**看价格**　以普通五座轿车为例，材料加上工时，国产黄牛皮价格在 2500 元上下，进口黄牛皮报价在 3500 元左右是合理的价格。

（4）**用力拉**　双手捏住皮料向两侧拉伸，真皮不会产生显著的变形，仿皮则不然。

（5）**用火烧**　有小块碎皮的话，可以用火烧的方法来鉴别。真皮点燃后有毛发烧焦味道，且灰烬用手指能捻成粉末，不结疙瘩；而仿皮燃烧后会有刺鼻的塑料味道，且燃烧后结成疙瘩。

2. 包裹性和支撑性

好的座椅，会使人体的腰部、肩部以及背部得到良好的侧向支撑和包裹，会使驾驶人保持肌肉放松、体压合理分布的驾驶姿势。具体来说，选购时可参考以下三个方面。

（1）**贴合感**　首先，看座椅靠背和坐垫的形状是否与人体背部、臀部和大腿底面的形状相贴合。为了避免制动时身体滑移，坐垫的前端设计得稍稍高些，两侧也稍稍翘起，形成

一个盆形，臀部刚好坐在中间凹陷处。其次，看靠背的接触面积和坐垫的接触部位是否合适。不良的体压分布会造成对躯干的压迫，阻碍血液流通，人长时间乘坐酸痛感会加剧。

（2）侧向稳定感　即乘员由于座椅的适当约束，能够有效抗衡汽车转弯时产生的离心力，从而更准确地感受轮胎与路面的抓地性，驾驶人也能够更精准地操控车辆。所以，座椅靠背的左右侧面支撑非常重要，一些赛车和超跑的前排座椅都拥有宽大的侧面椅壁，从而将驾驶人牢牢包裹其中。

（3）软硬感　座椅的软硬对驾乘舒适性和疲劳感的影响很大。通常来讲，汽车座椅应宽大些、厚实些和柔软些。座椅过硬会使人觉得不舒适，但座椅也不宜太软，否则会使人过多地陷入座椅，不容易改变乘坐姿势，容易产生疲劳感。

3. 头枕和扶手

头枕很容易被人们习惯性忽略。事实上，在发生追尾事故时，头枕可以有效保护驾驶人的颈椎免受损伤。而有些头枕设计得不能与头部紧密贴合，不能起到撑托头部的作用，而只是顶着驾驶人的头部，让人感到很不舒服，对颈椎的保护作用也大打折扣。

扶手也是极不起眼的部分。长途自驾时驾乘人员会切身体会到手臂因长时间悬空而产生的酸疼疲劳感，而中央扶手则能起到很好的支撑和放松手臂的作用。选车时，要查看扶手位置能否前后调整，能调整最好，每个人都可以找到适合自己的位置；如果不能调整，那就体验一下扶手对小臂的支撑效果，因为有些车型扶手位置很不人性化，手肘只能搭个边，根本起不到放松手臂的作用。

4. 调节方式

座椅调节分手动和电动两种方式。手动调节成本低，很实用，如果要快速放下靠背，或前后移动座椅，它比电动调节的速度更快；但手动调节是分级的，有时不一定能调整到自己最想要的位置，并且这种调节方式的施力者是座椅上的乘员，因而调整起来比较费力。

电动座椅则可以提供更加精准的调节位置，并且电动机是动力源，乘员只需扳动控制键就可以改变座椅的位置和角度，无须主动改变坐姿。它可使驾驶人轻松地找到最适合自己的驾驶姿势，提供良好的视野，提高了行车安全并能有效缓解驾驶疲劳。

目前，中低端经济型轿车多采用手动调节座椅，或只为驾驶座椅提供简单的电动调节功能；中大型豪华车一般会为前排座椅提供电动调节功能；而更注重商务性的豪华轿车前、后排都会配备电动可调座椅。

5. 座椅配置

（1）座椅温度调节　配备有加热、制冷和通风装置后，使得座椅温度能够根据乘员的需求自动升温或降温，通风功能则可有效改善人体与椅面接触部分的空气流通环境，使接触面干爽舒适，不易产生汗液。

（2）腰部支撑调节　指座椅靠背内装有适度顶推乘员腰部的机构，用以缓解长时间的驾驶疲劳。座椅腰部可以改变凸度，给予人体一定的支撑，使腰部不会因为悬空着而产生疲劳感，年纪大点的人都非常喜欢。

（3）座椅位置电子记忆　指电动座椅通过与车载电脑相连，具有存储座椅姿态的功能。通过按存储好的记忆按键，驾乘人员能轻松获得以前存储的适合个人需要的座椅姿态，一般有 2～4 组记忆数。有些车型还整合了转向盘调节和倒后镜调节的记忆功能。

（4）按摩座椅　将按摩装置内置于座椅中，功能关闭状态下与普通座椅没有区别；在

开启状态时，它可有节奏地敲打、挤按乘员背部和腿部，力度和速度可自行调节。按摩功能可以促进血液循环、舒缓急躁情绪和缓解驾驶疲劳。

第三节　驾控舒适性评价

一辆车舒不舒服，停在那看不出来，一定要开起来才知道。如果能驾车行驶200km，舒适与否立刻就知道了。本章就从驾驶操纵、内部环境、悬架类型和轮胎选择四个方面对驾控舒适性给出具体评价。

一、操纵轻便性评价

操纵轻便性是指行车过程中，驾驶人对车辆的信息一目了然，对车辆的操控得心应手，乘员进出车辆比较方便，最大限度地缓解驾驶疲劳。详细评价指标概括为以下四点。

1. 手操纵件

驾驶人保持正常坐姿，身系安全带，右脚置于加速踏板上，一手握住转向盘，另一只手所能触及的最大空间曲面，即为驾驶人"手控制区域"。车内的转向盘、变速杆、各种按键、开关、旋钮等的位置均应处于该范围内，这是判断车辆操纵是否方便的首要原则。具体来说，每个手操纵件的评价标准如下。

（1）转向盘　①粗细和直径。根据美国汽车工程师协会推荐实施标准 SAE J1139—1999《汽车手操作件运动方向模式》中的描述，转向盘直径为 $\phi350 \sim \phi380mm$；粗细为 $\phi20mm$ 左右时，操作起来最舒服。②调节方式。转向盘调节功能是为了更好地适应不同身材和不同驾驶习惯的人的需要，有两方向（上下调节）和四方向（上下调节和伸缩调节）两种，后者可以使驾驶人更加方便灵活地找到适合自己的驾驶位置。③助力的大小。按先进性来讲，电动助力优于液压助力，随速助力优于普通助力。什么是随速助力呢？这种系统助力作用的大小可根据车速高低自行调整，低速时助力大，利于停车入位和掉头；高速时助力小，利于行车安全和稳定，常见的有宝马的随动转向系统和奥迪的动态转向系统。另外，考虑到性别、身材、年龄和臂力的差别，购车时最好亲自试一下转向盘的力度是否符合自己的习惯。④多功能转向盘。指在转向盘两侧或者下方设置一些功能键，包括音响控制、空调设定、车载电话、定速巡航等。其好处是驾驶人可以直接在转向盘上操控车内电子设备，无须在中控台上寻找各类按键，从而可以更专心地注视前方，显著提高行车安全性。

（2）变速杆　①手感。优秀的换档机构应具有档位清晰、换档行程短、换档阻力小的特点，同时应具有一定的换档吸入感和防止误操作装置。②布置形式（图6-6）。

图6-6　变速杆布置形式

直排式，优点是换挡直接、省力，缺点是在盲操作时容易挂错档；锯齿式，优缺点刚好

和直排式相反；怀档，在欧美国家比较流行，国内仅在奔驰、别克等少量车型上使用，优点是节省出中控台的空间，缺点是刮水器和转向功能都集中在左侧控制杆上，容易误操作；电子变速杆，以宝马7系和奥迪A8为代表，带有自动归位功能，换档行程更短，节省出的中控台空间可以配置额外的杂物箱和杯座；旋钮式变速杆，比较少见，仅捷豹和路虎车型上在用，其本质也属于电子变速杆。

（3）按键和旋钮 检查各类按键的大小、位置和疏密布局是否便于操作；感受各类旋钮的尺寸、阻尼和所处位置是否便于使用。

2. 脚操纵件

车内的各类脚操纵件，如加速踏板、制动踏板和离合踏板的布设应考虑人的生理特点，使驾驶人反应迅速、避免误操作。

（1）加速踏板 有地板式和悬挂式两种，如图6-7所示。

① 地板式踏板。转轴位于踏板底部，整个脚掌可以全部踩上去，提升了脚下控制踏板的精度，在日常驾驶时对驾驶人脚踝、小腿造成的疲劳更小，更加舒适。德系的奔驰、宝马、大众车型多采用此种形式。

② 悬挂式踏板。转轴位于支架顶端，只能给前脚掌提供支点，控制精度不如地板式踏板，驾驶人长时间驾驶小腿会比较僵

图6-7 踏板布置形式

硬，增加疲劳感，舒适性较差。德系的奥迪、美系的福特、别克以及日韩车型多采用此种形式。

（2）制动踏板 多为悬挂式，消费者购车时最好亲自试一下"脚感"是否符合自己的驾驶习惯。具体表现为以下三个方面。①制动响应。应当灵敏但不神经质，轻踩制动踏板就有制动效果，但不突兀。②制动的渐进性。慢踩制动踏板，制动力度线性增强，表现出的制动力符合驾驶人心里预期。快踩制动踏板，制动响应迅速，转向盘没有抖动。③合适的距离。大部分人的脚宽为130mm左右，因此制动踏板与离合器踏板中心线之间的距离应不小于200mm，以便左右脚同时踩踏而不发生干涉，制动踏板与加速踏板之间的距离在一个脚掌左右，自动档车辆的制动踏板应尽量靠近驾驶人中心线位置。

（3）离合器踏板 主要关注两点。①踏板的软硬。多数人习惯软一些的离合器踏板，在半离合或频繁换档情况下如果踏板力过大，会加剧小腿的酸痛感。②接合点的高低。抬起踏板，离合器接合，合理的接合位置应该在踏板总行程的三分之二左右。如果接合点过低，稍微一抬脚离合器就进入接合状态，加速踏板和离合器踏板配合不好的话，容易熄火。如果接合点过高，腿自然也得相应抬高，长时间频繁踩离合器踏板，容易造成腿部抽筋，并且由于前面的空行程过长，也会造成车辆起步缓慢。

3. 仪表显示

车内各类仪表的设计和布置应符合人的视觉特性，驾驶人通过各类仪表、警告灯、液晶屏或行车电脑，应该可以随时获取汽车各装置工作状态和行驶状况信息。影响视认性的具体因素包括：仪表的数量与位置、指针和文字的大小以及夜间照明和配色。

行车信息的读取对于安全行车非常重要，个别车型上将仪表设置在驾驶位与前排乘员位

中间的位置，并用数字显示。如此一来，个性化增强，但人性化必然降低，毕竟大多数人不习惯扭头看车速和发动机转速，而且视线脱离前进方向也不利于行车安全。除了行车信息，部分车型的仪表上还提供丰富的用车信息，如维护提醒、胎压显示、发动机机油液位检测等都非常实用。

此外，在仪表显示中还有一种配置非常好用，那就是抬头数字显示系统（Heads Up Display），又称为平视显示系统，它可以把重要的信息（诸如车速、发动机转速、油耗等），通过光学原理投射到贴在风窗玻璃的信息屏幕上，驾驶人无须低头，就能看清重要信息。该系统成本昂贵，目前只在少数高档车中采用，其突出优点是：驾驶人不必低头就可以看到所需信息，可以有效避免追尾事故；而且驾驶人不必在观察远方道路和近处仪表之间调节瞳孔，可缓解眼睛疲劳。

4. 上下车便利性

乘员上下车的便利性，主要取决于车门开启方式、车门全开时的有效面积和底盘高度三个要素。

（1）开启方式　常见的开启方式有：①直开式。以车门前端为圆心转动打开，是当今使用最广泛的车门开启方式。其优点是符合人们生活习惯，且拥有较大的出入空间；缺点是不够个性，上下车过程需要弯腰，有时还要小心碰头。②对开式（图6-8）。与直开式正好相反，以车门后端为轴旋转打开，沿袭自皇室贵族乘坐的马车，仅在劳斯莱斯、MINI等少量车型上采用。其优点是开口向前，同时可以将B柱取消，以提供更大的出入空间，使得后排乘客可以向后直接坐入车内，动作从容优雅，适合豪华车型；缺点是不符合生活习惯，给人反转感觉，同时取消B柱后使车身强度变差。③侧滑式。多见于MPV车型，制造成本比传统车门要高。最大优势在于后车门开口变得非常大，车门垂直高度也高，乘客在进出车厢时不需要"钻"，姿势更加优雅、舒适。一般分为手动侧滑门和电动侧滑门，后者制造成本相对更高。

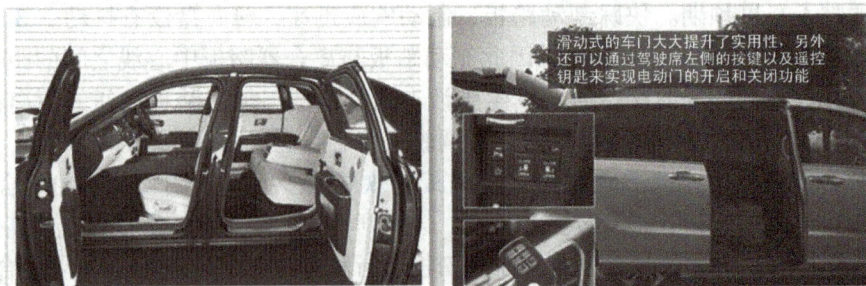

图6-8　车门开启方式

（2）开启面积　主要取决于车门宽度、高度、开启角度以及A、B柱的宽度和倾角等因素。车门开启的有效面积（图6-9）越大，对乘员的进出越有利，适度减小车门立柱的宽度和倾角也可改善乘客上下车的方便性。

（3）底盘高度　越野车的离地间隙通常较大，此时踏板的高度、深度、防滑性能以及扶手的位置和握感也会对乘员上下车的方便性产生很大影响。

前后车门开启角度分别为83°和70°

83°　70°

图6-9　车门有效开启面积

二、环境舒适性评价

行车过程中座舱内的环境质量，对于舒适性感受的影响至关重要。谁都不愿意坐在一辆潮湿闷热、空气浑浊、声音嘈杂、阳光暴晒、颠簸摇摆的车里。那么，如何才能营造出舒适的驾乘环境呢？它主要取决于车内的气候调节、噪声控制和光线调节三个方面。

1. 气候调节

研究表明，当车内温度上升到35℃时，交通事故的数量与25℃时相比增加了22%，驾驶人的反应时间延长了20%。而汽车空调的应用显著改善了座舱环境质量，它通过调节温度、湿度、风速和换气，来提高行车舒适性和安全性。值得注意的是，不同车型的空调性能还是有很大差别的，选购车辆时可以重点关注以下四个方面。

（1）空调压缩机　是整个空调系统的心脏，其性能参数直接影响制冷能力和效率。首先看品牌。在汽车空调压缩机领域，日本电装（DENSO）、三立（SANDEN）和美国德尔福（Delphi）的口碑较好且占据较大的市场份额。其次看排量。压缩机的排量越大，其制冷效果也越好。但车用压缩机的排量不能太大，它应该是动力性和舒适性折中的结果。那么，汽车空调的压缩机排量大小主要取决于发动机排量的高低和车内乘坐空间的大小。一般来讲，微型车空调压缩机排量一般为80mL左右，如奇瑞QQ、比亚迪F0的压缩机排量为66mL，奥拓的压缩机排量为83mL；小型车一般为90～140mL，如本田FIT、FORD嘉年华压缩机排量为120mL，大众Polo的压缩机排量为130mL；紧凑级车空调压缩机排量一般为160mL，如大众速腾、别克凯越、现代伊兰特都在这一范围；而中高级车的压缩机排量通常为160～250mL，如丰田凯美瑞、FORD蒙迪欧空调压缩机排量为160mL，克莱斯勒300C的压缩机排量为170mL，别克GL8的压缩机排量为180mL。最后看结构。就技术先进性而言，当前主流车型陆续开始采用变排量压缩机，与定排量压缩机相比它具有安静、省油、温度波动小和对发动机动力输出影响小等优点。

（2）出风口　一台质量过硬的、与车内空间相匹配的变排量空调压缩机为舒适的内部环境打下了良好的基础，但这还不够。风道的设计以及出风口的布置，对乘客舒适性也有着相当重要的影响。前者隐藏在仪表板和各类饰板后面，我们看不见摸不着，但后者却是摆在眼前的，其个数、大小和位置对车内气流的流速、流向和流场组织会产生直接影响。首先，不同车型出风口的数量有所不同。一般地，前排吹脸出风口的数量需要4个，两两对称设计。两个吹向驾驶人，另外两个吹向前排乘员。一般要求驾驶人右侧的一个，通过调节叶片能够使得气流吹到驾驶人身体上半部（头部，胸部），称为上身出风口；驾驶人左侧或门板上的出风口，通过调节叶片能够使得气流吹到驾驶人整个身体（头部、胸部和膝部），称为

全身出风口。前排吹脚出风口位于仪表台下方，有4~6个。冬季打开暖风时，80%的热风出自这些出风口，首先温暖身体的敏感部位——脚。其次，出风口的面积取决于鼓风机容量的大小，如果出风口过大，风道过长，则气流速度就会下降，从而影响气流达到后排座位；如果空调出风口过小，则气流速度会变大，从而导致冷风直吹人体，影响健康，还有可能导致噪声过大。最后，中高级车上，为了照顾后排乘员的舒适性，往往会增设后排出风口，一般安装于前排座椅中央扶手后面或前排座椅下侧的地板上，也有处于 B 柱位置的。它解决了前后排乘员对汽车空调需求冷热不均的问题，有助于全车乘员都能享受到空调的功用。此外，部分车型还配有杂物箱出风口，就是将杂物箱与空调的风道相连接，这样就可以在炎炎夏日喝上冷饮了。但是需要注意的是，杂物箱的冷藏功能并不等于车载冰箱的，所以请不要在杂物箱内放入雪糕等食品。

（3）**控制方式** 分为手动空调和自动空调两类。前者只能在驾驶的同时手动对温度和风量进行粗略的分级调节，既不能设定车内空调的具体温度，又不利于行车安全；后者可以根据设定温度，自动调节并保持车内温度的恒定，不仅方便，而且省油。有些豪华车上还配有分区空调，可以在不同区域对空调温度进行单独调节。最简单的是左右分区，较为复杂的可分为四区，即前后左右乘员可各自调节所需温度。但由于车厢内空气流动，不可能产生较大温差，因而其作用有限。

（4）**通风换气** 考虑到车内空间有限、乘员密集、空气污染和粉尘侵入车厢等因素，要求汽车空调系统有较大的换气量和过滤能力。常见措施有：①天窗。高速行车时天窗后部上翘少许，由于负压作用将车内空气从天窗的缝隙"抽出"，既不会产生过大风噪，同时又起到良好的换气效果，对常在车内吸烟的人用处很大。天窗的另外一个作用就是除雾。雨天行车时，为避免水汽吹进车内，人们往往会紧闭车窗，结果就会增大车厢内外的温差，前风窗玻璃上容易起雾。开空调虽然可以除雾，但过低的温度又会使人感到不适，这时可打开天窗，利用上述负压原理，同样可以起到很好的除雾效果。②活性炭空调滤芯。普通的空调滤芯只有一层标准滤网，可以起到过滤灰尘和花粉的作用。而带有活性炭的空调滤芯还带有吸附有害气体和降低车内悬浮颗粒物的能力。紧凑型家用车上的活性炭滤芯价格通常为100元左右，比普通滤芯大概贵50元。需要注意的是，滤芯使用一段时间后就会吸附饱和，因此必须定期更换，一般来说一年更换一次。③负离子发生器。在车内产生负离子风，可以去除异味，同时还能中和带正电的、排斥带负电的各种细菌和病毒对人体的侵害。

2. 噪声控制

汽车噪声分为车内噪声和车外噪声，前者影响驾乘人员的舒适性，后者则会造成环境污染。本节主要关注车内噪声的产生机理和防治措施，车外噪声将在第八章介绍。

通常来讲，汽车噪声主要来源于发动机本体噪声、排气噪声、风噪和路噪。对于发动机噪声来说，有些车主希望越安静越好，但事实却是我们需要适度的噪声来保障行车安全。当下我国正在大力推广电动汽车，电动机的声音很小，当它悄无声息地行驶时可能会撞到猝不及防的路人，有些人就建议为纯电动车装上"噪声"。与之形成鲜明对比的是，还有一类人执着地追求狂野低沉的发动机咆哮，对他们来说拆掉消声器后爆发出的排气声浪无疑就是天籁之音。所谓风噪就是车身周围气流扰动产生的压力波动，低速时可忽略不计，高速时则是车内噪声的主要来源。一般来说，流线型较强的车型风噪较小，而那些方方正正、见棱见角的 SUV 风噪会比较大，如果再加装车顶行李架，更会加剧风噪。而路噪又称胎噪，主要取

决于轮胎的规格、花纹和材料。

噪声源每辆车都有，但传入车厢内的声音却有大有小，其差别就在于密封、隔音和吸声技术的好坏。大量试验表明，良好的密封可以有效降低车内噪声，尤其对高速行驶中的风噪有很好的抑制作用。像前围板、地板、门边等部位开有很多穿线孔和安装孔，会引起风啸声，应该努力予以密封。而车身、地板等部位大都由外围板和内饰板组成，中间的空气层可以起到很好的隔音作用。有些人后期还会在双层隔板中加装吸音棉，降噪效果更加明显。此外，部分学者还提出了"主动控制噪声法"，即利用传感器实时测量车内噪声的主频率，然后通过扬声器主动发出频率相同、振幅相等但相位相反的声波来"中和"噪声。据称能减少一半的噪声量。

衡量噪声高低用声压级，其单位是分贝（dB），数值越大，噪声就越强烈。试驾时可以实测一下，方法很简单，只需下载相应的噪声测量 APP（常见的有 Noise Sniffer , Sound Level Meter Pro）并将其安装到手机上，然后使车辆分别处于怠速、中速和高速状态，分别测量并记录相应的噪声值（图6-10）。HJ 2532—2013《环境标志产品技术要求　轻型汽车》中规定，轿车在 60km/h 匀速行驶时车内噪声不应超过 65dB（A）。通俗来讲，两人相距 1m 左右正常交谈时的声压级大概为 60dB，公交车正常行驶时车厢内的声压级约为 80dB，普通轿车行驶过程中的车内噪声大致为 55~70dB，超过 70dB 就会影响乘员间的正常交流。

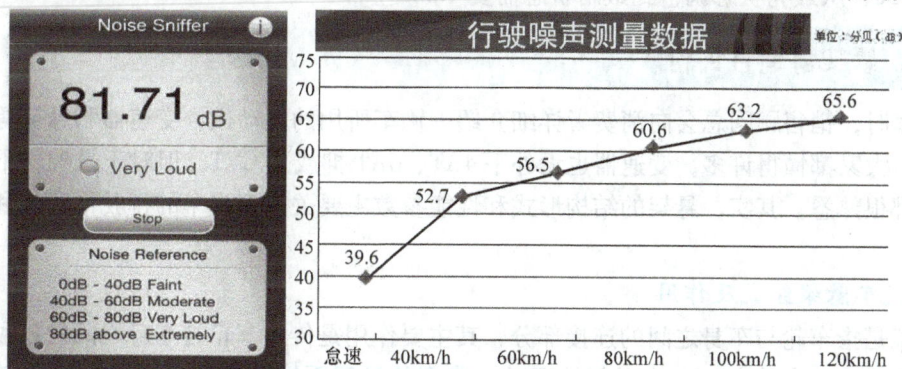

图6-10　车内噪声测量

3. 光线调节

就像瞳孔可以控制进入眼球的光线那样，对透过车窗进入车厢的光线我们也希望可以人为干预，感到灼热刺眼时可以挡住部分光线，反之在阴冷昏暗时可以让光线多进一些。目前常用的控制手段主要有以下四种。

（1）贴膜　指在车窗玻璃上贴一层太阳膜，又称防爆隔热膜。其作用主要是阻挡紫外线、阻隔部分阳光直射热量以及防止玻璃爆裂导致的伤人情况发生。此外它还可以起到保护个人隐私和节省燃油消耗的功效。选购时需要注意以下三点：①防爆膜的透光率越高，表明膜越通透，相应的隔热性能和阻隔紫外线性能也会降低。但不宜过度追求防晒隔热功效而选用颜色过深的膜，否则会影响夜间行车安全。②隔热率最好的膜也不能完全阻止车内温度上升，而只能减缓温度上升的速度。③汽车贴膜市场鱼龙混杂，假膜、劣质膜刺激性气味大，极易造成视觉疲劳，将严重影响行车安全和身体健康。

（2）全景天窗　常见的全景天窗有两种类型。一种是整体不可开启式，实质是一个大

面积的玻璃车顶，由于没有分段结构，透光面积很大，但由于无法开启，也就无法实现通风换气的功能，代表车型有飞度、索纳塔和雪铁龙 C4。第二种是双天窗式，即前后两块单独的玻璃，前半部分跟普通天窗一样可以打开，后半部分则固定不动，如途观、君越、天籁等。全景天窗对改善车内采光帮助很大，但同时它也是一把双刃剑。首先，玻璃滑轨护理不当容易造成天窗卡死、无法关闭的情况；其次，时间久了密封胶条会老化，可能会漏水，更换胶条价格不菲；再次，车顶需开有夹层以安装滑轨和玻璃，影响头部空间；最后，车身整体刚度下降，安全系数降低。

（3）遮阳帘 指为阻挡车外紫外线照射而放置于侧窗、后窗或天窗上的防护帘，分为手动和电动两种，后者多见于高端车型。

（4）电致变色玻璃 一种智能玻璃，在电场强弱变化下它可以主动调节光透过率，可以选择性地吸收或反射外界的热辐射和内部的热扩散，起到改善车内光线强度和防窥视作用。2005 年，法拉利 Superamerica 跑车的风窗玻璃和顶篷玻璃就采用了电致变色技术。此项技术可对光透过率进行 5 级调整。在光透过率最高的情况下，施加在电致变色玻璃上的电压为 −1.2V，光透过率为 15%；在最暗的（不透光）情况下，施加电压为 +1.5V，光透过率为 1.5%；在停车时，透过率处于中间状态。对透过率的设定通过车内的开关进行，每级调整需要 15s，从最亮状态调整到最暗状态需要 1min 左右。

三、悬架舒适性评价

看车时，销售顾问总会向消费者详细介绍一辆车所用的发动机、变速器和悬架等。关于发动机，大家都懂得许多，变速器也无外乎 4AT、6AT 抑或是 CVT，但对于悬架，不是每个消费者都很熟悉。其实，悬架的结构形式和性能参数主要关系到汽车的行驶平顺性和操控稳定性。

1. 汽车悬架组成及作用

悬架是指车轮与车身之间的连接部分，其主要作用是传递车轮与车身之间的各种力和转矩、缓和路面冲击并衰减由此引起的振动。典型的悬架系统由弹簧、避振和连杆三部分组成，如图 6-11 所示。

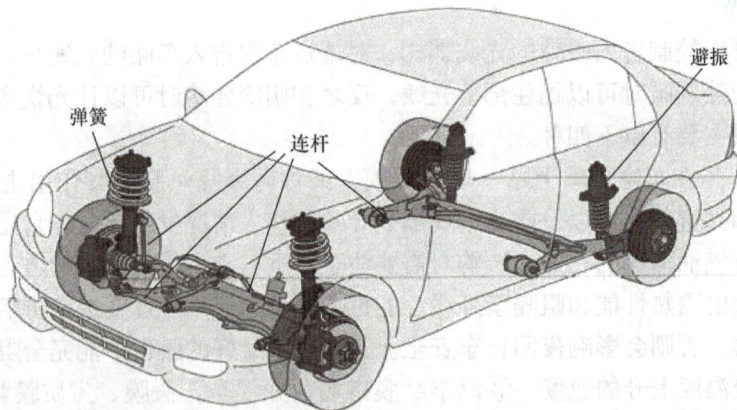

图 6-11　汽车悬架的安装位置及组成

2. 不同悬架特点介绍

（1）麦弗逊式悬架　采用其发明人 Macpherson 的名字命名，是应用范围最广的前悬架，由螺旋弹簧、减振器和 A 字形下摆臂组成，如图 6-12 所示。绝大部分车型还会加装横向稳定杆以减少侧倾。选装不同硬度的螺旋弹簧、不同行程和阻尼的减振器即可对悬架性能进行调校。

优点：结构简单，体积小，重量轻，成本低，并且具有很强的道路适应能力，轮胎接地面积大，贴地性好。

缺点：仅对垂直振动起到缓冲作用，对水平方向的制动力和离心力缺乏强有力的支撑，车辆抵抗制动点头和转弯侧倾的效果差。

适用车型：绝大部分轿车。

螺旋弹簧

减振器

A字形下控制臂(下摆臂)

图 6-12　麦弗逊式悬架

（2）双叉臂式悬架（图 6-13）　采用上下两个不等长 A 字形控制臂（上短下长），同时吸收轮胎受到的横向力，横向刚度大，转弯侧倾小。双控制臂结构还可以精确控制车轮的跳动轨迹，使其能够自动改变外倾角并且减小轮距变化，以减小轮胎磨损。此外它还能自适应路面，使得轮胎接地面积更大，贴地性更好。

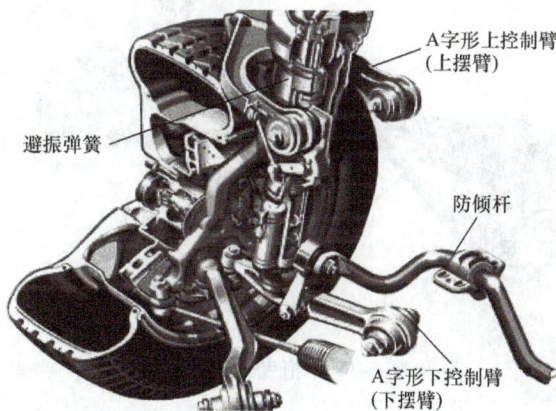

A字形上控制臂
（上摆臂）

避振弹簧

防倾杆

A字形下控制臂
（下摆臂）

图 6-13　双叉臂式悬架

优点：侧倾小，可调参数多，轮胎接地面积大，抓地性能优异，路感清晰。

缺点：制造成本高，悬架定位参数设定复杂，占用空间大。

适用车型：以皇冠、锐志为代表的运动型轿车；高档 SUV，如奥迪 Q5 和 Q7；法拉利、玛莎拉蒂等超跑以及 F1 方程式赛车。

（3）双横臂式悬架（图 6-14）　与上述双叉臂式悬架有许多共同之处，只是结构比较简单，也可以称之为简化版的双叉臂式悬架。同双叉臂式悬架一样，双横臂式悬架的横向刚度也比较大，一般也采用上下不等长的摇臂设置，通常还需要加装纵向控制臂。其性能介于麦弗逊式悬架和双叉臂式悬架之间，拥有不错的运动性能，多见于 A 级或者 B 级家用车上。国内采用双横臂式前悬架的主要有本田雅阁、马自达 6，本田思域等。

（4）扭力梁式悬架（图 6-15）　又称拖曳臂式悬架、扭转梁式悬架或 H 形纵向摆臂式

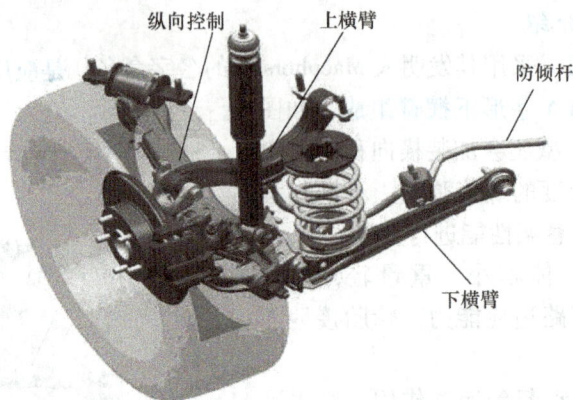

图6-14　双横臂式悬架

悬架，其主要特点是：左、右纵向摇臂与一根粗大的扭转梁焊接在一起。**从结构看属于不折不扣的非独立悬架，但从性能看这种悬架又部分实现了独立悬架的功能**。因为既存在非独立悬架的缺点又兼有独立悬架的优点，争议很大，采用这种悬架的车辆也被人们戏称为"板车"。2013年新速腾的"减配门"事件，起因就是一汽大众公司将主流的多连杆独立后悬架，更换为扭力梁式半独立悬架。

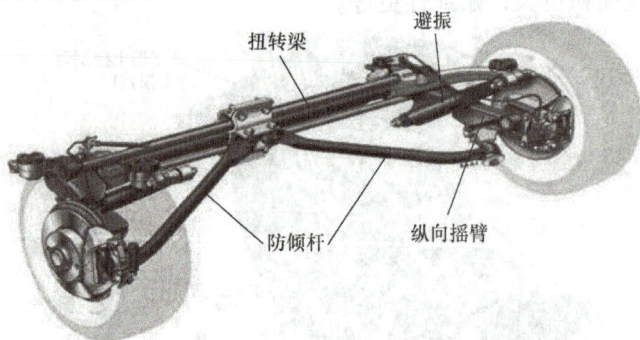

图6-15　拖曳臂式悬架

优点：结构简单实用，车内空间宽敞，轮胎磨损小，制造成本低。

缺点：点头、翘尾和侧倾现象明显，承载性能差，舒适性和操控性一般。

适用车型：东风标致207、本田飞度、大众甲壳虫、丰田卡罗拉等中小型车和低端SUV的后悬架。

（5）多连杆式悬架　顾名思义，就是其连杆比一般悬架要多些。通过各种连杆的约束（通常有四连杆和五连杆），可以使车轮与地面尽量保持垂直，尽量减小车身侧倾，尽量保持轮胎的抓地力，是目前解决舒适性与操控性矛盾的最佳方案。用在前悬架上，可以在一定程度上缓解转向不足，给驾驶人带来转向精准的感觉；用在后悬架上，可以使后轮在一定程度上随前轮一同转向，达到舒适性、操控性两不误的目的。现在中高级轿车一般都采用了多连杆后悬架，而且正在向家用轿车上普及。而那些仍采用扭力梁式悬架的车型，无论如何调校都很难在操控性、舒适性上与之抗衡。

优点：控制精准，舒适性好，操控性佳。

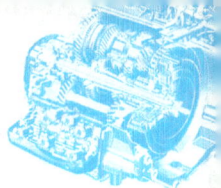

缺点：结构复杂，占用空间大，轮胎磨损大，制造和维修成本高。

适用车型：前后悬架均采用多连杆的有奔驰 E 级，宝马 3 系、5 系，奥迪 A4 及 A6L；采用多连杆后悬架的有福特福克斯、大众速腾、本田雅阁、通用君越、丰田皇冠及锐志、马自达 6、三菱戈蓝等。

综上所述，现代轿车普遍采用前置前驱的动力布置形式，汽车前部要放置发动机、变速器等大型总成，空间狭小，因而绝大多数车型的前悬架均采用了经济适用、体积小巧的麦弗逊式，部分豪华车采用双叉臂式。而后悬架形式差别则较大，通过它基本能推断出这款车的性能定位。例如家用轿车大都采用结构简单、造价低廉的扭力梁式，而强调运动和操控的车型以及中高级轿车则普遍采用结构复杂、成本较高的多连杆悬架。

3. 主动悬架优势

理想的悬架是怎样的呢？首先看弹簧。它的作用是缓和冲击，弹簧越软，缓冲效果越好；但如果弹簧过软，又会加剧车辆在加速、制动和转向时的翘尾、点头和侧倾现象，而且软弹簧会使车身振幅增大、方向稳定性变差。所以弹簧不能太软，必须有一定的刚度，以保证行驶稳定性和操控性。但弹簧刚度太大，缓冲作用又会变差，轧过一个小小的减速带，车子都有可能跳起来，车里的人受不了。其次看避振。它的作用是限制弹簧位移，尽快衰减振动。在车身共振频率附近，减振器的阻尼力越大，抑制和衰减振动的作用越强，车身振动的加速度越小，振动时间越短，行驶平顺性越好，并且可以减小车身姿态的变化（如侧倾和俯仰）。然而在其他频率下，只有当阻尼力较小时，才能充分发挥弹簧的缓冲作用，车辆的行驶平顺性才会好。

由此看出，实际想要的悬架所需的刚度和阻尼是随着道路条件和行驶工况的变化而变化的。因此，最终的悬架设计结果只能是妥协的产物，只能按照经验设计或试验优化的方法选择，并且一经选定和安装后，在车辆行驶过程中就无法调节。由于这种"硬伤"，传统悬架无法达到完美要求。

主动悬架技术的出现，很好地调和了舒适性与操控性之间矛盾。常见的主动悬架技术有四种形式：空气悬架、液压悬架、电磁悬架和电子液力悬架，其中以空气悬架应用最为广泛。采用空气弹簧技术的主动悬架系统主要由传感器、控制单元、动力源和执行器四部分组成，传感器采集车速、负荷、侧倾和颠簸等物理信号并实时传送给控制单元，微处理器经过计算后，按照预先设定的控制规律向执行器（空气弹簧）和动力源（气泵）适时地发出控制信号，从而提前调整各个车轮悬架的刚性和阻尼，减少车身的颠簸和侧倾，以适应各种复杂行驶路况对悬架系统的不同要求，从而大幅提高行驶平顺性和驾驶性能。

优点：同时满足舒适性与操控性的需求。

缺点：结构复杂，故障率高，占用空间大，制造和维修成本高。

适用车型：中级轿车有别克新君越、雪铁龙 C6、凯迪拉克 CTS；豪华轿车有奔驰 S 级、奥迪 A8L、宝马 7 系；豪华 SUV 有保时捷卡宴、大众途锐、JEEP 大切诺基、奥迪 Q7。

四、轮胎舒适性评价

如果在成千上万个汽车零部件中评选"劳模"的话，肯定非轮胎莫属。发动机、变速器等只能影响整车的某一项或某几项性能，而轮胎是汽车上唯一与路面直接接触的部件，它几乎影响到汽车的动力、经济、安全、操控、舒适等所有性能。所以在选购车辆时，对轮胎

另眼相看也不为过。本节就重点介绍轮胎及轮毂对汽车舒适性的影响。

1. 轮胎花纹

轮胎胎面有各种花纹，其作用各不相同。轮胎上的纵向花纹主要起到快速排水和散热的作用，但抓地力不足；横向花纹拥有较高的抓地力，但排水能力不好。两种花纹混搭达成"默契"——胎冠中间的能提供快速排水的纵向花纹与胎肩上能提供良好抓地力的横向花纹完美结合，便形成了混合花纹轮胎（图6-16），它是应用最广泛，也是最省心的选择。但也正是花纹的原因，轮胎在接触和离开地面时形成"泵气效应"，产生胎噪，影响乘坐舒适性。经测试，纵向花纹产生的胎噪比横向花纹的胎噪要小些，因而大部分舒适型轮胎均采用4~5条具有一定深度、宽度的纵向花纹，与细密的横向花纹相互搭配，既保证足够的抓地力，同时又最大限度的降低噪声。

纵向花纹

横向花纹还可以起到将水膜打碎的作用

胎肩上的横向花纹可以将轮胎与路面间的雨水挤出提供抓地力，以及降低噪声

图6-16 混合花纹轮胎

2. 轮胎规格

出于成本考量，原厂轮胎并不一定是最好的，因而部分消费者会选择换胎。那么了解一下轮胎规格，选购时才能有的放矢。细心的车主可能会发现，在轮胎侧壁上印满了密密麻麻的字母和数字，这款轮胎的全部信息就包含在这些密码里，如图6-17所示。

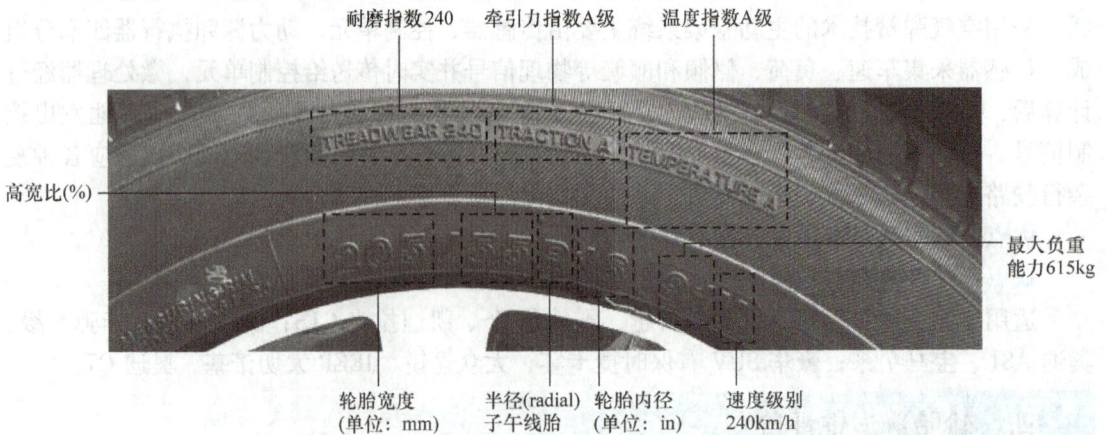

耐磨指数240 牵引力指数A级 温度指数A级

高宽比(%)

最大负重能力615kg

轮胎宽度（单位：mm） 半径(radial)子午线胎 轮胎内径（单位：in） 速度级别240km/h

图6-17 轮胎侧壁信息

选购时，重点考虑以下四个方面：①轮胎宽度越大，缓和路面冲击的效果越好，乘坐越舒适，但相应地会增加轮胎滚动阻力，油耗也会增大。②高宽比越大，空气容量就越大，缓

冲效果也越好，但相应地会增加轮胎侧倾，影响操控。③速度级别越高，代表其在高速行驶以及紧急转向、制动过程中保持表面低温的能力越强，建议消费者选择 V 级（含）以上产品。④胎冠，即轮胎最外层与路面直接接触且表面印有花纹的一层胶料。轿车轮胎的胎冠硬度为 55～70HA（采用邵氏 A 型硬度计测量），越野车的轮胎胎冠硬度为 70～80HA，该值越大轮胎越硬。硬胎的耐磨性和抓地力比较好，省油、耐刺穿；软胎的舒适性和静音性比较好。

3. 轮胎品牌和系列

挑选轮胎时首先从品牌入手，一线品牌包括米其林、固特异、普利司通、马牌、倍耐力、邓禄普；二线品牌主要是韩泰、锦湖、佳通；自主品牌包括朝阳、玲珑、中策、三角、玛吉斯。其次根据车型定位和驾驶风格考虑不同系列：①运动系列。排水性好，制动距离短，过弯通过性好，抓地力强，操控性好，但不耐磨，噪声大。②舒适系列。静音，舒适性好，但操控性较差。③经济系列。省油，耐磨，兼有较好的舒适性和安全性。④越野系列。多用于非铺装路面，越野性能强，耐刺穿，舒适性差。

4. 轮胎使用和维护

在车门框、油箱盖或车主手册上，都有一个厂家建议的轮胎充气压力。稍高于或稍低于该值是允许的，胎压高些省油但舒适性会降低，制动距离会变长；胎压低些，有利于舒适但油耗会增加。建议随车准备一台电动充气泵，每隔 6 个月检查调整一次胎压，太高或太低都会增加高速爆胎的概率。此外，由于制造上的原因，使车轮质量沿圆周分布不均，造成行驶中车轮抖动、转向盘振动的现象，影响行驶平顺性和稳定性。为此，要在车轮边缘特定位置粘上若干大小不等的铅块，这个校正过程就是人们常说的动平衡。

5. 轮毂类型

汽车轮毂，又称胎铃或钢圈，起支撑轮胎作用，分为钢制和铝合金两大类。其中后者具有诸多优点：①重量轻。同等规格的铝合金轮毂，其重量只有钢制轮毂的 1/3。减轻轮毂重量可以减小传递给车身的冲击，改善行驶平顺性。②缓冲好。铝合金具有吸收振动的金属特性，可以吸收来自于地面的振动和噪声，提高乘坐舒适性。③精度高。铝合金轮毂由数控机床加工，径向圆跳动小，平衡性好，增加行驶稳定性。铝合金轮毂又分铸造轮毂和锻造轮毂两类，后者的强度更高，但由于工艺复杂，其成本也较高。

第四节 使用舒适性评价

一辆好车不但要看着漂亮、坐着舒服、开着顺手，更要用着方便，因为它代表了厂商造车的态度和对消费者的尊重程度。只有真正想车主之所想、急车友之所急的主机厂，才能够造出真正的好车。本节就站在日常用车过程中的便利性角度，从储物空间和舒适性配置两个方面介绍使用舒适性的评价标准。

一、储物空间评价

1. 储物格和杯架

现在人们出门带的零碎东西越来越多，除了手机、钱包、钥匙，可能还会有充电宝、太阳镜、停车卡、平板、各种票据证件和随手的饮料。这些都需要放置位置，所以车上的储物

格也与时俱进，车门饰板、仪表板、杂物箱、中控台、中央扶手箱等到处都是收纳格，有些车型座椅下面还有鞋盒。储物格的数量越多，驾乘人员日常使用就越方便。但对于忘性较大的乘员来说，储物格太多，找东西就要费时。所以，**储物格不但要看数量，更要注重质量。**例如，有些杂物箱开口较大，但内部空间不规整，造成有效使用空间远没有看上去那么大；有些车门饰板上也开有凹槽，但却连一瓶纯净水也容不下；还有些中控台上的储物格无法放置大屏幕手机，因为这些储物格尺寸是按照以前的诺基亚手机设计的；还有些车型的眼镜盒看得到却用不了，原因就是尺寸太小只能当摆设。凡此种种，要么是车型引入国内时没有考虑我国国情，要么是汽车生产厂家对人性化的重视程度不够。就像某位足球教练讲过的那样，态度决定一切，一辆连最不起眼的储物格都做不好的车，其他性能也好不到哪儿去。

以小见大的除了储物格外，还有杯架。在国内很少用它来放咖啡杯，更多的还是放饮料瓶，所以叫"瓶架"更合适。有的瓶架设计得太袖珍，一瓶水都放不下；有的能放下，但用料实在是不敢恭维，一旦紧急制动，瓶架就可能坏掉。但也有贴心的设计，如将瓶架放在空调出风口处；或将瓶架做成可收缩式的，不用时隐藏起来。

2. 行李箱及其拓展性

除了车厢内部的储物空间，消费者选购汽车时对行李箱同样不容忽视。想想看，有朋自远方来你去接机，但行李太多装不下，岂不很尴尬。所以行李箱的实用性及其扩展性也是车型比对的重点项目。

（1）容积大小　根据实测行李箱内部的最小长、宽、高，计算出有效容积，如图6-18所示，以便进行比较。通常来讲，三厢车的行李箱空间要小些，尤其是高度较低，不能放太高的行李；两厢车行李箱高度较大，可以放下高大的行李。另外两厢车还有一个独特的优势，那就是后排座椅按比例放倒后，可以放下超高、超长的物件，相信飞度车主一定深有体会。需要注意的是，有些车型的行李箱虽然空间很大，但平整度不好或者两侧的凸起太大，不利于放置行李，有效容积大大减小。

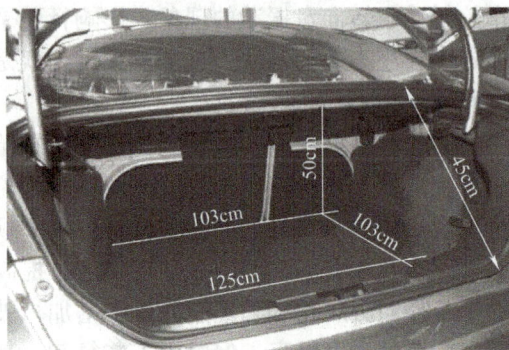

新福克斯三厢行李箱容积：530L

图6-18　行李箱有效容积

（2）私密性　三厢车行李箱的私密性很好，只有打开后才能看到和拿取物品；而两厢车的私密性相对较差，透过后风窗玻璃行李箱里面一览无遗，但有些车型在后窗下沿装一块盖板，可以有效改善私密性。

（3）拿取行李的便捷性　主要体现在两方面：①行李箱地板与其外沿的高度差。该值越大拿取行李越不方便，因为需要先将物品提起相应高度后才能顺利取出。②行李箱盖的开启与闭合。部分越野车因其底盘和车身较高，导致一些身材娇小的女生在关行李箱时比较费事，有的需要踮起脚来或者装一根软绳拉手才能够得到。此时就需要重点关注，选购车型是否配备了电动行李箱，该车型是否可以在不打开尾门的情况下取放物品，其行李箱盖上的风窗玻璃是否可以独立开启。

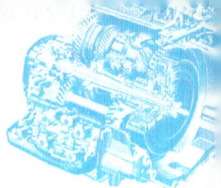

二、舒适性配置评价

每项舒适性配置设计的初衷都是提供更多的舒适与便捷，但每位消费者的个人偏好与经济实力各不相同。为了便于消费者比对和取舍，本节从汽车的遥控自动配置、多媒体配置和人性化配置三个方面展开介绍。

1. 遥控自动配置

(1) 车窗一键升降　普通电动车窗使用时需按住按键不放，车窗升降到位后松开按键，升降过程停止。配有一键升降功能的汽车，其控制开关分两档：第一档提起或按下少许，和普通电动车窗一样；第二档完全提起或按下后迅速松手，车窗玻璃会自动升起或降下。它能够极大地方便车内乘客操作，同时避免驾驶人开关车窗分散注意力，提高安全系数。但有些厂家为了节约成本，只在驾驶人一侧安装一键升降车窗。一键升降式车窗通常都具有"防夹"功能，否则可能会带来安全隐患。

(2) 智能钥匙　内置电子芯片，大都具备以下功能：①无钥匙进入。当钥匙接近车辆 1m 左右范围时，电子芯片内的发射器采用 RFID（无线射频识别）技术与车内的驾驶授权系统接收器进行通信，驾驶人无须取出钥匙，只要碰触车门把手，传感器探测到这一压力，门锁就会自动解锁并解除防盗状态；当离开车辆时，门锁会自动落锁并进入防盗状态。②座椅联动。驾驶人将口袋里的钥匙靠近汽车并顺利通过防盗系统验证后，座椅、转向盘和外后视镜会自动调整到相应的记忆位置。③一键起动。驾驶人进入车内后，防盗系统再次识别智能芯片，这时只需在踩下制动踏板的同时轻轻按下起动按钮，即可起动发动机，转向盘同时解锁，整个过程无须拿出钥匙。④遥控关窗。驾驶人经常在停车熄火后发现车窗没关，这时需要再次接通电源以关闭车窗。而用具备遥控关窗功能的锁匙，可以从车外按住锁车键数秒，便可关闭所有车窗；反之长按解锁键数秒，四门车窗全部降下，有利于暴晒后的车辆快速散热。⑤遥控起动发动机。该功能可以在人还没有上车之前就把发动机起动，这样在炎炎夏日中可以提前给车内降温，冬季里则可以提前热车。⑥寻车功能。大型地下停车场光线昏暗还分不清东南西北，有些驾驶人经常会忘记自己停在哪一区、哪一排。此时按下智能钥匙上的寻车按键，车的喇叭和双闪便会鸣响和闪烁若干次，有效距离通常在 20m 左右。

(3) 后视镜电动折叠和电动加热　电动折叠后视镜在通过狭窄路段时可以收折起来，提高了车辆的通过性；路边停车时也可以把后视镜折叠起来，不仅可以保护镜面，还可有效避免刮蹭。而电加热后视镜是在两侧镜片内各装一个电热膜，成本不是很高。在雨雪天气开启功能后，电热片会在几分钟内迅速加热至 60℃ 左右，从而起到对镜片除雾、除霜的作用。

(4) 车载蓝牙电话　专为行车安全和舒适设计，驾驶人只需要一部具有蓝牙功能的手机，便可与车载蓝牙系统匹配，从而在没有电缆连接的情况下，驾驶人双手无须触碰手机便可通过车上的音响或蓝牙耳机接听和拨打电话。

(5) 倒车雷达和倒车影像　倒车雷达是一种安全辅助装置，倒车时帮助驾驶人"看见"后视镜里看不见的东西，以声音、数字或图形显示的方式告知驾驶人周围障碍物的情况，并帮助驾驶人扫除视野死角和视线模糊的缺陷，提高驾驶安全性。需要注意的是，倒车雷达也有盲区，很难发现低矮和纤细的障碍物。倒车影像是在车尾安装了摄像头，挂入倒档时该系统会自动接通摄像头，将车后状况显示于中控显示屏上。与倒车雷达相比，倒车影像使车后状况一览无余，使驾驶人更放心，更安全。更高级的倒车影像系统可以在显示器上标识出两

根倒车诱导线，转动转向盘诱导曲线随之转动，从而准确地描出倒车轨迹，便于驾驶人修改转向盘角度。

（6）自动泊车　自动泊车系统在前后保险杠及车身周围安装有雷达或摄像头，以测量自身与周围物体之间的距离和角度，然后通过车载电控单元给出操作流程，驾驶人只需按照提示挂入前进档或倒档并控制好车速即可，整个过程驾驶人无须转动转向盘。自动泊车系统可以将车辆停放在较小的空间内，同等数量的汽车占用的空间也更小。

（7）自适应巡航　又称主动巡航，驾驶人设定希望的车速，系统利用装在车头的高精度雷达或红外光束探测前方200m距离，得到前车的精确位置，如发现前车突然减速或有其他车辆并线导致车距突然减小，系统会发送执行信号给发动机或制动系统来控制车速，使车辆保持安全跟车距离。当前车提速或前方道路无车时又会加速，直至恢复到预设车速。该系统可以代替驾驶人控制车速，避免了频繁的取消和设定巡航控制，使巡航系统适合于更多路况，而驾驶人完全可以将脚从加速踏板上移开，只要握好转向盘即可，大幅降低长途驾驶疲劳，为驾驶人提供更轻松的驾驶方式。

（8）自动前照灯　为方便用户，一些车型的前照灯上安装了感光控制系统。光线变暗时前照灯会自动亮起，光线变亮时又会自动熄灭。需要指出的是，很多人误以为"自动前照灯"是专为过隧道设计的，其实不然。自动前照灯的开启都存在延时，感光控制系统感应到光线变暗后十几秒前照灯才会自动开启，而根据交规汽车在进隧道之前必须提前开启前照灯，所以在穿越隧道时仍需手动开启前照灯。

（9）感应刮水器　能够通过位于前风窗玻璃上的雨量传感器感应雨滴大小和水流疏密，自动调节刮水器刮水频率，为驾驶人提供清晰的视野，从而大大提高雨天驾驶的方便性和安全性，同时还可以延长刮水器电动机和刮水片的使用寿命。

（10）移动互联技术　随着智能手机的普及和物联网技术的发展，两者"强强联手"，使得汽车生活可以更加便捷。用户下载手机客户端，通过4G网络或Wi Fi可以将智能手机终端与汽车"互联"，实现远程控制汽车的目的。它可以实现远程落锁/解锁、预约开空调、车辆定位、人车距离显示、历史轨迹查询和寻车等功能。此外还可以通过APP查询实时车况，了解诸如蓄电池电量、燃油量、油耗、胎压、润滑油压力和冷却液温度等信息。比亚迪"秦"车型上已经开始采用该项技术，大范围普及指日可待。

2. 多媒体配置

（1）DVD导航一体机　DVD播放器整合了电子地图功能，与便携式导航仪相比它具有美观大方、布线整洁的优点。现在越来越多的车型装上了DVD娱乐系统，其差别主要体现在两个方面：一是播放器是否支持MP3/WMA文件格式，有些只能播放DVD和CD光盘，而无法播放MP3格式的歌曲；二是音/视频输入接口形式，常用的有AUX接口、USB接口和SD卡槽，通过它们可以在车载音响中播放外接设备中的影音节目，这是一项实用且成本不高的配置。除了娱乐功能外，前排DVD还可以看电子导航地图和倒车影像。市面上的DVD导航一体机分专用机和通用机两大类，价格从几百到数千元不等，差别主要体现在操作便利性、显示分辨率、搜索速度、地图精度和导航误差率上。

（2）扬声器　其品牌、数量和位置对音响系统的音质起着决定性作用。由于安装位置的局限，高音单元一般安装在A柱附近，中低音单元安装在前后车门内侧，超低音单元通常只能安装在行李箱。根据车型配置不同，扬声器的数量也有所不同。一般紧凑型轿车，扬

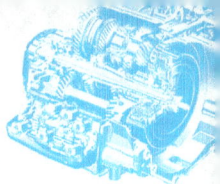

声器数量大多为 4 ~ 6 个，豪华车能达到 6 ~ 10 个甚至更多。但要想达到专业级 Hi Fi（High Fidelity，高保真）效果，光有数量还不够。同一对扬声器安装在不同的位置都会产生不同的效果，所以安装经验和技巧加上反复调试也至关重要。

（3）人机交互系统　实现了人车之间的对话功能，相当于给汽车安装了"鼠标"和"键盘"。通过该系统，驾驶人可轻松掌握车辆信息（如车速、里程、当前位置、车辆维护提示）、GPS 导航、定速巡航、蓝牙电话、空调及音响的设置等。常见的有宝马的 i - Drive、奔驰的 COMAND 和奥迪的 MMI。这种平台化设计代替了传统汽车上五花八门的功能键，只需要几个简单的菜单就能完成所有功能的设置和操作，方便驾驶人控制车内各个系统的同时，还拥有友好的人机交互界面，让驾驶人操作起来就像在使用平板计算机一样方便。

3. 人性化配置

（1）车载逆变器。能够将取自点烟器的 12V 直流电转换为 220V 交流电，供手机、计算机、照相机、移动电源、充气泵、空气净化器等功率不超过 150W 的小电器充电使用，给驾乘人员带来极大便利。但为了拉开档次和出于成本的考虑，目前只有部分中高级轿车及高档越野车会配备原厂 220V 电源接口，如别克君越、大众 PASSAT 领驭、丰田普拉多和大众途锐在中央扶手箱或后排空调出风口均有配置，使用起来会更加放心。而在产的绝大部分车型还都没有此项配置，为图方便许多消费者会选择自行加装。目前汽配城和各大电商充斥着各种各样的逆变器，从几百到上千元不等，消费者选购时要擦亮眼睛，因劣质逆变器会对用电设备产生永久损害，还可能会因为超负荷而导致线路自燃。

（2）无线充电技术　有了无线充电技术，驾乘人员只需将手机放在充电橡胶垫上面，在电磁场的作用下就可以同时对多部手机进行充电。像凯迪拉克 ATS 上搭载的 Powermat 无线充电设备就能够支持目前市面上的大部分手机。

综上所述，现在车上的舒适性配置越来越多，随便数数就有几十种。对于消费者而言，当然是希望多多益善，可配置多了会导致车身重量增加、耗电量增大、油耗增加、故障率升高、车价也会水涨船高。所以，消费者购车时不应过分在意配置是否齐全，而要看这些配置是否真的实用。

第五节　车型舒适性对比评价实例

一、比对车型的舒适性对比（表 6-5）和舒适性评分表（表 6-6）

表 6-5　比对车型的舒适性对比

车型 舒适性指标	卡罗拉 2014 款 1.6L CVT GLX - i 导航版 指导价：14.78 万	速腾 2014 款 改款 1.6L 自动舒适型 指导价：15.08 万	福克斯 2012 款 1.6L 三厢 AT 尊贵型 指导价：15.49 万
外观、内饰和空间			
厂商	一汽丰田	一汽大众	长安福特
级别	紧凑型车	紧凑型车	紧凑型车
车身结构	4 门 5 座三厢车	4 门 5 座三厢车	4 门 5 座三厢车

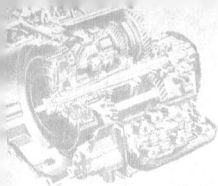

（续）

舒适性指标 \ 车型	卡罗拉2014款1.6L CVT GLX-i导航版 指导价：14.78万	速腾2014款 改款 1.6L自动舒适型 指导价：15.08万	福克斯2012款1.6L 三厢 AT 尊贵型 指导价：15.49万
外观、内饰和空间			
长×宽×高 /mm×mm×mm	4630×1775×1480	4644×1778×1482	4534×1823×1483
轴距/mm	2700	2651	2648
后轮距/mm	1520	1532	1544
后排高度/mm	890	900	940
后排宽度/mm	1460	1450	1340
后排腿部空间/mm	670~920	630~980	600~850
前排高度/mm	910~970	850~960	890~950
车身颜色种类	7	7	6
内饰配色种类	黑色/象牙色	黑色/米色	浅色
座椅			
真皮座椅	●	●	●
座椅高低调节	●	●	●
腰部支撑调节	●	●	●
主/副驾电动调节	主●/副—	—	主●/副—
前/后排座椅加热	前●/后—	前○/后—	—
电动座椅记忆	—	—	—
前/后排座椅通风	—	—	—
座椅按摩	—	—	—
中央扶手	前●/后●	前●/后●	前●/后●
操纵			
真皮转向盘	●	●	●
转向盘调节	上下+前后调节	上下+前后调节	上下+前后调节
转向盘电动调节	—	—	—
多功能转向盘	●	—	●
助力类型	电动助力	电动助力	机械液压助力
变速器	CVT无级变速	6速手自一体	6速双离合
变速杆布置形式	锯齿式	直排式	直排式
加速踏板布置形式	悬挂式	地板式	悬挂式
行车电脑显示屏	●	●	●
中控台彩色大屏	●	—	—
HUD抬头数字显示	—	—	—

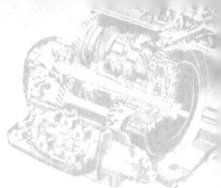

（续）

舒适性指标 / 车型	卡罗拉 2014 款 1.6L CVT GLX-i 导航版 指导价：14.78 万	速腾 2014 款 改款 1.6L 自动舒适型 指导价：15.08 万	福克斯 2012 款 1.6L 三厢 AT 尊贵型 指导价：15.49 万
环境			
空调压缩机型号	DENSO 6SEU14C	SANDEN 05PXE16	VISTEON VS16
压缩机控制方式	外控变排 6 缸斜盘式	外控变排量 5 缸斜盘式	外控变排 7 缸斜盘式
压缩机排量/cm³	140	160	160
空调控制方式	自动	手动	自动
后排出风口	—	●	—
温度分区控制	—	—	●
活性炭滤芯	●	—	●
急速噪声/dB	43	44	43
80km/h 噪声/dB	66	64	64
电动天窗	●	●	●
全景天窗	—	—	—
后排侧遮阳帘	—	—	—
防紫外/隔热玻璃	—	—	—
悬架			
前悬架类型	麦弗逊式独立悬架	麦弗逊式独立悬架	麦弗逊式独立悬架
后悬架类型	扭力梁式非独立悬架	多连杆式独立悬架	多连杆式独立悬架
侧倾稳定杆	前●/后—	前●/后●	前●/后●
主动悬架	—	—	—
驱动方式	前置前驱	前置前驱	前置前驱
车体结构	承载式	承载式	承载式
轮胎			
规格	205/55 R16 91v	205/55 R16 91v	205/60 R16 92v
品牌	普利司通 TURANZA ER300	韩泰 RADIAL K407	米其林 Primacy LC 博悦
花纹	非对称	对称	对称
铝合金轮毂	●	●	●
备胎规格	全尺寸	非全尺寸	非全尺寸
储物			
有效置物空间个数	19	29	22
前/后排杯架	前●/后●	前●/后●	前●/后●
行李箱容积/L	426	510	530
行李箱 长/mm × 宽/mm × 高/mm	990 × 960 × 470	1100 × 1035 × 465	1030 × 1030 × 500
行李箱开启自照明	●	●	
行李箱拓展功能	后排座椅 6/4 放倒	后排座椅 6/4 放倒	后排支持 6/4 放倒

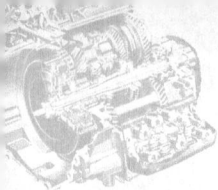

（续）

车型 舒适性指标	卡罗拉2014款1.6L CVT GLX-i导航版 指导价：14.78万	速腾2014款 改款 1.6L自动舒适型 指导价：15.08万	福克斯2012款1.6L 三厢AT尊贵型 指导价：15.49万
舒适性配置			
一键升降电动车窗	前●/后●	前●/后●	前●/后●
后视镜电动调节	●	●	●
后视镜加热	●	●	●
内/外后视镜防眩	—	—	—
后视镜电动折叠	—	—	○
遥控钥匙	●	●	●
无钥匙进入系统	●	●	—
无钥匙启动系统	●	●	—
蓝牙/车载电话	●	●	●
前/后驻车雷达	—	前-/后○	前-/后●
倒车视频影像	●	—	—
自动泊车入位	—	—	—
自适应巡航	—	—	—
自动前照灯	●	—	○
感应刮水器	—	—	—
移动互联			
GPS导航系统	●	—	—
AUX/USB/iPod接口	●	●	●
CD支持MP3/WMA	●	●	●
多媒体系统	单碟CD	单碟CD	单碟CD
扬声器数量	6~7	6~7	8~9

注：●标配；○选配；—无此项配置。

表6-6　比对车型的舒适性评分表

评价项目		对比车型得分			满分
大项	小项	卡罗拉	速腾	福克斯	
感官舒适性	外观	9	7	8	10
	内饰	9	8	9	10
	空间	9	9	6	10
	座椅	8	6	7	10
驾驶舒适性	操纵	8	8	8	10
	环境	7	5	9	10
	悬架	6	9	9	10
	轮胎	8	6	8	10
使用舒适性	储物	8	9	8	10
	配置	9	6	8	10
总得分 W_i		81	73	80	100

二、要点分析与评价结论

1. 外观

卡罗拉外观变化巨大，给审美疲劳的消费者耳目一新的视觉冲击感，得分最高；福克斯外形动感时尚，深得年轻消费者的喜爱，得分次之；速腾外观稳重大方、简洁低调，但家族化的外形设计稍显单调沉闷，得分稍低。

2. 内饰

卡罗拉内饰大量采用镀铬、真皮、软质搪塑等材质迎合消费者，非对称中控台、鲜艳的内饰配色加上全新设计的仪表，营造出豪华时尚的车内氛围；福克斯的内饰一直为人津津乐道，其做工较老款有很大提升，全黑内饰、绚丽的仪表加上极具个性的中控台，使得强烈的科技感和运动感扑面而来，得分与卡罗拉并驾齐驱；速腾内饰大量采用真皮面料辅以仿木和镀铬装饰，仪表设计中规中矩、旋钮按键用料扎实，整体彰显出尊贵稳重，也有不俗的得分。

3. 空间

从表 6-5 和表 6-6 中可以看出，卡罗拉与速腾的车内空间不相上下，达到同级别车型的优秀水平，均得到 9 分（极好）；福克斯的后排宽度和后排腿部空间与两者相比差距明显，影响了后排乘客的舒适度，得到 6 分（合格）。

4. 座椅

消费者身高、体形差异很大，汽车座椅的贴合感、包裹性和软硬感觉也因人而异，消费者购车时一定要亲自感受一下，不要人云亦云。这里仅对座椅的硬件配置进行比较，三者的差别主要集中在驾驶人座椅的调节方式和加热功能上。卡罗拉的电动 6 向调节和座椅加热功能为标配，舒适性最佳；福克斯仅标配电动 6 向调节，不具备电加热功能，舒适性次之；速腾前排驾驶座椅均为手动调节，而电加热功能属于选装配置，缺乏人性关怀，舒适性最差。

5. 操纵

卡罗拉和速腾采用电动助力转向，停车或掉头时转向更为轻便；卡罗拉和福克斯都配备了多功能转向盘，可使驾驶人双手在不离开转向盘的情况下对某些功能进行操作，更加便利和安全；速腾采用了地板式加速踏板，可使驾驶人对车速的控制更加精准，同时可以降低驾驶人长途驾驶的脚部疲劳。总体来讲，三款车在便利性上各有特色，都具有比较好的操纵舒适性。

6. 环境

三款车的主要差别集中在空调部分，福克斯采用 160cc（cm^3）压缩机，配合自动控制方式，制冷能力强、效率高，此外还配备了紧凑级少见的分区功能，舒适性最佳；卡罗拉采用 140cc（cm^3）压缩机，配合自动控制方式，制冷能力也还够用，舒适性次之；速腾采用 160cc（cm^3）压缩机，设有后排独立出风口，但手动控制方式和活性炭滤芯的缺失，使其舒适性大打折扣。

7. 悬架

速腾和福克斯均采用前麦弗逊＋后多连杆的独立悬架形式，操控性和舒适性都是同级别车型中的佼佼者，得到 9 分（极好）；卡罗拉采用前麦弗逊＋后扭力梁的非独立悬架形式，

极限驾驶情况下的操控性和舒适性存在不小差距，得到 6 分（合格）。

8. 轮胎

轮胎规格上三款车比较近似，福克斯的高宽比和载重指数略大，有助于提升舒适性；轮胎品牌上普利司通 TURANZA ER300 和米其林 Primacy LC 博悦都是主打静音舒适的系列，而速腾采用的韩泰 RADIAL K407 无论在胎噪控制还是缓冲性能上，与两者差距较大，舒适性较差；备胎规格上卡罗拉较为厚道。总体来看，采用一线轮胎品牌的卡罗拉和福克斯舒适性较好，而速腾原厂胎性能稍差。

9. 储物

新速腾的储物空间多达 29 个，行李箱形状规则，开口面积大，取放行李方便，容积也属中上水平，得到 9 分；福克斯的储物格很多，容积也很大，但没有行李箱开启自动照明功能，夜间取放行李不便；卡罗拉的储物空间稍微少些，同时为了增加车内乘坐空间牺牲了一部分行李箱容积，但其储物格设计得非常人性化，用起来得心应手。因此福克斯与卡罗拉在储物舒适性指标上均得到 8 分。

10. 配置

从表 6-5 中的数据可以看出，卡罗拉的舒适性配置最为丰富，无钥匙进入/起动、蓝牙/车载电话、倒车影像、自动前照灯、原厂 GPS 导航等功能一应俱全；福克斯没有倒车影像，但全系标配倒车雷达也还算厚道，此外其扬声器数量是三者中最多的，对音响效果有一定提升；速腾在舒适性配置上最为朴素，上述消费者比较看重的配置全部欠奉。

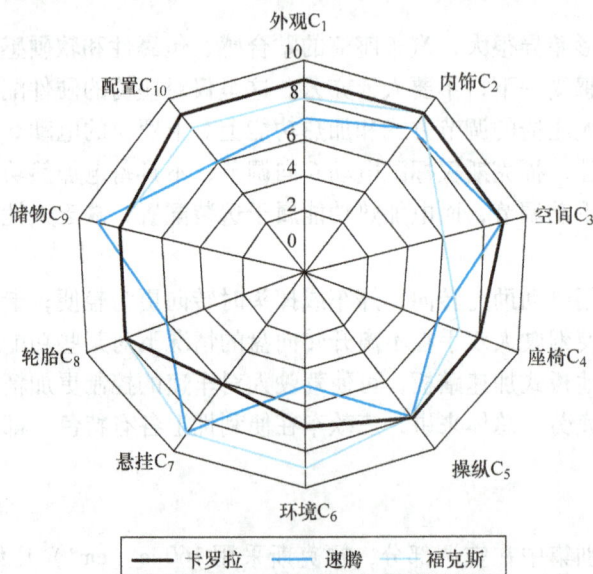

图 6-19　舒适性对比蜘蛛网图

综上所述，三款车总得分 $W_1 = 81 > W_3 = 80 > W_2 = 73$，同时为避免"总分很高，但某项舒适性指标极差"的特殊情况出现，做蜘蛛网图进行复合，如图 6-19 所示。从中看出，卡罗拉和福克斯总分较高且各项指标非常均衡，卡罗拉在悬架上稍弱、福克斯的短板是空间。速腾总分稍低，悬架、空间是其强项，但缺点也很明显，座椅、环境和配置与竞争对手相比存在一定差距。最后，根据表 6-3 的综合评级结果得出以下结论：卡罗拉和福克斯得分

均超过80分，属于"强烈推荐"范畴；速腾也有上佳表现，属于"值得推荐"级别。

本 章 小 结

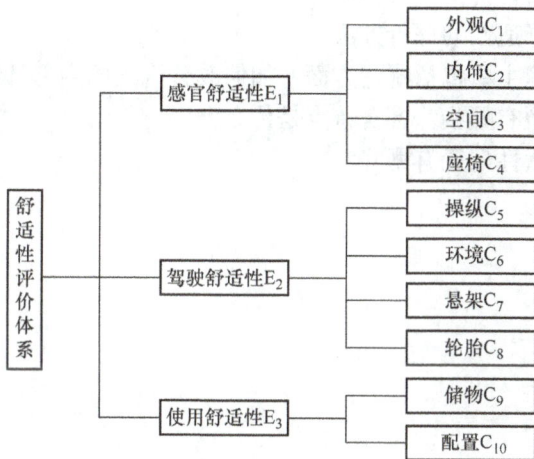

习　题

一、单项选择题

1. 下列哪项对空间舒适性影响最大（　　　）。

A. 车长　　　　　B. 车高　　　　　C. 轮距　　　　　D. 轴距

2. 下列哪个不是影响汽车舒适性的主要因素（　　　）。

A. 车内空间　　　B. 车内配置　　　C. 悬架　　　　　D. 离地间隙

3. 下面选项中对舒适性影响最大的是（　　　）。

A. 车长　　　　　B. 悬架　　　　　C. 车重　　　　　D. 变速器类型

4. 舒适性最好的悬架是（　　　）。

A. 麦弗逊悬架　　B. 多连杆悬架　　C. 双叉臂悬架　　D. 空气悬架

5. 下列哪项不属于舒适性评价的内容（　　　）。

A. 车内空间　　　B. 悬架　　　　　C. 内饰　　　　　D. 安全气囊

6. 大多数轿车的前悬都是采用的（　　　）。

A. 麦弗逊悬架　　B. 多连杆悬架　　C. 双叉臂悬架　　D. 空气悬架

7. CCS 的中文名称是（　　　）。

A. 定速巡航系统　B. 胎压监测系统　C. 电子控制系统　D. 驱动防滑系统

8. 下列选项中，对座椅舒适性有影响的是（　　　）。

A. 座椅温度调节　B. 腰部支撑调节　C. 按摩座椅　　　D. 以上都是

9. 下列车型中，没有配备主动悬架的是（　　　）。

A. JEEP 大切诺基　B. 大众途锐　　　C. 丰田凯美瑞　　D. 宝马 7 系

135

10. 下列选项中，不属于铝合金轮毂优点的是（　　　）。

A. 重量轻　　　　　B. 缓冲好　　　　　C. 精度高　　　　　D. 承载能力强

二、简答题

1. 汽车舒适性主要评价指标有哪些？

2. 简要描述汽车舒适性的评价方法。

3. 汽车的内部环境主要包括哪些方面？如何改善汽车的内部环境？

4. 常见的悬架类型有哪些？各自特点是什么？

5. 常见的汽车舒适性配置有哪些？

汽车通过性评价

- 了解汽车通过性的概念。
- 理解轮廓通过性和牵引通过性的各项评价指标。
- 掌握结构因素和使用因素对汽车通过性的影响。

能力目标：

- 能够说出汽车通过性的主要评价指标。
- 能够应用正确的驾驶技术提高车辆通过性。
- 能够利用评价体系对不同车型的通过性展开分析并做出评判。

重点与难点：

- 常见的四驱形式。
- 常见的轴间动力分配方式。
- 常见的轮间限滑方式。

第一节　汽车通过性评价方法及评价指标

一、汽车通过性概念

汽车通过性又称越野性，是指车辆在额定载质量下能够以足够高的平均车速通过各种坏路、无路地带（如松软的土壤、沙地、雪地、沼泽、凹凸不平的非铺装路面），以及克服各种障碍（如陡坡、斜坡、台阶、沟壑）的能力。相应地，汽车通过性可以分为轮廓通过性和牵引通过性，前者是衡量汽车顺利通过沟沟坎坎的越障能力；而后者是指车辆顺利通过泥泞、松散、湿滑等坏路的行驶能力。通过性对越野车和强调越野能力的 SUV 更有意义。

二、轮廓通过性评价指标

汽车通过坎坷不平路段和各种障碍物时，如果间隙不足会导致汽车被刮蹭或被顶起而无法顺利通过，这种现象称为间隙失效。车辆中间底部零件碰到路面或被障碍物托起称为托底

失效；前端或车尾触及地面导致车辆不能顺利通过称为触头失效或拖尾失效；汽车两侧或上部与障碍物接触称为夹住失效。与这些间隙失效有关的整车几何尺寸，决定着汽车的轮廓通过性，具体评价指标如下：

1. 最小离地间隙

满载、静止、水平路面上，车辆除轮胎外的最低点（如油底壳、油箱、悬架摇臂、排气消声器等）与路面之间的距离，称为最小离地间隙，如图 7-1 所示。该值越大，轮廓通过性越强。家用轿车的最小离地间隙通常在 110mm 以上，部分超跑为了提高操控稳定性和降低风阻甚至要低于 100mm，而越野车最小离地间隙一般在 160mm。

2. 接近角和离去角

满载、静止、水平路面上，从车辆前、后保险杠突出点分别向前后车轮外沿所引切线与路面间的夹角，分别称为接近角和离去角。如果前悬过长、接近角过小，可能车轮还没驶上斜坡，保险杠就已经碰到坡面了；同理，如果后悬过长、离去角过小，车辆下坡时后保险杠可能会碰到路面。家用轿车主要在铺装路面上行驶，不需要太大的接近角和离去角，一般在 25°左右；而对于越野车来说，该值越大，轮廓通过性越好，通常在 30°以上。

3. 纵向通过角

满载、静止、水平路面上，在侧视图中通过前后车轮外沿作切线交于车身下部较低位置所形成的最小锐角为纵向通过角，它表征车辆可无刮蹭通过拱桥和丘陵地带能力的大小。纵向通过角越大，汽车发生顶起失效的可能性越小，通过性越好。为了获得较大的通过角，一般会将越野车的轴距设计得短些。

4. 横向通过半径

满载、静止、水平路面上，在正视图上所作与左右车轮及两轮间轮廓线外切圆的半径为横向通过半径，它表明车辆可无刮蹭通过凸起路面和丘陵地带能力的大小。横向通过半径越小，汽车发生顶起失效的可能性越小，通过性越好。为了获得较小的横向通过半径，一般会将越野车的轮距设计得窄些。

5. 最大爬坡度和最大侧倾角

汽车上坡时随着纵向坡度的增大，前轮附着力不断减小直至为零，前轮将失去牵引力和转向控制能力，有可能产生纵向滑移或纵翻。在保证安全行驶的前提下，汽车所能爬过纵坡的最大坡度就称为最大爬坡度。同理，汽车能够在侧坡上稳定直线行驶而不发生侧向滑移或侧翻的最大坡度就称为最大侧倾角。

6. 最小转弯直径和转弯通道宽度

将转向盘打死，外侧转向轮中心在地面形成的轨迹圆直径就称为最小转弯直径，该轨迹圆半径称为最小转弯半径。它衡量汽车回转和绕过障碍物的能力，其值越小，车辆的机动性越好，通过性越强。与之类似，将转向盘打死，车体外侧和内侧突出点在地面上的投影形成的轨迹圆直径之差就称为转弯通道宽度，它表明汽车通过狭窄弯曲地带的能力，其值越小，发生夹住失效的可能性越小，车辆通过性越好。

7. 涉水深度

涉水深度即汽车能安全无故障地通过积水或溪流的最大水深。为提高越野车的涉水能力，应注意电器总成、电路插头、控制单元、传感器、执行器和曲轴箱通风口等部位的密封，同时应尽量提高空气滤清器和排气管出口高度，以免发动机进水。

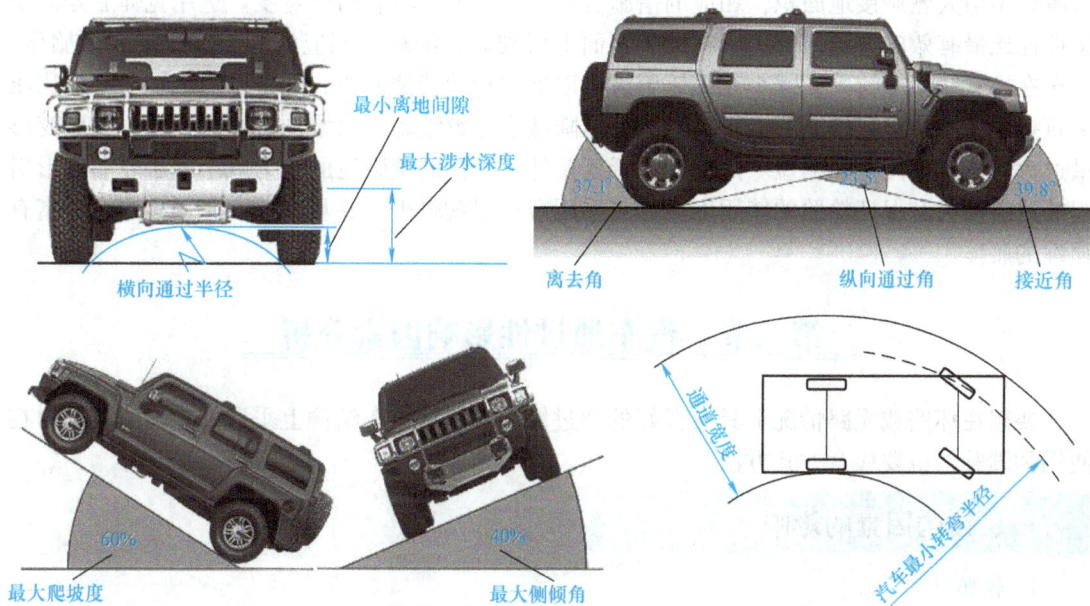

图 7-1　轮廓通过性几何参数

三、牵引通过性评价指标

牵引通过性，又称支撑通过性，它表征汽车在松软的土壤、沙地和泥泞的雪地、沼泽等无路地带行走能力的强弱。具体评价指标如下：

1. 最大牵引系数

最大牵引系数是指作用在汽车单位质量上的最大有效牵引力。该值越大，汽车在松软路面上加速、爬坡及牵引其他车辆的行走能力就越强，通过性也越好。为了获得足够大的牵引系数，要求越野车满足以下两个条件：①足够大的牵引力。作用在驱动轮上的劲儿越大，车辆才能更容易地从松软、泥泞的坏路上摆脱出去，因此要求越野车有较大的发动机功率，并要在传动系统中增设副变速器或分动器，以增大总传动比，使驱动轮更有劲。②尽量小的整备质量。在有效牵引力不变的情况下，整备质量越小，牵引系数越大，滚动阻力越小，汽车克服坏路的本领越强。

2. 附着质量系数

附着质量系数是指驱动轮的承载质量与汽车总质量之比。为了保证汽车有良好的通过性，驱动轮应有足够大的载荷，而从动轮的承载质量可以适当减少，这样有利于汽车在坏路上的行驶，丧失通过性的可能性较小。四轮驱动越野车的附着质量系数为1，其牵引通过性较两轮驱动车辆要好得多。

3. 轮胎接地比压

轮胎接地比压是指轮胎接地部分单位面积上的平均压力，它等于轮胎垂直载荷除以印痕面积。轮胎接地比压越小，车辙深度越浅，车轮的滚动阻力和沉陷失效的概率就越小。此外，当汽车行驶在黏性土壤和松软雪地上时，轮胎接地比压越小，意味着更大的轮胎接地面积，车轮不易打滑。为了降低轮胎接地比压，避免轮胎沉陷、打滑等有力无处使的情况，要

求越野车增大轮胎接地面积，相应的措施有两个：①增加轮胎断面宽度。选用宽体胎是减小接地比压最有效的方法，但车辆在铺装路面上行驶时，油耗会相应增加。②适度降低胎压。汽车在松软路面上行驶，减小充气压力，可以增大轮胎接地面积，这也是降低轮胎接地比压最直接的方法。但在硬路面上行驶时，胎压降低会导致滚动阻力增加，油耗升高，轮胎变形量过大，轮胎使用寿命缩短。因此，在低压条件下工作的越野轮胎，为减小由于轮胎变形引起的迟滞损失和保证轮胎的使用寿命，应采用帘布层数较少，并具有薄而坚固、耐磨且富有弹性的胎体。

第二节　汽车通过性影响因素分析

要想在坏路或无路情况下具有良好的通过性，必须从汽车结构上采取一定措施，同时在使用和驾驶上也要注意方式方法。

一、结构因素的影响

1. 轮胎

（1）花纹　轮胎花纹（图7-2）对附着系数有很大影响，合适的轮胎花纹对提高汽车在某一特定路况下的通过性有很大帮助。越野车轮胎通常具有宽而深的越野花纹，在湿滑的硬路上行驶时，由于只有花纹的凸起部分与地面接触，轮胎对地面有较高的轮胎接地比压，有利于打破水膜、挤出水分；而在松软路面上行驶时，轮胎下陷，嵌入土壤的花纹条块数目增加，轮胎与地面接触面积及土壤剪切面积都迅速增加，同样能保证较好的附着性能。但这种花纹的胎噪大、舒适性差、不耐磨、不适合高速行驶，仅在部分硬派越野车上有少量采用。大多数豪华越野车和城市SUV都是在保证舒适性的前提下兼顾一定的脱困能力，因而多采用介于轿车花纹和越野花纹之间的一种混合型花纹。

a)　　　　　　　　　b)　　　　　　　　　c)

图7-2　轮胎花纹

a）越野花纹　b）轿车花纹　c）混合花纹

（2）规格　主要指轮胎直径和宽度，增加断面宽度可以减小轮胎接地比压，显著改善牵引通过性，其道理前面已经详细论述。而轮胎直径则决定了车辆克服垂直障碍（如台阶、壕沟）的能力大小。假设轮胎半径为 r，后驱汽车能够克服垂直障碍物的最大高度 $h \approx 2r/3$，

四驱汽车 $h \approx r$；两驱汽车能够越过壕沟的最大宽度 $b \approx r$，四驱汽车 $b \approx 1.2r$。因此，增大轮胎直径可以提高车辆的越障能力，但相应地也会抬高车辆重心、增加车体惯性，于行驶稳定性不利。

2. 悬架

采用整体桥式非独立悬架的越野车通过坎坷不平路面时，因为两侧车轮由整体桥壳连接，其动作会相互干涉，当一侧车轮被抬起时，另一侧车轮会被下压，这样大大增加了悬架行程，使驱动轮与地面最大限度地保持接触，无须使用差速锁，甚至在两驱情况下也能保证良好的牵引性能。此外，非独立悬架还具有结构简单可靠、整体强度大的特点，非常适合于强调山地越野能力的车型。

采用多连杆式独立悬架的越野车，通过悬架控制臂的相互配合，可以获得精准的车轮定位参数，但相应地也限制了其悬架行程。在同样的坡度下，受限于较短的悬架行程，一侧车轮被抬起时直接将整个车身顶起，导致另一侧车轮悬空进而失去抓地力，只能依靠差速锁制动防止其空转。但是独立悬架也有其自身优势，那就是可显著提高汽车的最小离地间隙，同时允许车轮与车身间有较大的相对位移，这有利于改善通过性。

对越野车来讲，独立悬架和非独立悬架各有利弊，选购时要综合考虑行驶路况和用途。如果强调公路性能，宜采用承载式车身＋多连杆式独立悬架，这种形式既保证了舒适性，又具有一定的通过能力，在城市 SUV 中广泛使用；如果突出极限越野能力，采用非承载式车身＋整体桥式非独立悬架则更为合适，这种布置形式的通过性极好，车身刚性更大，但舒适性很差，主要用在少量硬派越野车上。综上所述，越野性能与公路性能是无法兼顾的一对矛盾体，无论多么先进严密的独立悬架，也无法同时在公路性能与越野性能两方面都取得优异成绩。

3. 驱动方式

按照驱动轮的数量，驱动方式分为两轮驱动和四轮驱动。前者指由两前轮或者两后轮单独驱动，另外的两个车轮则作为从动轮，仅起到支撑作用，这种形式结构简单、效率高、成本低、经济性好，但是在复杂地形条件下的通过能力较差。而四轮驱动又称全轮驱动，是指汽车前后左右四只车轮都是驱动轮，可显著提高行驶能力，是一辆越野车出色机动性能的保证，一般用 4×4 或 $4WD$ 来表示。常见的四驱形式有三类。

（1）全时四驱（Full - Time）　车辆行驶的每时每刻都保持持四轮驱动方式，发动机输出转矩按预先设定好的比例分配到前后轴。这种驱动方式的附着质量系数为最大值 1，可以最大限度地利用路面附着力，具有良好的驾驶操控性和行驶循迹性。其缺点是结构复杂、成本较高、经济性差。代表车型有奔驰的 4MATIC、宝马的 X - DRIVE、大众的 4MOTION 和奥迪的 Quattro，它们的性能各有优势，原理也不尽相同，但均具备出色的越野性能。

（2）分时四驱（Part - Time）　驾驶人可以根据路况，通过接通或断开分动器来手动选择两驱或四驱方式，是硬派越野车最常见的驱动方式。其优点是稳定可靠、坚固耐用、经济性好；缺点是操作烦琐（必须在停车状态下手动设置）、维修成本高，且要求驾驶人具有一定的使用经验以掌握恰当的切换时机，同时由于分动箱内没有中央差速器，所以不能在铺装路面上使用四驱系统，否则在弯道上不能顺利转弯，代表车型有 Jeep 牧马人、哈弗 H5。

（3）适时四驱（Real - Time）　它是全时四驱和分时四驱的折中方案，依靠行车电脑和传感器，它能自动识别驾驶环境的变化，路况良好时一般采用后轮驱动，如果在颠簸、多

坡、多弯、湿滑等附着力低的路面，则自动切换为四驱。这种驱动方式避免了烦琐的手动操作，但是在模式切换过程中存在迟滞现象、缺少驾驶乐趣、通过性一般。由于其成本适中，在城市 SUV 中广泛采用，代表车型有大众途观、本田 CRV、路虎神行者。

4. 差速器结构

有过军训经历的人都知道，队列行进转弯过程中，内侧的人步子要迈得小些，外侧的人步子要迈得大些，这样排面才能整齐划一。汽车转弯时道理也是一样，单位时间外侧车轮滚过的距离要大于内侧车轮滚过的距离，两者之间存在一个转速差。为了补偿该转速差，使车辆顺利转弯，左右驱动轮之间都装有差速器；对于四驱车来说，还会因为车轮滚动半径不同造成前后轴之间的滑动，所以还装有轴间差速器（中央差速器）。这样便有效解决了左右驱动轮、前后驱动桥"打架"的问题，改善了操控性。但它是一把双刃剑，在泥泞路况，当一个车轮打滑或悬空时，动力全部消耗在这个飞速空转的车轮上，车辆会丧失脱困能力，此时差速器会起负作用，必须对其加以限制和约束，于是便产生了带有机械锁止结构的差速器（简称差速锁）和带有限制滑转机构的差速器（简称限滑差速器），常见类型如图 7-3 所示。

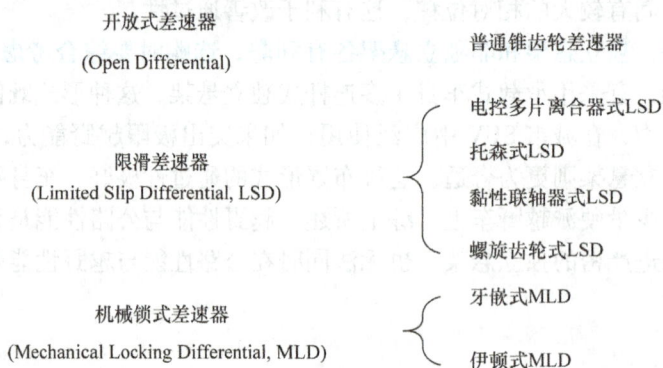

开放式差速器   普通锥齿轮差速器
(Open Differential)

限滑差速器   电控多片离合器式LSD

    托森式LSD

(Limited Slip Differential, LSD)   黏性联轴器式LSD

    螺旋齿轮式LSD

机械锁式差速器   牙嵌式MLD

(Mechanical Locking Differential, MLD)   伊顿式MLD

图 7-3 常见差速器类型

不同的差速器结构会对动力分配产生决定性影响，主要体现在两方面：一是轴间动力分配系统，它决定了四驱车前后桥之间的动力分配；二是轮间动力分配系统，它决定了同轴的左右车轮之间的动力分配。分配比例恰当与否将直接影响四驱车的通过能力。

（1）**常见的轴间动力分配方式** 主要有四种：黏性联轴器式 LSD、电控多片离合器式 LSD、托森式 LSD 以及分动箱。它们各自的特点如下：①分动箱，纯机械结构，耐用可靠，有些还具有 2～4 档的低速转矩放大功能，对越野帮助最大，主要用在分时四驱的硬派越野车上，如 Jeep 牧马人、奔驰 G 级、路虎卫士。②黏性联轴器式 LSD，无须复杂的电控系统和精密的机械部件，结构简单，成本低。但是动力传递效率较低，最多只能将 30% 的动力传递到后轮，越野能力不强，而且四驱介入迟滞明显，长时间激烈驾驶或车轮频繁打滑，四驱系统可能会失效，仅在斯巴鲁森林人 2.0 手动版和哈弗 M1 上有少量应用。③托森式 LSD，也称转矩感应式差速器，是一个全自动纯机械差速器，实现锁止功能完全不需借助人为或电子系统。它可以根据行驶状态使动力输出在前后桥间以 25:75～75:25 连续变化，而且转矩分配速度更敏捷，耐用性更高。不过这种差速器造价高，多见于高端车型上，最典型的就是奥迪采用前纵置发动机布局的 Quattro 系统。④电控多片离合器式 LSD，是行车电脑

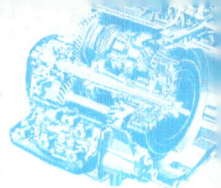

通过电磁离合器控制摩擦片的接合与分离，反应速度快。配合传感器判断车辆行驶状态，它还能够实现主动分配转矩，最多能传递50%的转矩到后轮。不过如果高强度频繁使用，容易导致摩擦片过热失效，需要定期维护。市面上大多数前横置发动机布局的SUV使用的都是这类适时四驱系统，如现代新胜达、雪佛兰科帕奇、日产逍客、别克昂科拉。

（2）**常见的轮间限滑方式**　有三种：**伊顿式MLD、牙嵌式MLD和电子差速锁**。它们各自的特点如下：①伊顿式MLD，外形尺寸与开放式差速器一致，结构简单，安装方便，维护成本低，且无须驾驶人控制，完全自动锁止和解锁，同时仅在低速情况下工作（30km/h以下），安全可靠；缺点是无法人为主动干预、四驱介入存在迟滞。代表车型有Jeep大切诺基、长丰猎豹和哈弗H5。②牙嵌式MLD，纯机械结构，稳定可靠，接合状态下将左右半轴与差速器壳连为整体。③电子差速锁（EDS、XDS、EDL），与前面介绍的差速锁不同，它只是基于ESP的一项扩展功能，没有实体装置。它借助ESP对打滑车轮单独施加制动，变相提高打滑车轮的附着系数，使得另一侧保持接触轮胎的转矩有一定幅度提升。但由于这个制动的施加，也必然会造成一部分动力损失，与限滑差速器和机械差速锁在防滑性能上仍有较大差距。

三种限滑方式中，牙嵌式差速锁对同轴两车轮的锁止最彻底，伊顿式差速锁次之。而电子差速锁比起前两者在性能上差距较大，不过它仅属于ESP的附加功能，无须额外增加成本，所以在城市SUV中应用比较广泛，利用"制动"来进行轮间的转矩分配，可以提高其公路行驶性能。

综上所述，采用带有中央差速锁的分动器+前后桥差速锁+低速转矩放大功能的分时四驱结构（图7-4a）越野能力最强；采用带有锁止功能的电控多片离合器式或托森式中央差速器+前后桥开放式差速器+四轮电子差速锁的全时四驱结构（图7-4b）越野能力次之；采用黏性联轴器式中央差速器+四轮电子差速锁的适时四驱结构（图7-4c）越野能力最差。

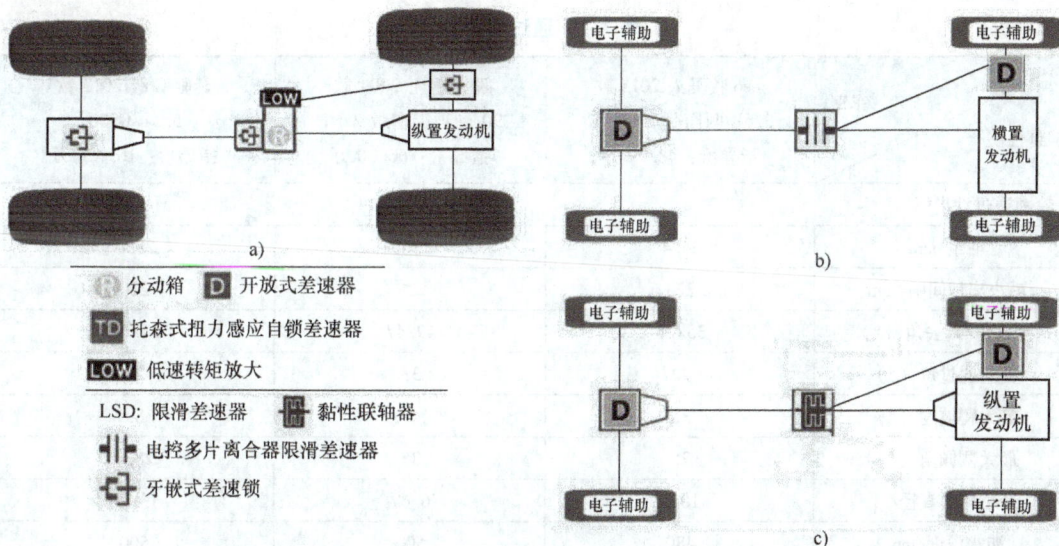

图7-4　常见四驱结构

二、使用因素的影响

1. 轮胎中央充放气系统

在第一节牵引通过性评价指标中曾经提到，适度降低胎压可以增大轮胎接地面积，提高松软路面的通过性；但在硬路面上如果胎压过低，又会增加滚动阻力、加剧轮胎磨损。此时，选装轮胎中央充放气系统，驾驶人能够根据路况需要实时调节轮胎气压，减轻驾驶疲劳强度。

2. 防滑链

汽车在表面泥泞而底层坚实的道路上（如雨后泥路或融雪路段）行驶时，给轮胎套上防滑链是提高通过性的最简单有效的方法。防滑链能够挤出表层泥水或雪水而使轮胎直接与坚实路面接触，提高轮胎抓地力。

3. 驾驶技术

驾驶人驾驶技术对汽车通过性的影响很大，为提高汽车通过性，应注意以下两点：①通过沙地、泥泞、雪地等松软路面时，应该挂低速档，以保证车辆有足够的驱动力和较低的行驶速度。行车过程中尽量避免换档和加速，并保持直线行驶。②传动系统装有差速锁时，应在驶入路况较差地段前就将差速器锁止，以防车轮打滑后破坏土壤剪切力，引起附着系数下降。否则，车辆脱困能力会大打折扣。驶离路况较差地段后，应及时脱开差速锁，以提高燃油经济性和避免轮胎早期磨损。

第三节　车型通过性对比评价实例

一、对比车型的通过性对比（表7-1）

表7-1　通过性对比

越野性能 　　　　　车型	Jeep 牧马人 2013 款 3.6L 两门版 Rubicon 指导价：48.99 万	路虎卫士 2004 款 90 硬顶天窗版 2.5T 指导价：66.00 万	奔驰 G 级 2013 款 5.5L G500 指导价：169.80 万
轮廓通过性指标			
轴距/mm	2424	2360	2850
最小离地间隙/mm	223	229	210
接近角/离去角（°）	35/28	49/47	34/29
纵向通过角（°）	22	33	23
最大爬坡度（°）	35	45	38.7
最大侧倾角（°）	25	35	28.4
最小转弯直径/m	10.6	6.67	13.26
涉水深度/mm	480	500	500
牵引通过性指标			
最大功率/kW	209	91	285

（续）

越野性能 ＼ 车型	Jeep 牧马人 2013 款 3.6L 两门版 Rubicon 指导价：48.99 万	路虎卫士 2004 款 90 硬顶天窗版 2.5T 指导价：66.00 万	奔驰 G 级 2013 款 5.5L G500 指导价：169.80 万
牵引通过性指标			
最大功率转速/(r/min)	6350	4200	6000
最大转矩/(N·m)	347	300	530
最大转矩转速/(r/min)	4300	1950	2800~4800
变速器	5AT	6MT	7AT
整备质量/kg	1921	1875	2530
轮胎规格	245/75 R17	235/85 R16	265/60 R18
四驱形式	分时四驱	全时四驱	全时四驱
轴间动力分配方式	分动箱（无中央差速器）	分动箱（托森中央差速器）	分动箱（牙嵌差速器）
前桥轮间限滑方式	牙嵌式差速锁	牙嵌式差速锁（选装）	牙嵌式差速锁
后桥轮间限滑方式	牙嵌式差速锁	牙嵌式差速锁（选装）	牙嵌式差速锁
前/后悬架类型	五连杆整体桥 +气动减振器 +前/后稳定杆	螺旋弹簧整体桥 +液压减振器 +前/后稳定杆	螺旋弹簧整体桥 +气动减振器 +前/后防倾杆
前稳定杆断开方式	电子控制	不能断开	手动拆卸
车身结构	非承载式	非承载式	非承载式
电子差速锁	EDS	ETC	4ETS

二、要点分析与评价结论

1. 轮廓通过性

三款车型中路虎卫士具有最短的轴距、最小的转弯半径，因而机动性是最好的；其最小离地间隙、接近角、离去角、纵向通过角也是三者中最大的，发生间隙失效的概率最小；此外其最大爬坡度和最大侧倾角在对比车型中也具有明显优势。

结论：三款车型中，路虎卫士的轮廓通过性最强，Jeep 牧马人和奔驰 G500 基本相同。

2. 牵引通过性

①奔驰 G500 采用 5.5LV8 发动机，功率和转矩远超另外两款车型，但考虑到较大的自重，它在牵引系数上并不占优势；反倒是路虎卫士采用增压发动机，在较低转速范围内就能爆发出峰值转矩，同时其自重也是三者中最小的，因此具有较大的牵引系数。②奔驰 G500的轮胎最宽、扁平率最小、直径最大，在轮胎附着和越障方面性能最优，Jeep 牧马人次之，路虎卫士较差。③Jeep 牧马人采用无中央差速器的分动器来分配轴间动力，与电控系统相比更加可靠，前后车桥各配置一把机械牙嵌式差速锁，与非承载式车身和前后整体桥配合，具有极强的越野能力。缺点是分动器需要驾驶人手动控制且需要其有丰富的驾驶经验以确定切换时机。路虎卫士与奔驰 G500 在四驱结构、悬架类型和车身结构上非常近似，仅在中央差速器上有些许差别，路虎采用托森差速器，能够实现自锁，无须驾驶人手动操作，响应迅

速，而奔驰采用牙嵌式差速锁，接合后将差速器与壳体刚性锁止，传递转矩大，可靠稳定。④Jeep 牧马人配备有前稳定杆电子分离系统，当车辆被卡在特殊地形导致四轮无法着地时，驾驶人只需通过按键即可断开前稳定杆，前轮高度降低 30%，使得原本悬空的轮胎可以着地获得驱动力。奔驰 G500 前稳定杆则需要驾驶人手动拆卸，路虎卫士的前稳定杆与车架焊在一起无法分离，降低了车辆在极限情况下的脱困能力。

结论：三款车型的牵引通过性都极其强悍，奔驰 G500 最佳，Jeep 牧马人和路虎卫士次之。

3. 评价结论

三款车型都是硬派越野车中的翘楚，在通过性和车身强度上不分伯仲，都非常值得推荐。Jeep 牧马人和路虎卫士尺寸更小，车身更轻，更适合山地越野；奔驰 G 级则属于全尺寸豪华越野车，外观狂野，内饰精致。考虑到奔驰 G500 的价格和路虎卫士由于环保原因即将停产的影响，Jeep 牧马人性价比更高，驾驶乐趣更强，与电控系统相比，纯机械的四驱结构也更加稳定可靠。

本 章 小 结

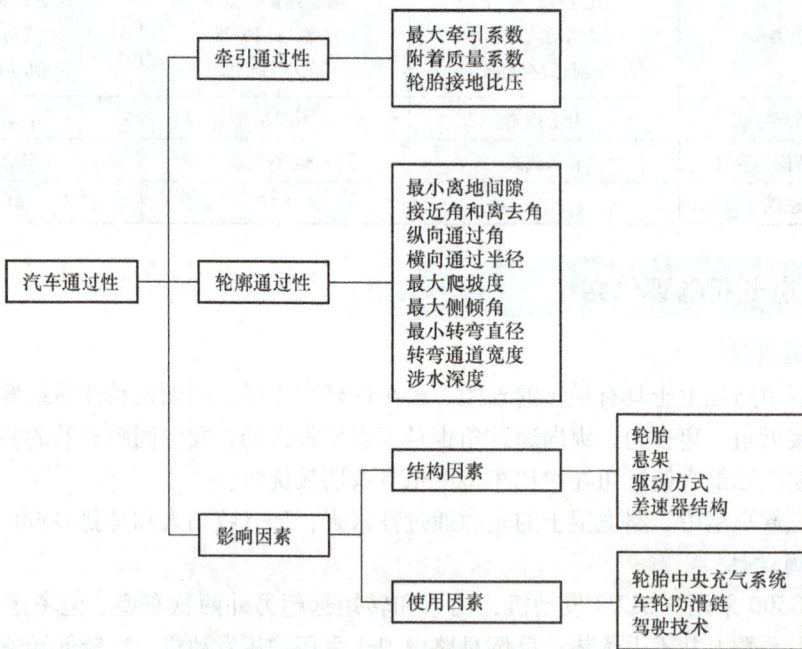

习 题

一、单项选择题

1. 下列选项中，不属于间隙失效的是（　　　）。

A. 托底失效　　　　B. 触头失效　　　　C. 拖尾失效　　　　D. 抛锚失效

2. 最小离地间隙是指（　　）状态下，车辆除轮胎外的最低点与路面之间的距离。

A. 满载　　　　　　B. 半载　　　　　　C. 空载　　　　　　D. 以上都是

3. 为了获得较大的纵向通过角，一般会将越野车的轴距设计得（　　）。

A. 短些　　　　　　B. 长些　　　　　　C. 适中　　　　　　D. 无法确定

4. 为了获得较小的通过半径，一般会将越野车的轮距设计得（　　）。

A. 宽些　　　　　　B. 窄些　　　　　　C. 适中　　　　　　D. 无法确定

5. 下列选项中，不属于牵引通过性评价指标的是（　　）。

A. 最大牵引系数　　B. 附着质量系数　　C. 轮胎接地比压　　D. 以上都是

6. 下列选项中，不属于常见四驱形式的是（　　）。

A. 全时四驱　　　　B. 主动四驱　　　　C. 适时四驱　　　　D. 分时四驱

7. 下列选项中，采用四驱技术的是（　　）。

A. 奔驰的 4MATIC　　　　　　　　　B. 宝马的 X – DRIVE

C. 奥迪的 Quattro　　　　　　　　　D. 以上都是

8. 下列选项中，不属于限滑差速器的是（　　）。

A. 黏性联轴器式差速器　　　　　　　B. 螺旋齿轮式差速器

C. 伊顿式差速器　　　　　　　　　　D. 托森式差速器

9. 下列选项中，对汽车通过性无影响的是（　　）。

A. 加装防滑链　　　　　　　　　　　B. 加装轮胎中央充气系统

C. 恰当的驾驶技术　　　　　　　　　D. 无法确定

10. 通过沙地、泥泞、雪地等松软路面时，应该挂（　　），以保证车辆有足够的驱动力和较低的行驶速度。

A. 低速档　　　　　B. 高速档　　　　　C. 中间档　　　　　D. 以上都行

二、简答题

1. 什么是汽车通过性？提高汽车通过性的措施有哪些？

2. 什么是牵引通过性？其评价指标有哪些？

3. 什么是轮廓通过性？其评价指标有哪些？

4. 影响汽车通过性的结构性因素有哪些？

5. 影响汽车通过性的使用性因素有哪些？

模 块 八

汽车环保性评价

知识目标：

- 了解汽车环保性的概念及评价指标。
- 理解汽车主要排放污染物及其控制措施。
- 掌握汽车主要噪声源和降噪技术。

能力目标：

- 能够说出国Ⅳ和国Ⅴ排放标准的主要差别。
- 能够应用正确的驾驶技术提高车辆环保性。
- 能够利用评价体系对不同车型的环保性展开分析并做出评判。

重点与难点：

- 汽车尾气主要污染物对人体的危害。
- 汽车噪声对环境的影响。
- 常见的排放控制措施和降噪技术。

在汽车诸多性能中，环保性可能是最容易被忽视的。很多人认为所谓环保就是新车可以正常登记上牌、在用车可以顺利通过年审，仅此而已。但是近些年，随着汽车保有量急剧增加，汽车污染对环境的影响也日趋严重，PM2.5、酸雨、光化学烟雾、燃料短缺等尖锐的环境问题，开始使人们重新审视汽车环保的重要性。那么一辆环保性好的汽车应该具备怎样的特征？混合动力车是否适合日常使用？纯电动汽车究竟靠不靠谱？通过本章内容，进行介绍。

第一节 汽车环保性评价方法及评价指标

一、汽车环保性概念

汽车环保性是指整个产品寿命周期内，从原材料的生产、运输到汽车的制造、运行、报废和回收对周围环境产生不利影响的程度。鉴于数据不易获取、公众接受程度低和相关法律法规的授权等因素，目前绝大多数国家对汽车环保性的评价仍局限于汽车使用过程中的污染和能耗，仅德国和日本采用了更为科学的全寿命周期环保评价法。我国发改委、科技部和环

保总局于2006年联合发布了《汽车产品回收利用技术政策》，旨在指导汽车生产、销售及相关企业启动、开展并推动汽车产品报废回收工作，但效果并不理想。

二、汽车环保性评价方法及评价指标

1. 评价指标

考虑到目前国内还没有将报废汽车回收利用率纳入监管体系，因此本书将汽车环保性评价指标概括为：CO_2排放量、尾气污染物排放量、加速行驶时的车内外噪声以及车内VOC排放量。其中车内噪声和车内VOC排放在第六章中已有所介绍，这里不再赘述。

（1）CO_2排放量　是衡量汽车行驶1km排放CO_2水平的一项技术指标，单位是g/km。在欧盟它属于强制认证项目，是每款车都必须注明的指标，我国目前还没有引入。CO_2排放量与油耗成正比，但两者的意义完全不同。油耗是经济指标，它意味着加油开支的多少，背后是消费者对自己钱包的关注；而CO_2排放量则属于环保指标，它表征排放了多少温室气体，对全球变暖做了多大"贡献"。

（2）尾气污染物排放量　当汽车尾气达到一定浓度时人们就感到不舒服，特别是在城市拥堵路况或车流量大的十字路口，这种感觉尤为强烈。尾气浓度进一步增加时，人们的健康就会受到影响，导致驾驶人反应迟钝、工作效率下降。世界卫生组织最新的研究报告表明，法国、奥地利和瑞士三个国家每年约有21000人因为受到汽车尾气的影响，死于呼吸系统和心血管疾病，而同期因交通事故死亡的仅为9950人，汽车尾气致死的人数远高于交通意外中的遇难者人数。

（3）加速行驶时的车内外噪声　据统计，机动车噪声约占整个城市噪声的50%，而且随着保有量的快速增加，噪声公害也越发严重。长时间暴露在高强度噪声下，人的神经系统会受到影响，出现头晕、耳鸣、乏力、失眠、高血压等症状，所以噪声也是一种环境污染。

2. 评价方法

关于节能环保车型的认定，中华人民共和国环境保护部（以下简称"环保部"）于2014年发布了《环境标志产品技术要求——轻型汽车》，中国国家认证认可监督管理委员会也制定了《国家节能环保型汽车产品认证实施规则》。但遗憾的是，两者都只提出了及格线和准入门槛，缺乏定量评价，无法在不同车型间横向比较，不利于遴选真正节能环保的好车。鉴于此，环保部组织编写了《轻型汽车环境影响指数（VEI）测算方法》，并于2010年公布了征求意见稿。该方法将以上述3项评价指标作为环境影响因子，测算汽车对环境的影响程度，并以VEI指数表示。该值越低，表明汽车对环境的影响越小，最后采用星级的方式对车辆环保性能给出直观评价。表8-1为汽车环保星级评价。

表8-1　汽车环保星级评价

VEI值	环保星级
$VEI \leqslant 50$	★★★★★
$50 < VEI \leqslant 70$	★★★★
$70 < VEI \leqslant 90$	★★★
$90 < VEI \leqslant 120$	★★
$120 < VEI \leqslant 150$	★
$VEI > 150$	无星级

VEI 评价体系建立完善后，能够全面客观地评价汽车的环保性能，能够有效地引导消费者的环保购车理念，同时也迫使主机厂对先进环保技术的研发和推广。但是目前该方法还存在以下几个问题：一是标准尚处于审核阶段，没有对外颁布；二是标准发布后车型数据库的建设问题；三是新车的 CO_2 排放量、主要污染物排放量等测试数据只掌握在环保认证主管部门手中，没有对普通大众公开。因此，现阶段广大消费者还只能通过主观评价法来衡量一款车的环保性能，即通过各种节能、减排、降噪新技术的有无和先进程度做出粗略评判。

第二节　汽车排放评价

一、汽车主要排放污染物

汽车主要排放污染物包括：尾气中的 CO、HC、NO_x、PM，曲轴箱和汽油箱蒸发的 HC 以及对环境有害的温室气体 CO_2。

1. 一氧化碳（CO）

一氧化碳是一种燃烧不完全的无色无味气体，与血液中血红素的亲和力是氧气的 210 倍。血红素一旦与 CO 结合就丧失了输送氧气的功能，从而使人体组织器官缺氧，引起恶心、头晕、疲劳等症状，严重时会使人窒息。

2. 碳氢化合物（HC）

碳氢化合物也是一种燃烧不完全的产物，具有很强的刺激性气味和致癌性。它在阳光照射下与氮氧化物发生化学反应生成臭氧，形成的光化学烟雾对人的眼睛和呼吸道黏膜有刺激性作用。

3. 氮氧化物（NO_x）

在气缸内高温高压条件下，空气中的氮原子和氧原子发生反应，形成多种氧和氮的化合物，统称为氮氧化物。除了在天气炎热、阳光充足的条件下形成光化学烟雾以外，NO_x 还会与空气中的水分结合形成酸雨、酸雾、酸雪或酸性颗粒物，与空气中的氨反应生成含硝酸盐的细微颗粒物，阻碍光线的传播，降低市区的能见度，影响城市景观并带来交通问题。

4. 颗粒物（PM）

颗粒物是燃油未充分燃烧的产物，进入肺泡后会引起咳嗽、哮喘、窒息、肺水肿、慢性支气管炎和肺癌。不同尺寸的颗粒物对人体健康的危害程度也不相同，大于 $10\mu m$ 的颗粒物（PM10）一般只能进入上呼吸道，健康危害轻微；$2.5\sim10\mu m$ 的颗粒物（PM2.5）能够进入支气管，造成较为严重的危害；而 $0.1\sim2.5\mu m$ 的颗粒物则能深入到细支气管；$0.1\mu m$ 以下的超细颗粒物更能渗入到肺泡，对人的健康危害最大。

5. 二氧化碳（CO_2）

尽管二氧化碳对人体无明显危害，但由于它的增加而导致的温室效应会带来非常严重的恶果（例如海平面上升、全球性气候异常、土地沙漠化、病虫害增加等）。据统计，欧洲乘用车占交通运输 CO_2 排放量的 50%，占欧盟 CO_2 总排放量的 12%，汽车已是全球 CO_2 排放的重要来源。

二、我国汽车排放标准

随着人们环保意识的加强和技术水平的提高，同时也为了促使主机厂注重产品技术的升

级改造，我国制定了相应的汽车环保排放标准。按照实施时间的先后和严格程度划分为 5 个阶段，分别用罗马数字 Ⅰ～Ⅴ 来表示，简称国Ⅰ～国Ⅴ排放标准。

目前除北京上海外，我国轻型汽油车执行的都是第四阶段排放标准（即国Ⅳ排放标准）。国Ⅲ标准（含）以下的轻型汽油车、两用燃料车和单一气体燃料车不得销售，环保部门不再核发环保检验合格标志，公安机关车辆管理部门也不再办理登记上牌。

2013 年 9 月，环保部发布 GB 18352.5—2013《轻型汽车污染物排放限值及测量方法（中国第五阶段）》即国Ⅴ排放标准。其中规定，自 2018 年 1 月 1 日起，所有销售和登记上牌的轻型汽车均应符合国Ⅴ标准。北京、上海已分别于 2013 年 9 月和 2014 年 5 月对办理注册登记（含外省市转入）的轻型汽油车实施第五阶段排放标准。也就是说在这两个城市已停止办理注册登记国Ⅳ排放的车辆，并且不得销售或转入。

与国Ⅳ排放标准相比，国Ⅴ排放标准无论在排放限值、检测项目还是试验方法上都有诸多不同且更加严格。其中 NO_x 排放限值严格了 25%、PM 排放限值严格了 82%，预计实施 5 年可减排 90000t NO_x 和 20000t PM。为使读者对国Ⅳ、国Ⅴ排放标准有更加直观的感受，这里仅以轻型汽油车 3 类常见污染物的 Ⅰ 型试验为例对两者进行比较，见表 8-2。另外，消费者还要注意"车、油适配原则"，即国Ⅴ排放标准的车辆只有使用国Ⅴ标准的汽油才能发挥出相应的环保性能。

表 8-2　国Ⅳ、国Ⅴ标准 Ⅰ 型试验排放限值比较

试验项目			基准质量（RM）	限值/（g/km）		
阶段	类别	级别	/kg	CO	HC	NO_x
Ⅳ	第一类车	—	全部	1.00	0.10	0.08
	第二类车	Ⅰ	$RM \leqslant 1305$	1.00	0.10	0.08
		Ⅱ	$1305 < RM \leqslant 1760$	1.81	0.13	0.10
		Ⅲ	$1760 < RM$	2.27	0.16	0.11
Ⅴ	第一类车	—	全部	1.00	0.10	0.06
	第二类车	Ⅰ	$RM \leqslant 1305$	1.00	0.10	0.06
		Ⅱ	$1305 < RM \leqslant 1760$	1.81	0.13	0.075
		Ⅲ	$1760 < RM$	2.27	0.16	0.082

注：1. 第一类车指 6 座以内，最大总质量 2500kg 以内的载客汽车。

2. 第二类车指除第一类车以外的所有轻型汽油车。

3. 基准质量（RM）：汽车整备质量 +100kg。

三、汽车排放控制技术及应用车型

减少 CO_2 和有害污染物排放的主要措施可以分为两大类（表 8-3）：一是源头控制法，即从污染源头着手来降低排放，包括对发动机、变速器、车身等总成的性能改良、寻找替代石油的清洁能源和电动汽车的推广普及；二是尾气处理法，即对已产生的有害尾气成分进行催化和净化。

表8-3　汽车排放控制的主要措施

主要措施	主要技术
性能改良	涡轮增压技术、可变气门正时技术、缸内直喷技术、发动机起停技术、先进变速器技术、车身轻量化技术
替代燃料	清洁能源（LPG、LNG、CNG）
电动汽车	混合动力汽车、插电式混合动力汽车、纯电动汽车、燃料电池汽车
尾气处理	三元催化转化器、二次空气喷射系统、废气再循环系统

1.性能改良

（1）涡轮增压技术（Turbo Boost）　一般来说，如果在汽车尾部有"Turbo"或者"T"的标记，即表明该车型装配了涡轮增压发动机。它对于环保性的提升主要表现为两方面：①在不增加排量的前提下，增加功率和转矩。由于涡轮增压器的介入，发动机进气便不仅是依靠自身的真空负压吸入空气，而是将更多的空气"压"入燃烧室，增加了进气量、提升了进气效率、产生了更高的动力输出，真正做到小排量、大动力。据测算，涡轮增压汽油机 CO_2 排放量与同等功率水平的自然吸气发动机相比可降低20%。②有助于混合气的充分燃烧。主要污染物中的CO和HC都是燃烧不完全的产物，涡轮增压技术的应用使得发动机进气密度增加、空气流速增大，有利于燃料与空气的混合，实现更加充分的燃烧，进而降低污染物排放量。涡轮增压技术在德系的大众、奥迪、奔驰、宝马和很多自主品牌中应用非常广泛。

（2）可变气门正时技术（VVT）　现代汽车大多采用高转速发动机，一个工作循环仅需千分之几秒，要在这么短的时间内做到进气充分、排气彻底，就需要进气门早开、排气门晚关。如此一来，必然会出现某一段时间内进气门和排气门同时开启，该时间段对应的曲轴转角就称之为"气门重叠角"。发动机转速越高，一个工作循环内留给进排气的时间就越短，要求的气门重叠角就越大。但在低转速工况下，过大的气门重叠角会使大量废气重新导入气缸，进气量反而下降，导致怠速不稳、发动机无力。

VVT技术就是根据发动机的转速和负荷实时调整进排气门开启、闭合时刻，进而达到调整气门重叠角的目的。发动机处于怠速、小负荷工况时，进气门打开最晚、排气门闭合最早、气门重叠角最小，保证怠速稳定、正常燃烧；随着转速和负荷的增加，气门重叠角逐渐增大，以获得较大的输出功率；中等负荷匀速行驶时，气门重叠角最大，将部分废气重新吸入气缸，提高空燃比、降低燃烧温度，可减少HC和 NO_x 的排放；发动机处于高速、大负荷或急加速工况时，气门重叠角又适度减小，以增加进气量、保证动力性需求。由此可见，VVT为发动机在各种工况和转速下提供了更高的进、排气效率，在提升动力的同时，降低了排放和油耗。各大品牌都有自己的可变气门正时技术，常见的有丰田的VVT-i、本田的i-VTEC、BMW的Valvetronic、现代的CVVT等。

（3）缸内直喷技术　又称燃油分层喷射技术（Fuel Stratified Injection，FSI），它是将喷油器安装在气缸盖进排气门之间，直接将燃油喷入气缸与新鲜空气混合。ECU可以根据吸入的空气量精准控制燃油喷射量和喷射时间，高压燃油喷射系统还会使油气的雾化效果和混合效率更佳，使符合理论空燃比的混合气通过分层燃烧和均质燃烧，实现降低油耗、提升动力的目的。不同的厂家有不同的称谓，常见的有大众的TSI（其中T代表涡轮增压）、奥迪

的 TFSI/FSI、奔驰的 CGI、宝马的 GDI、通用的 SIDI、比亚迪的 TI。

（4）发动机起停技术　是指行车过程中遇到红灯或者堵车情况，在满足特定条件时发动机自动熄火，当需要继续前进时，发动机自动重起的一种技术。对于装备自动变速器的车型，该系统的工作方式如下：行驶中直接踩下制动踏板，车辆停止 2s 后发动机自动熄火，踩着制动踏板不放，发动机就会保持关闭。只要一松开制动踏板，或者转动转向盘，发动机又会马上自动点火，立即又可以踩加速踏板起步，整个过程都处于 D 档状态。配备电子驻车制动的车型在开启 AUTO HOLD 功能后，发动机只会在轻踩加速踏板后才会起动，进一步解决了踩住制动踏板不放的脚部疲劳问题。该系统在拥堵的市区节油效果能达到 10%，同时还减少了恶劣工况下 HC、CO 等污染物的排放。目前已有许多车型搭载了发动机起停装置，奔驰、宝马、奥迪、沃尔沃等几乎全系标配，自主品牌的威志 V5、夏利 N7 也有配置，尽管叫法不同，但是原理基本一致。

（5）先进变速器技术　选购自动档车型时，变速器类型和档位数量是自动变速器最重要的两个参数。常见的自动变速器类型有 AT、DSG 和 CVT，它们都有各自的看家本领。丰田的 AT 工作可靠、技术成熟，但如何在不显著增加体积和重量的前提下增加档位数是个大问题；大众的 DSG 传动效率高、响应速度快、省油、综合性能优异，但如何提升可靠性考验着大众的智慧；日产的 CVT 由于乘坐舒适性好、省油、可靠成为日系车的"宠儿"，但传动效率和转矩承受能力是它需要突破的难关。

以上除了 CVT 外，其他变速器都属于有级变速器，档位数量越多，变速器与发动机的配合就越紧密，就越能够使发动机始终工作在最佳转速区间，油耗也会较低。就目前国内市场而言，4AT 已经落伍，6AT 和 6 速 DSG 是主流，奔驰宝马等豪华车普遍配备 8AT，全新一代的 Jeep 自由光（切诺基）已采用 9AT。

（6）车身轻量化技术　油耗与车重成正比，奥拓比捷达轻了 39%，油耗低了 34%，同时还提高了发动机负荷率、减少了 CO_2 排放量、节省了大量制造材料。车身轻量化主要从以下三方面采取措施：①采用轻质材料代替钢板，如铝合金的发动机、轮毂、悬架、变速器壳体和奥迪 A2 的全铝车身，不久还可能出现用镁制成的车身。②车身不同部位对强度、刚度、拉延和塑性变形的要求各有不同，在负荷大的地方（副车架、纵梁、B 柱）采用较厚的高强度钢板，而在蒙皮等部位则使用较薄的镀锌钢板。③小型车在轻量化上具有无可比拟的优势，像奔驰 Smart、丰田 Aygo、大众 Fox、菲亚特 500、标致 107、雪铁龙 C1 等都是不错的选择。

2. 替代燃料

为了降低 CO_2 排放量，光想办法提高燃油经济性还远远不够，变换燃料种类、寻找石油的替代品才是正道。现阶段常见的清洁能源主要有压缩天然气（CNG）、液化天然气（LNG）、液化石油气（LPG）、煤制甲醇和生物乙醇。表 8-4 对 CNG、LNG、LPG 汽车的综合性能做了详细比较，可以看出无论从经济性、可靠性、便捷性还是环保性上来讲，现阶段私家车的替代燃料还是首选 CNG，像爱丽舍、比亚迪、东风 308、世嘉等都有 CNG 版本的车型，不少城市的出租车也做了油改气处理，取得了一定的社会效益。

表 8-4 CNG、LPG 和 LNG 汽车综合性能比较

比较项目	CNG	LNG	LPG	92#汽油	0#柴油
价格（2015.9 广州）	4.36 元/m³	5.35 元/m³	3.85 元/L	5.81 元/L	5.38 元/L
百公里燃料消耗量（出租车）	10m³	9.5m³	12.5L	10L	8L
百公里燃料费/元	43.6	50.8	48.1	58.1	43
相对于汽油的当量 CO_2 排放量（%）	85	85	86	—	80
价格波动	取自管道气、气源充足、价格稳定	大部分进口、受期货市场和海运价格影响波动大	石油副产物、受油价影响波动较大	—	—
加气便捷性	加气站相对较多、加气时间长、高峰时段需排队	加气站极少、便捷性差	加气站相对较多、加气时间短、便捷性好	—	—
普及程度	技术成熟、市场占有率高	尚处于推广阶段，仅在部分城市的少量公交车上有所采用	争议较大，濒临淘汰		
减排效果	好	好	一般		

3. 电动汽车

由于制造理念的差异，不同厂家的电动汽车技术特点各不一样、概念术语也是五花八门，常见的混合动力汽车（HEV）、插电式混合动力汽车（PHEV）、纯电动汽车（BEV）、燃料电池汽车（FCV）大家还耳熟能详，而像串联型、并联型、混联型、单模、双模等术语则比较晦涩了。针对这种情况，本书略去具体构造和原理，仅就其特点做简单归纳，见表 8-5。

表 8-5 不同类型电动汽车的比较

比较项目	混合动力		纯电动	
	HEV	PHEV	BEV	FCV
驱动方式	发动机 + 电动机		电动机	
使用能源	燃油	燃油 + 电能	电能	氢气
采用电池	氢镍电池或锂离子电池	锂离子电池	锂离子电池	燃料电池
节油比例	20% ~ 50%	30% ~ 100%	100%	100%
普及推广	技术成熟 市场占有率高	混动升级版 发展迅猛	技术成熟 已有量产车上市	尚处于研发中
主要优点	不用充电、节油减排效果明显、续航里程长、动力性好	可外部充电、市区路况用电动机驱动，零排放；电量耗尽后改为发动机驱动，并适时向电池充电	零排放、噪声小、结构简单、能源利用率高、可回收制动能量	零排放、体积小、重量轻、储能高、续航里程长、能量转化率高、氢燃料来源广泛

（续）

比较项目	混合动力		纯电动	
	HEV	PHEV	BEV	FCV
主要缺点	结构复杂、车价较高、制造电池的环境成本	需大容量电池、增加了车身重量、制造电池的环境成本	续航里程短、成本高、充电时间长、充电桩数量少、制造电池的环境成本	峰值功率小、转矩小、成本高
应用车型	二代普锐斯、雷克萨斯 CT200h、凯美瑞 Hybrid	三代普锐斯、比亚迪 F3DM、雪弗兰沃特	比亚迪 E6、特斯拉	—

通过表 8-5 的分析，可得出以下结论：

1）燃料电池汽车"看上去很美"，但受限于电池技术和成本因素，要想进入寻常百姓家，还有很长的一段路要走。

2）纯电动汽车是大势所趋，尽管它把污染转嫁给了发电厂，但是大型发电厂的效率比汽车发动机高得多，而且可以采用大型污染防治设备，因此整体排放更低、能源效率更高。但就现阶段而言，BEV 还是比较适合布局在城市公共交通领域，等到充电站像加油站一样多时，既环保、又省钱的纯电动汽车自然是最佳选择。

3）混合动力是内燃机污染与电动机续航的折中，是迈向纯电动汽车的一种过渡方案，同时也是当下践行"环保从我做起"理念的广大消费者最靠谱的选择。如果只是市区里代步，不妨考虑一下 PHEV，短途驾驶仅靠电动机驱动，经济环保。平峰时段家用 220V 电源无须做任何改动即可为电池充电，唯一美中不足的就是价格不太亲民。

4. 尾气处理

（1）三元催化转化器（Three – Way Catalytic Converter）　已经不再属于新技术范畴，但是其在尾气处理过程中发挥的作用却是无可替代。由于这种催化器可以通过氧化还原反应将废气中的 CO、HC 和 NO_x 转化为无害的 CO_2、H_2O 和 N_2，故称三元。其原理比较简单：在多孔性蜂窝状载体上喷涂稀有金属作为触媒，高温废气流经载体时，在净化剂的催化作用下完成上述氧化还原反应，起到减少污染的目的。采用高品质燃油、电控燃油喷射系统和三元催化转化器相互配合，减排效果可达 90% 以上。

（2）二次空气喷射系统（Second – air Injection）　发动机冷起动时，三元催化转化器尚未达到正常工作温度（通常在 300℃ 左右），污染物排放相对较高。此时利用空气泵向废气中额外供给新鲜空气，增加 O_2 含量，使排气中的 HC 和 CO 在高温下再次燃烧，生成 CO_2 和 H_2O，达到排气净化的目的，同时再次燃烧产生的热量可以加速三元催化转化器的升温过程。通常与三元催化转化器配合使用，应用同样非常广泛，是车辆排放达到国 V 标准的必备装置。

（3）废气再循环系统（Exhaust Gas Recirculation，EGR）　也是一项已经应用多年的成熟技术，将发动机排出的一部分废气重新导入进气管，并与新鲜混合气一并进入气缸。由于废气中含有大量不能燃烧却能吸收热量的 CO_2，从而降低了气缸内混合气的燃烧温度，减少了 NO_x 的生成。需要指出的是，前面提到的可变气门正时技术 VVT，在冷却液温度过高时

会加大气门重叠角，引入更多废气来降低燃烧温度，起到了内部 EGR 的作用。

第三节　汽车噪声评价

一、汽车主要噪声源

噪声污染与大气污染、水污染并列为三大污染，城市的喧嚣和嘈杂中有 70% 是来自于汽车噪声。长期生活在这样的环境中，就会得"噪声病"，应该引起人们足够的重视。汽车噪声的源头有多种，如发动机的机械噪声、燃烧噪声、进排气噪声和风扇噪声，传动系统的变速器噪声、传动轴噪声和驱动桥噪声，此外还有轮胎噪声、悬架噪声、车身振动噪声、喇叭噪声、转向倒车时的蜂鸣器噪声、防盗系统噪声、音响噪声等。图 8-1 所示为主要噪声源分布。这些噪声中有些是被动发生的，有些则是主动产生的（如喇叭噪声）。但是主要来源只有两个：一个是发动机，一个是轮胎，只要车辆行驶它们就会被动产生。

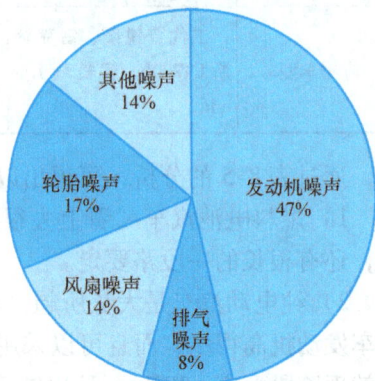

图 8-1　主要噪声源分布

二、汽车主要降噪技术及应用车型

由于受到运转性能的限制，想要进一步控制上述两个主要噪声源的难度非常大。因此只能另辟蹊径，在噪声传播、衰减和抵消上采取措施，相应的措施可以分为三类。

1. 被动降噪技术

主要包括隔音、吸音、密封和加装消声器四种措施。

（1）隔音　就是从阻隔噪声的传播途径着手进行处理，常用措施有隔音材料和隔音结构。在隔音结构上，汽车的地板、车身等部位大都采用表面覆盖件和内饰板组成夹层结构，利用双层隔板间的空气层可以起到很好的隔音效果；在隔音材料上，通常是在发动机舱铺设隔音棉、发动机下护板镶嵌隔音材料、在车内地板铺装地胶以及采用隔音玻璃等。

（2）吸音　就是采用多孔材料改变声波的方向，利用摩擦来衰减、吸收噪声的能量。合理布置吸音材料，能有效降低声能的反射，达到吸音降噪的目的。通常做法是在车门、地板、行李箱等处的双层隔板之间粘贴吸音棉，起到进一步降噪的作用。

（3）密封　车身上开有许多安装孔、工艺孔、布线孔和排水孔，车门、车窗、行李箱与门框之间也存在一定的缝隙，因而行车过程中各种噪声就会无孔不入地钻进车内，必须采用胶套和胶条加以密封。密封性能的好坏直接决定车内噪声的整体控制水平，像丰田皇冠和雷克萨斯的隔音、吸音及密封措施做得就极为出色，其车内噪声较同级别车型低 3～5dB。

（4）消声器　按结构形式可分为三类：①阻性消声器，由多孔管和吸音棉组成，体积小巧，对发动机高频噪声抑制效果好，多用于排气管中断的副消声器。②抗性消声器，如图 8-2a 所示，由大小不一的三个膨胀室和隔板组成，利用废气在三个腔室里的反射、摩擦达到消声效果。内部没有吸音棉，不需要担心吸音棉会年久失效，因而更加耐用。抗性消声器

的体积比阻性要大，对中、低频噪声抑制效果明显，为大多数原厂车用于排气管末段的主消声器。③复合型消声器，如图8-2b所示，既有吸音棉又有膨胀室，很好地整合了前两者的特点、体积灵活、应用范围广，但是造价也相对较高，仅在少量改装车上使用。

a)　　　　　　　　　　　　　　　　b)

图8-2　抗性消声器与复合型消声器

2. 主动降噪技术

与上述被动方式相比，主动降噪是在振动源头上采取措施，常用措施有：加装止振板和降低风阻力系数。

（1）加装止振板　现代轿车多采用承载式车身，刚度较弱，固有频率低，与骨架式车身相比更容易产生共振引起较大的噪声。同时由于轻量化的需求，车身表面蒙皮通常由金属薄板制成，它们的声辐射效率很高。行车过程中，振源将振动传递给车身，并在车身中以弹性波的形式进行传播，引起车体上其他部件的振动，从而产生更多的辐射噪声。由此可以看出，振动乃噪声之源，要想降噪首先就要抑制振源的振动。为了减弱钣金件的振动，通常做法有：在车门、发动机盖等部位设置加强筋以提高其刚度；在整车板件内侧加装阻尼带或粘贴止振板以衰减振动；或者在板件内侧喷涂防声涂层来降低其声辐射效率。

（2）降低风阻系数　高速行车时，车身钣金件与空气剧烈摩擦产生较大的振动噪声，车速越快摩擦越强，噪声也就越大，这就是风噪。选择风阻系数较低的车型，能够有效减小风噪。一般来讲，两厢车的风阻系数要大于三厢车，长高比越大的车辆风阻系数越大，流线性越强的车身风阻系数越小，保持车身表面光洁和减少车外突出物（倒后镜、天线等）的数量及尺寸也可以有效降低风噪。已知雨滴的风阻系数最小，在0.05左右，现代轿车的风阻系数通常在0.2～0.5之间。为便于读者比较，现将主流车型的风阻系数进行整理，见表8-6。

表8-6　主流车型风阻系数

紧凑级车				中高级车			
车型	风阻系数	车型	风阻系数	车型	风阻系数	车型	风阻系数
奔腾B50	0.28	现代悦动	0.29	奔驰E级	0.24	宝马3系	0.26
本田思域	0.30	荣威550	0.30	奥迪A4L	0.27	丰田皇冠	0.27
福特福克斯	0.31	雪铁龙世嘉	0.31	别克新君威	0.27	大众迈腾	0.28
丰田卡罗拉	0.32	日产轩逸	0.32	大众新领域	0.28	丰田凯美瑞	0.29
大众速腾	0.32	大众宝来	0.32	马自达6	0.29	雪铁龙C5	0.29
大众朗逸	0.32	标致307	0.33	奥迪A6L	0.30	别克新君越	0.30
别克凯越	0.34	大众捷达	0.34	蒙迪欧致胜	0.30	本田雅阁	0.31

3. 有源降噪技术

与上述传统的加装隔音棉或者止振板等看得见摸得着的方式不同，有源降噪技术（Active Noise Cancellation，ANC），是一种利用噪声来消除噪声的方法，最初的创意来自于降噪耳机。由于该系统需要外部电源供电，故称"有源"，其工作原理并不复杂，实质就是两组频率相同、幅值相等但相位相反（相差180°）的正弦波相遇后会彼此抵消的声波叠加原理（图8-3）。

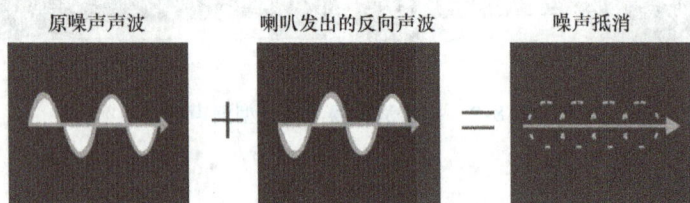

图8-3　有源降噪的声波叠加原理

目前已经有一些量产车加装了该项配置，如凯迪拉克 XTS、本田歌诗图和讴歌、日产英菲尼迪 Q50 等。不同厂家有不同的叫法，但硬件配置大同小异，都是通过车内麦克风实时采集噪声样本，经过控制单元的统计分析处理后，由车载扬声器播放与噪声频率相同、振幅相等但相位相反的声音以抵消噪声，营造出安静的车内氛围。

厂家的宣传资料显示，在不做任何改装和加装的情况下，该系统能够降低噪声 20dB，比传统方式提高了 50%。但由于受到车厢内噪声来源的多样性、高中低频成分的混杂性、麦克风采集设备的失真性以及控制单元的数据处理能力等因素的制约，并不能真正做到 100% 的噪声反相，因而只能在车厢内几个很小的区域有补偿作用，效果与降噪耳机有本质区别。

第四节　车型环保性对比评价实例

通过前面的介绍不难发现，单就环保性而言，电动汽车零排放的优点显而易见，CNG汽车在 CO_2 减排效果上的优势也不是一点半点，传统内燃机汽车与它们相比显然有失公平。因此在综合考虑可靠性、便利性、购车成本和市场占有率等因素后，本节选取具有代表性的三款内燃机汽车作为比较对象。

一、比对车型的参数配置介绍

表8-7 中的数据来自英国车辆认证局（VCA），其中部分参数配置与国内上市的同款车型存在些许差别。

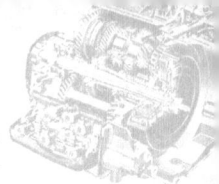

表8-7 环保性对比

性能指标 \ 车型	大众途观 2014 款 2.0T 自动四驱版 指导价：29.18 万	本田 CR－V 2013 款 2.0 自动四驱版 指导价：21.78 万	福特翼虎 2014 款 1.6T 自动四驱版 指导价：23.98 万
基本参数			
发动机	2.0T 180 马力 L4	2.0L 155 马力 L4	1.6T 182 马力 L4
变速器	7 速 DSG	5 速自动	6 速自动
驱动形式	全时四驱	适时四驱	适时四驱
整备质量/kg	1720	1576	1717
车身结构	SUV	SUV	SUV
$\frac{长}{mm} \times \frac{宽}{mm} \times \frac{高}{mm}$	4506×1809×1685	4550×1820×1685	4524×1838×1695
发动机特有技术	TSI	i－VTEC	EcoBoost
燃料类型	汽油	汽油	汽油
环保标准	欧 V	欧 V	欧 V
燃油消耗			
市区油耗/(L/100km)	11.8	10.1	10.2
高速油耗/(L/100km)	6.7	6.2	6.3
综合油耗/(L/100km)	8.6	7.7	7.7
排放数据			
CO_2 排放量/(g/km)	199	179	179
CO 排放量/(g/km)	205	342	273
HC 排放量/(g/km)	54	40	52
NO_x 排放量/(g/km)	34	7	21
噪声数据			
加速噪声/dB（A）	71	72	74
风阻系数	0.38	0.39	0.35

二、要点分析与评价结论

1. 噪声水平

三款车的外部尺寸基本一致，途观和 CR－V 的风阻系数稍大，但隔音降噪措施较好，使得加速噪声处于中上水平；翼虎的噪声水平稍差。

2. 排放和油耗水平

CR－V 采用自然吸气发动机，燃烧温度低、NO_x 排放少；但高速行车时进气效率低，故 CO 排放较多；途观和翼虎由于涡轮的介入，则刚好相反。此外途观的车身最重，百公里综合油耗要高于其他两款车型，因此也排出更多的温室气体。

3. 评价结论

三款车型都达到了欧 V 排放标准，噪声控制也都比较理想，但受限于 SUV 自重大、风

阻大、四驱传动效率差等因素，环保性与小型车相比还有一定差距。总体来看，CR－V 环保性最佳，翼虎次之，途观排名最后。

本 章 小 结

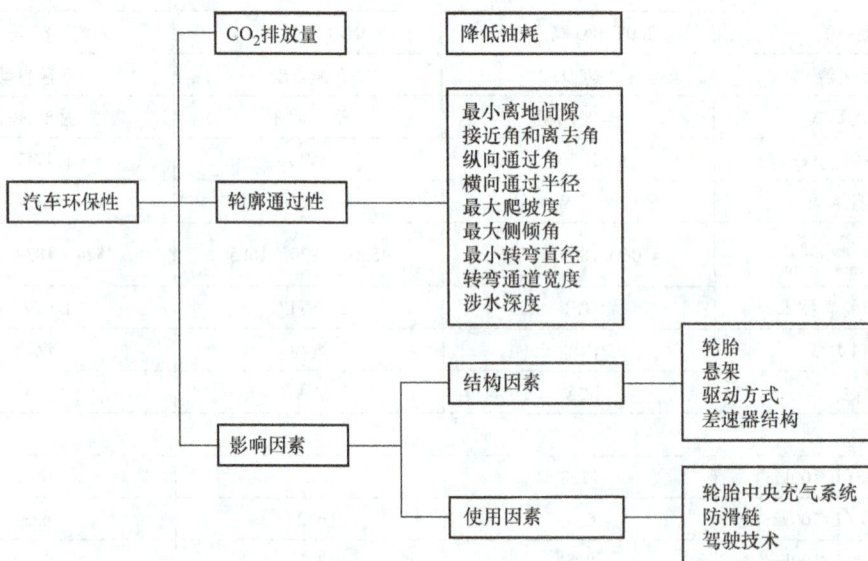

习 题

一、单项选择题

1. 下列选项中，不属于汽车主要污染物的是（　　）。

A. 尾气污染　　　　B. 噪声污染　　　　C. 电磁辐射污染　　　D. 固体废物污染

2. 下列选项中，不属于汽油车主要排放污染物的是（　　）。

A. CO　　　　　　　B. HC　　　　　　　C. NO_x　　　　　　　D. 碳烟

3. 下列气体中不会造成大气污染的是（　　）。

A. N_2　　　　　　　B. CO　　　　　　　C. CO_2　　　　　　　D. NO_x

4. 汽车噪声主要包括（　　）。

A. 进排气噪声　　　B. 轮胎噪声　　　　C. 制动噪声　　　　D. 以上都是

5. 下列选项中，不属于汽车降噪新技术的是（　　）。

A. 排气消声器　　　B. 流线型车身　　　C. 改善轮胎花纹　　　D. 可变进气系统

6. 下列车型中，采用混合动力技术的是（　　）。

A. 奥迪 A6　　　　　B. 大众 Sagitar　　　C. 丰田 Prius　　　　D. 本田 Accord

7. 下列车型中，采用纯电动汽车技术的是（　　）。

A. 丰田 Prius　　　　　　　　　　　　　B. 比亚迪 e6

C. 雷克萨斯 CT200h   D. 奔驰 S600

8. 电动汽车主要包括（   ）。

A. 纯电动汽车（BEV）   B. 混合动力汽车（HEV）

C. 燃料电池汽车（FCEV）   D. 以上都是

9. 为降低排放，现代汽车采用了多种污染物控制技术，其中 VVT 是指（   ）。

A. 电控燃油喷射   B. 废气再循环   C. 可变气门正时   D. 涡轮增压

10. 以下措施中可以起到降噪功能的是（   ）。

A. 保持车体良好的密封性   B. 在发动机底盖镶嵌隔声材料

C. 在排气管中设置两个或多个排气消声器   D. 以上都是

二、简答题

1. 汽车环保性评价指标有哪些？

2. 汽车主要排放污染物有哪些？生成机理是什么？

3. 汽车排放污染物的控制措施有哪些？

4. 国Ⅴ与国Ⅳ排放标准主要差别有哪些？

5. 汽车主要噪声源有哪些？如何控制？

模块九

汽车选购

知识目标：

- 理解汽车选购的基本原则及应用。
- 掌握汽车选购的步骤、考量因素以及选购方法。
- 熟悉新车的上牌流程以及新车提车注意的事项。

能力目标：

能够根据消费者的特点和诉求，结合汽车选购中的基本原则以及选购考量的因素，为其选择合适的车型，并指导完成购车的全过程。

重点与难点：

- 理解汽车选购的基本原则适用性。
- 掌握汽车选购考量的因素以及选购方法。

近年来，无论是普通乘用车，还是商用车的销量，都呈现高速增长的态势，购买汽车的普通家庭越来越多，汽车越来越成为一种接近普通大众的商品。随着家用轿车的快速增长，各大汽车厂家推出的新车型也日益丰富，在如此多的汽车品牌和车型面前，许多汽车消费者都有点眼花缭乱的感觉，不知道究竟买什么样的车更适合自己。毕竟大多数的消费者在选购汽车时对汽车的性能及选购的常识都缺乏了解，如何能够买到最适合自己的车辆，还需要专业人士的合理指导。因此，作为从事汽车销售的专业人士，除了对前面章节所将讲到的汽车性能知识有全面的认识，还应该了解和熟悉汽车选购的方面的常识，包括汽车选购的基本原则、汽车选购的步骤、选购考量的因素以及选购的方法。唯有如此，才能更好地指导消费者选购车辆，更好地为其提供服务。本章所讲到的汽车选购知识主要是针对普通家用轿车的选购常识。

第一节　汽车选购的基本原则

购买和使用汽车的过程中，通常会考虑到以下四个方面的基本原则：适应性原则、经济性原则、安全性原则以及高效性原则。

一、适用性原则

适应性原则主要是指选购的汽车能适应使用及工作任务要求，适应当地的气候及道路条件，适应当地经济发展水平。

所谓适应使用及工作任务要求，是指选购汽车应根据购车动机和当时实际情况决定所购买的车辆类型、品牌名称、发动机型号、车身形式、吨位大小等。例如从事货物运物时，若批量大、运距长的货物，用大吨位货车；批量小的零散货物运输，为求方便快捷，用中小型货车。以代步或公务活动为目的时，轿车是首选目标；以旅游和探险为目的时，选用越野中小型汽车；而长途客运时则选用高速性、舒适性好的大型客车。

所谓适应当地的气候及道路条件，是指在选购汽车时要考虑汽车使用地区的气候条件和道路状况。不同的气候条件和道路状况对汽车的性能有不同的要求。例如在沙漠地带和风沙大的地区应重视汽车发动机空气过滤系统的工作性能，而路况差的地区就重视汽车的通过性和越野性能。

所谓适应当地经济发展水平，一方面是指所购汽车的营运成本在当地经济条件下是否有竞争力；另一方面指所购汽车的配件、维修等技术服务项目能否得到满足；对客运车辆还应考虑大众的消费水平、对该车型的认可程度等经济因素。

二、安全性原则

安全性原则对于消费者来说是非常重要的原则。所购买的汽车必须满足国家规定的安全要求，即汽车的安全性指标应符合国家法规的要求，在发生事故时能有效地保护驾乘人员的安全。另外，汽车的操作方便性、使用可靠性与耐久性等都对安全性有较大影响，在选购汽车时，也必须全面考虑这些安全因素。对于普通乘用车而言，其安全性主要表现为车辆避免危险事故发生的能力以及在事故发生后，汽车的抗撞击能力以及最大程度保护乘员的能力。对于商用车而言，其安全性的表现可能更为广泛，不仅表现为车辆抗碰撞的能力，还表现为车辆在运输过程中保证乘客安全以及货物安全的能力。无论是乘用车还是商用车，其安全性原则都是车辆选购过程中应重点考量的原则。

究竟如何的考量汽车的安全性？就普通的乘用车而言，可以考察汽车的主动安全性和被动安全性两方面的综合情况。主动安全是指保证安全驾驶的基本条件，避免发生事故，它是车辆安全中最重要的因素。其主要包括车辆所搭载了一些重要的电子设备，包括 EBD、ASR、ESP、BAS 等重要的系统，主动安全设备越多的车辆，其主动干预预防事故的能力会越强，当然价格可能会更高。被动安全是指车辆发生碰撞时，车身通过巧妙的设计，能吸收碰撞力，降低对人的伤害，同时也能保证车内人员及时逃生，主要可以考虑车身结构的情况。车身是整个汽车安全系统的保卫者，在汽车受到撞击时，可保护车内乘员的人身安全。传统观念认为车身钢板越厚、越不变形的车辆才是安全的，这是错误的认识。因为这种车身几乎不能吸收撞击力，反而会对车内人员造成更大的伤害。目前车辆的安全设计在发生撞击的瞬间，通过车身的变形收缩来吸收撞击力，通过安全带、气囊等缓冲装置将车内人员受到的伤害程度降到最低，同时也对车厢结构进行了强化，保证车辆撞击后乘员空间不变形，从而保护车内人员。能考验一辆汽车安全性的是碰撞测试，被公认的测试法规是欧盟实施的 NCAP 测试，包括正面和侧面碰撞两部分。我国在 NCAP 五星碰撞水平的基础上推出了 C –

NCAP，对新车安全性给予评价，这些都可以作为消费者评价其安全性的参考。

三、经济性原则

经济性原则也是消费者在购买车辆中经常考量的一个重要的原则。所谓经济性原则是指消费者所选购的车辆在满足消费者购车的用途以及性能要求的同时，在购买的价格以及后续使用过程中的费用支出都能够表现出更好的经济性。从经济性的原则来看，这种经济性不仅体现在汽车本身的售价上，也包含了使用时的油耗和后期的维修维护成本。经济性原则一般是年轻一族、工薪阶层在选购车辆时重点考量的原则。因为他们的收入并不是很高，购买车辆的用途往往也是为了代步，因此，对所购买的车辆的性能要求并没有太高，只要车辆在满足基本性能要求的前提下，尽量能体现出经济实用。考虑到这一部分消费者的需求，我国汽车销售市场上，小排量的微型车、紧凑型轿车也越来越多，可选择的车型也日益丰富，占据了中国轿车市场的较大的日常份额，如大众捷达、大众Polo，日产骊威、本田新锋范、本田思域等车型在经济性方面都具有不错的口碑。

四、高效性原则

所谓高效性原则，是指车辆在运输过程中保证安全性的前提下能够发挥出更高的运送效率。实际上，高效性原则更适应于在商务车的选购中予以重点考量。因为商务车的功能主要是运输乘客以及运载货物等，其运输的效率更为重要。例如，客车的高效性反映为单位时间内运送乘客的能力，货车的高效性反映为单位时间内运载货物的能力。而对于普通乘用车而言，其高效性更多地体现为容纳乘员的数量以及行驶时的速度表现。容纳的乘员数越多，行驶的速度越快，其高效性优势就越明显。因此，从高效性原则的角度来看，MPV比普通三厢轿车要好。

当然上述四方面的选购原则只是在选购车辆当中可以参考的基本原则，并不代表所有的购买行为都必须遵循上述原则，购买车辆的消费者可以根据自身的情况灵活选购车辆。而且，不同类型的车辆，在考虑上述四种选购原则时也会表现出较大的差异化。另外，上述的选购基本原则，在具体购车的过程中，可能会出现矛盾的情况，如考虑车辆的安全性原则和高效性原则时，可能不会很好地兼顾经济性原则。实际上，消费者在购车时，一定会有重点考量的原则，也有次要考虑的，只要选购的车辆能在满足重点考量原则的前提下尽量地平衡其他原则，就是科学合理的选购。

第二节　汽车选购的步骤及选购方法

一、汽车选购的步骤

汽车选购的步骤如图9-1所示。

1. 明确购车的主要用途

选购车辆首先要明确购车的主要目的及用途，这也是选购车辆的前提和依据。不同的购车用途对于选购车辆的类型和档次来说应有所区别。普通乘用车的购车主要目的及用途可以大致分为以下几种情况：上下班代步、公司商务用、郊游及长途旅游用、体现自我价值等。

那么根据购车的目的及用途就大致可以确定购买车型的类型、配置以及价位了。

如果购买车辆主要是用于上下班代步，而且个人对车辆也没有太高要求，就可以买一部中档配置、性价比比较高的经济型轿车，如大众捷达、别克凯越、丰田雅力士、日产骐达等车型都是不错的选择，还有国产车的吉利、奇瑞、比亚迪等性价比不错的经济型轿车也可供选择；如果购买车辆主要是用于郊游或远途旅游，可以考虑选择一部性较好的 SUV，这种车的越野性能、通过性都较好，能够较好地适应于各种道路条件，如丰田的 RAV4、汉兰达、本田 CR－V、大众途观都是不错的选择。如果购车主要是商务用，可以考虑选择一辆成熟稳重大气的车型，而且品牌知名度较高，颜色最好为黑色。如丰田凯美瑞、本田雅阁、大众 PASSAT、别克君威等都可以考虑，此外还可以考虑购买商务车 MPV，这种车型乘坐舒适，空间大，能乘坐比较多的人，比较适合于公司接送客户。如果购买车辆更多地是为了体现个人身份、价值，可以考虑品牌知名度比较高的高端车型，如宝马、奔驰、奥迪等。

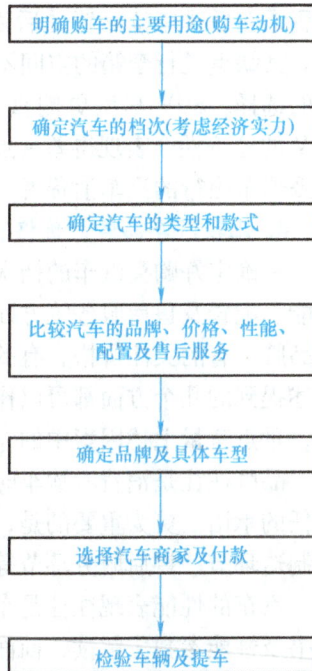

图9-1　汽车选购的步骤

2. 确定汽车的档次

根据购车的用途以及个人购车的经济能力，基本可以确定选购车辆的档次。

在家用轿车的选购中，一般把汽车分为表9-1所列的5个等级。通常来说，购车档次的确定主要还是取决于消费者的购车预算支出以及购车的用途。购车预算支出不高以及购车用于代步的消费者，更多应该考虑微型轿车和普通轿车（紧凑型轿车），并重点关注车辆经济性方面。购车预算较高或者购车用于商务以及个人身份体现的，应更多地考虑中高级轿车或高级轿车，并重点关注汽车品牌知名度和汽车舒适性。

表9-1　汽车选购的档次

汽车档次	发动机排量/L	参考价格/万元	车辆性能	购车目的	适用家庭
微型轿车	≤1	≤10	一般	代步	经济一般
普通轿车	1~1.6	10~15	较好	代步、公务	经济中等
中级轿车	1.6~2.5	15~20	好	公务、代步	经济较好
中高级轿车	2.5~4	20~30	豪华	公务、代步	经济好
高级轿车	≥4	≥30	超豪华	公务、享乐	经济很好

3. 确定汽车的类型和款式

根据汽车的外形及功能，家用轿车还可分为不同的类型，包括三厢轿车、两厢轿车、SUV 以及 MPV 等。每种类型和款式的车辆都有其自身的优缺点和适用性，消费者可以根据购车用途、不同车型的特点以及个人的偏好去确定购买汽车的类型和款式。三厢车的车尾有密封的行李箱，在空气调节及音响分布方面更有利于乘员，乘员之间交谈时也比较方便，另外三厢从外观上看上去更加大气一些。缺点是扁阔的行李箱放不下较大件的行李，而且乘员在行车时，也照顾不到放在行李箱的东西。两厢车的车尾没有行李箱，所有摆放简单行李的

位置是在后排座位靠背的后面，使车身的长度缩短了很多，转向更加灵活，停车更加的方便。其缺点是行李箱的空间不够大，放置的东西有限。在拥堵的城市考虑购买两厢车也是不错的选择。SUV 车型更侧重于越野性能，拥有较好的操控感和通过性，机动性好，但是 SUV 的经济性会表现得差一点，表现为购买价格会高一些，油耗也会高一些。经济条件好、偏爱驾车旅行的汽车消费者可以考虑购买 SUV。

4. 比较汽车品牌、价格、性能、配置及售后服务

在确定好购买汽车的档次及基本类型后，接下来应该比较此范围内车辆的品牌、价格、性能、配置及售后服务等方面。不同的消费者可能在选购汽车时，考量的重点不同，有的关注品牌，有的关注价格，有的关注车的性能表现等。不管消费者重点关注的是什么方面，但上述提到的几个方面都可以作为消费者购车时的考量因素。消费者可以根据自身的喜好和要求，重点考量上述因素中的一两个方面作为选择的主要依据，做出选购决策。

品牌往往是消费者购车时首先考虑的因素，因为品牌对消费者而言意味着性能的保证和责任的承诺。更为重要的是，知名度高、历史悠久的品牌已经经过了多年的市场锤炼，其设计制造环节、售后服务环节等方面都已久经考验，拥有更加稳定和出色的表现。

汽车的性能表现往往是车辆选购重点考虑的因素。汽车的性能状况可以从车辆提供的说明书及性能参数去解读，前面章节已经介绍过了汽车性能的评价内容，同时也可以向其他已使用过该车型的车主了解有关汽车的性能表现。普通消费者比较关注车辆的安全性、动力性和经济性，高端车型消费者更关注汽车的舒适性。不同的车型在性能表现方面各有其突出的优势，如德系车注重安全性和操控性，日系车注重经济性，美系车注重舒适性等。在考虑到汽车性能方面的因素时，消费者可以根据自己的偏好去重点关注车辆某方面的性能表现，然后保证其他的性能表现能基本满足要求。

汽车的配置往往也是消费者选购车辆考虑的一个重要内容。一个系列的家用轿车，往往包括很多具体型号，它们之间可能外形没有很大差别，但内部配置却相差很多，价格也不尽相同。其价格区别主要体现在车辆的配置上，如发动机就有直喷的、涡轮增压的、自然吸气的等不同类型可供选择，变速器有手动的、自动的、无级变速的等可供选择。除此之外，还有一些其他方面的配置差异，主要包括是否有 ESP、安全气囊数量、CD 音响类型、卫星定位、倒车雷达、铝合金轮毂、金属漆、助力转向、防撞侧杆、天窗、真皮座椅、儿童锁、高位制动灯、遮阳帘等。不同的配置会使车辆有不同的功能或性能表现，消费者要根据自身用车的需要以及购车的费用支出综合考虑车辆的配置需求，在保证满足基本功能需求的情况下体现出购买的经济性。

汽车的售后服务状况是消费者在购车时往往较少考虑的问题。但是，所购买车型的售后服务状况也是至关重要的。如果所购买车辆的售后服务无法保障或者售后服务不尽人意，购买车辆后在使用过程会遇到很多的不便和麻烦，影响使用车辆的心情。从车辆售后服务的角度来看，对比售后服务，一是要看所在的地区有多少确定购买的品牌汽车的专业维修点。维修点多，说明厂家重视售后服务，同时也可以有更多选择的余地。二是看这些专业维修点的维修水平、服务态度、价格标准。可以亲自前往专业维修点感受一下他们的服务，看看厂商给予他们何种授权及评价。

5. 确定品牌及具体车型

通过分析购车的用途以及购车的预算支出，基本确定购车的档次以及车辆类型，然后通

过比较不同品牌、不同车型的性能、价格、配置以及售后服务等综合表现，最终确定所购买车辆的品牌和具体车型。到此步为止，车辆的选型就基本完成。

6. 选择汽车商家及付款

选购好汽车的品牌和车型后，接下来就是要选择汽车经销商以及选定时间去购买。每一个汽车品牌都有许多的经销商在销售，对消费者而言，究竟如何选择经销商也是一个难以抉择的问题。一般来说，在选择经销商时，主要考虑的是经销商的销售价格、服务内容以及售后服务水平等。经营规模较大的经销商在服务水平和售后服务能力方面会拥有一定的优势，但价格方面差异不大。从选择购车的时机来看，汽车消费者可以选择经销商开展大幅度促销的时间去购买，此时购车优惠活动较多，价格相对便宜，包括车展、"五一""十一"、元旦等节假日都是不错的购车时机。支付车款的方式包括一次性全款支付及按揭贷款。在国内来看，大部分的购车者一般都是一次性支付全部车款，对于少数的年轻人和经济能力一般的人在购车的时候会考虑按揭购车。

7. 检验车辆及提车

汽车经销商在帮助车主办理完成相关证件和牌照后，会通知车主提车，车主在提车的时候应该对车辆、随车物品以及证件予以检查，以保证车辆的完好性以及证件的齐全。关于新车的检验以及提车注意的事项会在下一节予以详细的介绍。

二、汽车选购的方法

1. 获得有关车辆信息来源的方法

准备购车的消费者所需要的有关车辆的信息来源，大致可以从以下几个方面获得。

（1）报纸 报纸广告及有关车型的宣传文章和信息，其最大的特点和优势是快捷直接，消费者据此能够在第一时间获悉本地的车市动态和及时的促销活动，并且具有较高的可信度和权威性。消费者从报纸上不但可以了解车辆的实际情况，还能了解经营这些车辆的本地经销商动态。

（2）杂志 特别是有关的汽车专业杂志，其特点与优势是更专业深入，也比较客观，信息容量也将更大。对于理性的消费者来说，可以通过专业的杂志来了解所需车辆的信息。

（3）电视 电视的优势是形象生动，身临其境，容易打动人，对提升品牌形象、扩大品牌知名度很有好处。对于感性的消费者来说，可以通过电视来了解所需车辆的信息。

（4）网络 网络最大的优点是信息量最大，信息传递最快，而且可以信息互动。不过，网络的最大缺点是既有真实的信息，也有不真实的信息，所以对网络信息要有辨别能力，及时去伪存真，为己所用。

（5）口碑 所谓口碑，就是通过身边的亲朋好友了解和获得有关车辆的信息。口碑的特点就是直接详尽并且可靠，可信度较高。

（6）去销售现场 无论从何种渠道获取信息，到销售现场亲身体验是不可缺少的环节。在销售现场，可以通过专业人员的介绍了解到许多车辆的信息，还可以通过试乘试驾体验车辆的实际情况，在现场感受经销商的服务态度、服务质量和水平。

2. 选择汽车商家的方法

（1）选择经营规模大、口碑好的经销商 尽量选择当地规模较大的汽车经销商。因为这样的经销商一般都有汽车生产厂家的代理资格，而且经营时间较长，有比较好的口碑和声

誉，服务的水平和能力都较高。

（2）选择经营品种全的经销商　尽量选择当地汽车品种较全的汽车经销商。因为这样的经销商不仅保证厂家的正宗品牌，而且品种多，为客户提供了宽松的选择环境，使车主选择的余地更多，而且能够买到"零缺陷"或者缺陷最少的车。

（3）选择售后服务好的经销商　尽量选择当地售后服务最好的汽车经销商。因为这样的经销商对用户购车后出现的质量问题有能力尽快解决，或者有能力帮助用户向汽车生产厂家索赔。同时在车辆的维修维护方面也能得到更加周到的服务。

3. 车型选择的方法

（1）汽车品牌的选择　品牌，是大部分消费者选购车辆的主要参考因素。品牌所蕴涵的内容非常宽泛，品牌传递车辆的定位、功能特色、文化等丰富的元素。不同的品牌，所传递的给消费者的信息会有明显的差异，消费者可以根据某一品牌汽车的定位、功能及特色等是否符合自身的需求来进行选购。例如英国汽车品牌的高贵、大气；日本车系的经济、驾控轻便；德系车的安全、精细、稳重；美系车的大气舒适。如果消费者对汽车品牌的认知度不高，对汽车功能方面也没有特别的要求，可以选购那些市场影响力较大或市场占有率较高的车型，因为这些车型肯定在某些方面赢得了消费者的认同，而且市场占有率高的车型售后维修会更加方便。表9-2是2013年全国紧凑型轿车销量排名。

表9-2　2013年全国紧凑型轿车销量排名

排名	车型	2013年累计销量
1	福特福克斯	403640
2	大众朗逸	374075
3	别克凯越	296183
4	大众速腾	271188
5	大众捷达	263408
6	日产轩逸	259545
7	雪佛兰科鲁兹	246890
8	大众宝来	237156
9	现代朗动	206348
10	别克英朗	204274

小资料：

2013年某汽车协会对中国消费者品牌汽车喜好程度及潜在需求进行调查，调查报告显示，受访者对德系车的喜好程度最高，为68%，具绝对优势；日系车位居第二，为13%；中国自主品牌位居第三，占11%；紧随其后的是美国品牌（6%），韩国品牌（2%）和法国品牌（1%）。

（2）汽车排量的选择　汽车生产商基于市场细分的需要，往往对同一品牌的汽车同时推出多种不同的排量，以满足不同消费者的消费需求。因而，许多消费者在汽车选购中，把排量的大小作为特别关注的重点。

　　我国轿车级别的划分，是以发动机排量为依据的。排量不大于1L，为微型轿车；排量大于1L且小于1.6L，属于普通轿车；排量大于1.6L且不大于2.5L，属于中级轿车；排量大于2.5L且小于或等于4L，属于中高级轿车；排量大于4L，属于高级轿车。一般说来，发动机排量越大，意味着功率越大，速度越高，动力性就越好。排量越小，动力性就越差。但排量大的车型的价格以及对应的燃油消耗也会越高。汽车排量的选择往往也取决于购车的主要目的及用途。使用目的性不一样，对排量的要求也不一样。在选择排量时，应根据自己的用途和经济实力来选择。一般来说，如果用于上班代步或简单三口之家的出行使用，排量在1.6~2.0L之间是比较合适的，既能保证其所需的动力又还比较经济。如果是为了长途旅行或者越野用或者家庭的人数较多，这种情况可以考虑买排量较大的车辆，如2.5~4.0L之间的排量。随着我国燃油税的实施，小排量的汽车占据了市场的主导地位。对于大排量车的销售，进口车占据了明显的优势。

　　（3）汽车发动机类型、变速器形式的选择　究竟选择何种发动机类型也是消费者购车中重点考虑的问题。发动机类型按产地分为进口的和国产的，按动力能源分为汽油发动机、柴油发动机、电动发动机、煤气发动机、天然气发动机等。一般来说，柴油发动机的经济性比较好，但购车费较高。电动发动机、煤气发动机、天然气发动机经济性更优越，但在速度上和补充能源的便利性方面不如汽油发动机好。就目前国内的汽车消费者而言，主要还是选择传统的汽油发动机。但目前汽油发动机也有各种不同的类型，有缸内直喷汽油机、涡轮增压汽油机（Turbo）、缸内直喷涡轮增压汽油机以及自然吸气式的汽油机等。缸内直喷汽油机是目前较为新型的汽油发动机，它具有动力性好、经济性突出、环保等优势，现在许多车型都配置了该种类型的发动机，如大众迈腾、福特蒙迪欧等，也是不错的选择，但价格会比传统自然吸气式发动机高一些。涡轮增压汽油机的动力性和经济性都有明显改善，现在许多发动机都做成小排量带涡轮增压的发动机，如大众高尔夫1.4TSI、迈腾1.4TSI等（图9-2、图9-3），既能保证动力又能体现出经济性。因此，考虑到动力性和经济性兼顾的原则，小排量带涡轮增压的缸内直喷发动机是不错的选择。

| 图9-2　高尔夫1.4TSI车型 | 图9-3　迈腾1.4TSI车型 |

　　究竟选择何种形式的变速器合适，可以根据消费者的使用习惯以及使用的环境来决定。变速器形式分为手动变速器（MT）、有级自动变速器（AT）、无级变速器（CVT）。每种变速器都有各自的优缺点和适用的环境。手动变速器具有操控感，可靠性更好，维修也更方便。自动变速器在操作上较手动变速器简单得多，且可降低驾驶人的劳动强度。但其也有不足之处：一是自动变速器的液力偶合器有一定的传动损失，且变速点是固定的，很难灵活掌

握，低速行驶时使耗油量增加，特别是城市交通堵塞时，耗油量会更明显；二是维修时不如手动变速器简便，且费用高出许多倍。无级变速器是自动变速器的特殊类型，它操作简单，传递动力平稳，没有换档冲击，但无级变速器价格会比手动变速器价格高，而且传递转矩不能太大，一般只适合中低排量的车型使用，如日产轩逸的变速器就搭载了CVT。对于交通拥堵的城市中使用，购买自动变速器的车型会更好一些；如果是在交通比较好的中小城市使用又比较注重操控感，可以购买手动变速器的车型。由大众公司开发的DSG，具有换档速度快，换档平顺的优势，已经运用于大众的许多车型上，如大众迈腾、大众PASSAT等。

（4）动力传动方式的选择　汽车动力传动方式分为"发动机前置，后桥驱动""发动机前置，前桥驱动""发动机后置，后桥驱动"和"四轮驱动"四种。"发动机前置，后桥驱动"方式，一般在中、高级轿车上使用得较多。优点是前后桥承载的负荷基本一样，动力性强，牵引力大，在爬坡时、在泥泞道路和颠簸路上行驶时，动力性、防后轮侧滑和稳定性明显优越于"发动机前置，前桥驱动"的汽车。缺点是传动轴退至后桥导致地板凸起，几个总成分开布置，占据空间较大，很难使汽车小型化，如丰田锐志就是采用的该种传动方式（图9-4）。

"发动机前置，前桥驱动"这种方式一般在中小型汽车上使用得较多。优点是省了传动轴，地板平坦，传动系紧凑，重量减轻，地板降低，重心下降。缺点是上坡时重量向后移，前桥负荷减轻，不能产生足够的牵引力。在较滑的路面上因前桥重量不够也产生不了足够的牵引力；下坡时前桥负荷过重，特别是在下坡制动时前桥负荷更加过重。这种车型不宜在上下坡多的山区使用。一般的家用轿车都是采用了该种传动方式。

"发动机后置，后桥驱动"的优点是省去传动轴，附着力大，牵引力也大，轴距较小，地板下没有排气管，发动机废气、噪声不污染车厢内。缺点是后桥负荷大，转弯易侧滑，操纵系统太长，结构复杂，冷却系统复杂，行李箱太小，只适于微型车。采用这种动力传动方式的车型如图9-5所示。

"四轮驱动"的方式优点是前后轮都有驱动力，牵引力大，通过性强，附着力大，稳定性好，车身和传动系统的钢板比轿车厚，安全系数高，适于越野。缺点是重量大，节油性差。一般SUV车型采用该种驱动方式，如丰田汉兰达（图9-6）。

图9-4　丰田锐志汽车（FR）

图9-5　发动机后置、后轮驱动

（5）汽车配置的选择　汽车配置可以划分为3大类别，它们分别是标准配置、置换配置、选装配置。

1）标准配置。指预先安装在汽车之上，包括在售价内的汽车上的配备，如发动机、车架、车轮、转向盘、驾驶室、行李箱等。这类配置一般不可或缺、无法替代，能够实现汽车的基本功能。

2）置换配置。这类配置一般是指从汽车的功能实现来说属于不可或缺的，但汽车生产商或基于满足消费者多样化需求的考虑，或出于获取更高利润的考虑，生产推出了可以实现相同功能的两种以上的装置或配备，供消费者选择。假如消费者基于少花钱的考虑，可以选择最基本的配置，

图9-6 丰田汉兰达（四轮驱动）

如塑料仪表台、布艺座椅、普通音响、手动变速器、传统式制动系统、钢质轮圈等；假如消费者基于豪华、舒适的考虑，可以选装胡桃木仪表台、真皮座椅、高保真音响、自动变速器、安全气囊、ESP、氙气前照灯、铝合金轮圈、铝合金发动机罩等。

3）选装配置。指对汽车本身性能影响不大，假如消费者喜欢，需要额外追加费用加装的零部件，如天窗、卫星定位导航系统、低音炮等。

大众 PASSAT1.8TSI DSG、2.0TSI DSG 的配置见表9-3。

表9-3 PASSAT1.8TSI DSG、2.0TSI DSG 配置

内饰/车型	1.8TSI DSG			2.0TSI DSG	
	尊荣版	御尊版	至尊版	御尊版	至尊版
厂家指导价/万元	21.88	23.98	26.98	25.45	28.48
相同部分					
米色内饰	●	●	●	●	●
黑色内饰	○	○	○	○	○
桃木纹装饰	●限米内饰	●	●限米内饰	●限米内饰	●限米内饰
镀铬装饰	●	●	●	●	●
12V 电源/点烟器	●	●	●	●	●
迎宾踏板	●	●	●	●	●
中央计时器	●	●	●	●	●
双区自动空调	●	●	●	●	●
后排独立出风	●	●	●	●	●
转向盘4向可调	●	●	●	●	●
双层防假电动天窗	●	●	●	●	●
不同部分					
拉丝银装饰	●限黑内饰	—	●限黑内饰	—	●限黑内饰
桃木转向盘	—	—	●限米内饰	—	●限米内饰
多功能转向盘	—	●	●	●	●
后风窗电动遮阳窗	—	—	●	—	●
夜景格调氛围灯	—	—	●	—	●
真皮座椅	Vienna 质感	Vienna 打孔	Alcantara 拼接	Vienna 打孔	Alcantara 拼接
全车座椅加热	—	—	●	—	●
座椅12向调节	8 向	●	●	●	●
前排乘员座椅后排可调	—	—	●	—	●

注：●标配；○选配；—无此项配置。

（6）其他的参考因素　选择车型时，还可以从车辆用途、售后服务、汽车车重、轮毂材质等角度进行考虑。从车辆用途看，公务用车讲究大方、庄重，多选择厢体宽敞、颜色浓重、气派高雅、外形敦厚的现型车；家庭用车应注重省油、占地少，选择时可偏重于外形小巧、颜色鲜艳、富于浪漫情趣的车型；旅游用车应突出越野性，不妨在一些马力强劲、形式粗犷、格调奔放、彰显个性的车型中多加考虑；从售后服务看，售后网点多、配件易买且相对便宜的品牌，在使用、维修、保会轻松许多；从汽车车重看，汽车自重与油耗成正比关系，即重量越大的汽车越耗油，使用经济性相对较差，但自重大的汽车具备急转弯和急刹车状况下稳定性较好、不易发飘的优点；从轮毂材质看，应选用铝合金轮圈的汽车，铝合金轮圈的使用效益高于钢轮，质量轻，省油，散热性能好，增加轮胎寿命，真圆度高，可以提高车轮运动精度，适合高速行驶，而且弹性好，能提高车辆行驶中的平顺性，更易于吸收运动中的振动和噪声。

第三节　新车的上牌流程以及提车的注意事项

一、新车选购后的验车上牌流程

1. 购车发票的工商验证

持购车发票在各区工商局机动车市场管理所或汽车交易市场的代办点加盖工商验证章。

需提供：购车发票、汽车出厂合格证明（合格证）、单位代码证或个人身份证（进口车辆须提供海关证明、商检证明）。

2. 办理汽车保险

保险一定要在领取牌照之前办理，一般汽车4S店都和保险公司签订有合作协议，能够帮助汽车消费者办理购买保险。在购车时一起完成保险手续，可以省却一些麻烦。当然汽车消费者也可以自己选择保险公司购买汽车保险。

对于新车，必须购买交强险。而对于其他的商业险种，消费者可以根据自己的实际状况来选择购买，不过对于新车而言，一些比较重要而且容易出险的险种应该购买，包括车损险、第三者责任险、盗抢险、车上人员责任险等。车险的费用与新车的价值以及选择的保险金额有直接的关系。

3. 缴纳车辆购置附加费

在市交通局车辆购置附加费征集管理处办理，一般汽车交易市场都有其办事机构。个人车辆用现金缴费，单位车辆可以用银行支票缴费。

$$车辆购置附加税 = \frac{净车价}{1+17\%} \times 10\%$$

注：10%为车辆购置税的税率。

4. 缴纳车船使用税

在附加费征稽处建档后，去所在地税务局缴纳车船使用税，领取"税"字牌。此项内容可以在购车环节中随时办理，但一般在汽车交易市场中有税务部门的办事机构，一次办完比较方便。

5. 办理移动证

办理地点：在各区县交通大队或其设在汽车交易市场的机构。

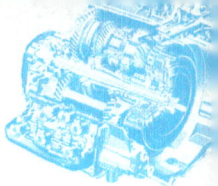

提供：车主证明或个人身份证明、车辆来历证明。

流程：申请→业务领导岗审批→机动车查验岗验车→收费→牌证管理岗开具临时牌、移动证。

6. 新车验车

新车须到车辆检测场检验合格后才能领牌，检测场由车管所指定。检验合格填发由驻场民警签字的机动车登记表。检验项目有外观检验、车辆尾气检验等。

需携带：车主个人身份证、加盖工商验证章的购车发票、车辆合格证等（进口车还需出示商检书、进口单和车管所核发的准验单）。

7. 领取牌照

验车后 5 个工作日到各区县车管所领取牌照，同时领取行驶证代办凭证。拍照准备办理行驶执照，领取车牌照、临时行车执照和"检"字牌。私车牌证须车主本人亲自前往，他人不能代领。

提供：购车发票原件及复印件、提供单位代码证书原件及复印件（公车）、提供车主身份证（私车）、机动车验车表、购置附加费凭证、产品合格证、已投保的机动车第三者责任保险单据（包括保险单正本、收据及保险卡），单位购车的需交控办批件，合资企业需提交营业执照副本原件，私营企业需提供工商局的控办证明。

8. 办理车辆行驶证

在领取牌照的同一车管所办理，需携带的文件包括行驶证待办凭证、养路费缴纳凭证、安委会登记备案资料。

二、新车提车应注意的事项

购买车辆的最后一个环节就是去所购车辆的经销商处提车，提车的环节也至关重要，必须引起汽车消费者的高度重视。经销商交付给车主的资料是否齐全和车辆的状况如何，都可能关系到车辆在今后使用中的重要问题。消费者在提车时需要认真检查随车资料和车辆状况。

1. 检查随车资料和设备

（1）随车资料的检查　各种证件、单据的点交及相关费用的说明，包括购车发票、车辆合格证、三包服务卡、车辆使用说明书。有些车辆发动机有单独的使用说明书，有些车辆的某些选装设备有专门的要求或规定，这时消费者都要向经销商索要有关凭证。

1）出厂证明或车辆出厂检验单。

2）车主手册及服务保证手册（"三包"服务卡）。

（2）随车设备的检查

1）基本配置。

2）随车工具和其他设备。

3）防盗系统。

4）遥控功能。

5）钥匙。

2. 车辆的外观及性能检查

（1）查看出厂日期　出厂日期是标志该车从生产线上完成装配的日期。它往往被注在

发动机盖下面的一块小铝牌上。如果这个日期与买车的日期十分接近，说明该车较新。如果这个日期与买车的日期相差很远，就可能有问题。因为间隔时间太长，如积压了1年以上的车辆，有可能被别人反复挑选却未成。同时，如果又是放在露天任由风吹雨打而缺乏维护，这就会涉及蓄电池、刮水器、胶片有无老化的问题以及润滑油有无变质的问题等。

（2）查看轮胎　零公里新车的轮胎，是完全没有磨损的，包括轮胎制造过程中产生的细小痕迹以及刺状的突起。只要发现哪怕是最细小的轮胎磨损，而里程表显示为零的时候，很有可能隐藏问题。

（3）观察"跑冒滴漏"　"跑冒滴漏"是指汽车行驶了一段里程，出现的漏油、漏水、漏气等现象。打开发动机盖，观察发动机气缸体和气缸盖、油底壳之间有无机油渗漏；散热器周围有无水渍；蓄电池装头附近有无污染和锈蚀；空调管路的接口处有无尘土沾粘。俯身观察底盘、转向节附近有无渗油；驱动轴的防尘套是否完好；减振器周围有无尘土沾粘；减振的橡胶零件有无变形；变速器和后桥的外壳是否有渗漏的油迹，或观察地面是否有滴油的痕迹。

（4）检察车身　即使是外行人挑车，也会试试车门，说明车门的挑选是验收新车的基本步骤。观察车门，首先要看门缝缝隙是否均匀一致，然后试试车门开启是否灵活。检查车门时有一个很重要的步骤，即听听车门开合时的声音。关门时，如果发出沉闷的砰砰声音，说明车门工艺精湛，密封性良好。而如果关门时，发出清脆的啪啪声，说明车门工艺不好，密封性差。

其次，观察车身。应首先注意发动机盖、行李箱盖以及车门装配的几何尺寸是否准确，缝隙是否均匀；边角有无漆瘤或鼓包；线条是否清晰明快。观察车身不要仅仅从正面草草一看了事。最好的方法是从侧面迎着光线观察，这样可以了解车身的弧线是否圆滑，棱线是否笔直，因为任何线条的不自然都可能是损伤后修补的结果。按照上述方法，还可以观察油漆面有无刮伤。出现严重的刮伤，商家是不会销售的，因此这种刮伤往往极细微，通过一定的处理后很难发现的。当从侧面迎着光线观察时，如果发现油漆的色泽有深有浅，或者表面粗糙度不同，就可能是损伤后修补的结果。

（5）车内检查　主要检查车内的洁净程度，座椅是否有破损的情况以及座椅是否能自动调整，中控台是否完好，各储物空间能否自由开合，安全带是否能正常使用等。

（6）其他检查　坐进驾驶室，可以试试门窗升降是否平顺，角落边缘有无锈迹，座位有无污垢。用手晃动转向盘，上下不能有窜动现象，左右转动转向盘，应该有一点自由行程，这个自由行程要符合使用说明书的要求，一般以不超过15°为宜。仪表及副仪表台装配是否工整，有没有歪斜现象。试试工具箱、烟灰缸以及车内其他小装置开合是否顺畅。

检查蓄电池的液面高度和电液密度是否符合规定。看看蓄电池的正负极插头是否洁净。

打开启动钥匙的第一档，仪表盘上所有的指示灯应该全亮，油量指针应该有向上的变化。检查灯光时，先打开故障报警开关，此时，所有的灯光均应有节奏地闪动；扳动向左、右转向的开关和雾灯开关，检查灯光是否齐全；挂倒档，倒档灯应该亮起，踩下制动踏板，制动灯应该明亮。

检查刮水器，在中、低、高各速度上工作正常，喷水清洁器出水畅通。按动喇叭，声音应该柔和动听。打开收录机，听听音响效果。先开到最小声音，听听音响对细小声音的分辨能力，然后开到最大声音，听听扬声器是否失真。

（7）试车　试车是购车和验车的关键环节，包括察看、驾驶、检验等项目。

最主要的检查莫过于检查发动机的运行状态和运转声音。一般来说，新车的运行状态在出厂前均已经过严格检验，所以汽车的起动、换档、转弯、制动不必仔细检查。但发动机的运转声音一定要仔细辨听一下。方法是起动发动机着车，看看发动机在怠速状态时是否平稳，有无不规则颤动。注意观察怠速时转速表的指针是否上下晃动，指示的转速是否符合说明书；继续踩下加速踏板，发动机的声音应该是由小到大的平稳轰鸣。

另外，检查一下加速踏板是否反应灵敏；离合器踏板是否过硬过沉；离合器踏板和制动踏板是否有一定的自由行程，这个自由行程是否符合使用说明书要求；踏下制动踏板到极限，有无继续向下的感觉，如果有，说明制动油路有问题。以上三个踏板均应回位迅速且无卡滞现象。

试车上路，可以考察车辆的行驶性能。在路上，应该着重考察以下：

1）在颠簸的道路上，底盘、减振器是否出现异响。

2）紧急加速的性能。突然踩下加速踏板，看看发动机的反应快慢，汽车是否能马上蹿起来。如果是，说明加速性能良好。

3）转向性能。轻轻转动转向盘，它的反应应该及时灵敏。如果感到很费力，或者自由行程过大，反应迟缓，说明方向机有问题。向左、右转弯后，不要控制转向盘，让它自己转回，看看是否朝正直方向前进，如果不能回到正直方向或者出现跑偏现象，说明方向机或前轮的前束有问题。

4）制动性能。检查制动性能有两种方法：一是轻轻踏下制动踏板，看看是否反应灵敏，反应迟缓或过于灵敏都不好；在较高速时飞快踏下制动踏板，看看是否能紧急停车。同时，紧急制动后，方向是否仍能保持正直，如果偏向一边，将来上路是很危险的。

本 章 小 结

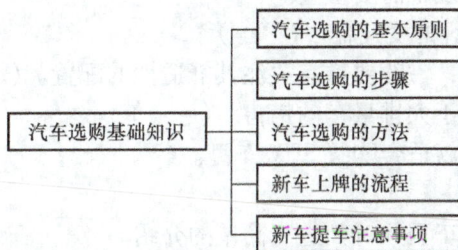

习　题

一、选择题

1. 下面哪一项不是选购汽车基本原则（　　）。

A. 适用性原则　　　　B. 经济性原则　　　　C. 安全性原则　　　　D. 品牌原则

2. 从适用性和经济性的原则来考虑，一个用于上班代步的车辆，下列哪款车最合适（　　）。

  A. 本田飞度　　　B. 本田雅阁　　　C. 本田奥德赛　　　D. 本田 CR－V

3. 下列哪款车更加适合商务使用（　　）。

  A. 比亚迪 F0　　　B. 丰田雅力士　　　C. 别克 GL8　　　D. 宝来

4. 排量≤1L 的车型称为（　　）。

  A. 微型车　　　B. 普通轿车　　　C. 中级轿车　　　D. 高级轿车

5. 比较看重车辆的经济性及性价比的消费者，可以考虑下面哪个车系的车型（　　）。

  A. 日系　　　B. 美系　　　C. 德系　　　D. 英系

6. 下列哪个排量是家用轿车最合适或者经常被选用的排量（　　）。

  A. 1.0L 以下　　　B. 1.6～2.0L　　　C. 2.0～3.0 L　　　D. 3.0L 以上

7. 丰田锐志的车属于下列哪种动力传动方式（　　）。

  A. FR　　　B. FF　　　C. RR　　　D. ZR

8. 汽车的哪种配置是买车过程中应重点关注的，而且对汽车性能起决定性作用（　　）。

  A. 标准配置　　　B. 置换配置　　　C. 选装配置　　　D. 赠送配置

9. 下面哪项不是查验新车应该注意的（　　）。

  A. 车辆的证件　　　　　　　　B. 车辆的随车物品

  C. 车辆的外观检查　　　　　　D. 车辆的牌照

二、判断题

1. 选购车辆的时候只需考察汽车的品牌。（　　）

2. 汽车排量的选择主要看购车的用途以及购车的预算支出。（　　）

3. 选购车辆品牌时一般首先考虑品牌知名度较高或者市场占有率较高的品牌。（　　）

4. 售后服务的便利性也应是选择车辆时考虑的因素之一。（　　）

5. 查验车辆时一般外观不需要检查。（　　）

6. CVT 变速器是最理想的变速器。（　　）

7. 选购高端品牌车型，一般要重点关注其舒适性的配置。（　　）

8. 燃油税的实施有利于大排量车的销售。（　　）

9. 喜欢旅游的年轻一族适合购买 SUV 车型。（　　）

三、简答题

1. 列举 5 款市场热销车型并对其进行简单的介绍。

2. 调查并列举身边朋友对选购汽车所考虑的主要因素。

3. 汽车选购的步骤是什么？汽车选购的方法有哪些？

4. 新车检验时应注意哪些事项？

四、实践操作题

消费者基本情况：王小姐，年龄 30 岁，职业是金融业职员，工作已经 5 年，现在年收入大约 15 万，喜欢经常和朋友出去旅游，性格比较外向。对车辆的安全性、动力性以及操控性要求较高。

根据上述王小姐的基本情况，为其选购一辆合适的车型，并全面分析推荐的理由。

参 考 文 献

[1] 高松. 汽车性能优化 [M]. 北京：机械工业出版社，2008.

[2] 陈新亚. 如此购车最聪明 [M]. 北京：机械工业出版社，2012.

[3] 陈焕江. 汽车使用性能与试验 [M]. 北京：机械工业出版社，2012.

[4] 戴汝泉. 汽车运行性能 [M]. 北京：机械工业出版社，2010.

[5] 刁维芹. 汽车性能与合理使用 [M]. 北京：机械工业出版社，2013.

[6] 鲍远通. 汽车性能评价与选购 [M]. 北京：机械工业出版社，2012.

[7] 吴兴敏，李晓峰，赵锦鹏. 汽车整车性能监测 [M]. 北京：北京理工大学出版社，2012.

[8] 仲子平，闫瑜. 汽车文化 [M]. 北京：北京航空航天大学出版社，2012.

[9] 余志生. 汽车理论 [M]. 5 版. 北京：机械工业出版社，2010.

[10] 德国 BOSCH 公司. 汽车安全性与舒适性系统 [M]. 魏春源，等译. 北京：北京理工大学出版社，2007.

[11] 梅丽歌. 汽车使用性能与检测 [M]. 郑州：黄河水利出版社，2013.

[12] 吕凤军. 汽车性能与检测技术 [M]. 北京：北京邮电大学出版社，2012.

[13] 皮连根. 汽车性能检测与评价 [M]. 北京：国防工业出版社，2012.

[14] 张琴友. 汽车使用性能与检测 [M]. 北京：中国铁道出版社，2012.

[15] 曹建国，黄超群. 汽车性能与使用 [M]. 重庆：重庆大学出版社，2011.

[16] 孙华宪. 汽车结构与性能 [M]. 北京：电子工业出版社，2011.

[17] 刁立福. 汽车性能与使用技术 [M]. 北京：中国水利水电出版社，2010.

[18] 贝尔恩德·海森英，汉斯·于尔根·布兰德耳. 汽车行驶动力学性能的主观评价 [M]. 石晓明，陈祯福，译. 北京：人民交通出版社，2010.

[19] 娄云. 汽车性能与使用技术 [M]. 北京：机械工业出版社，2009.